新疆特色城镇化动力机制研究

张 杰 著

中国农业出版社

引　言

城镇是一国或地区富足与文明的象征，是人们从事社会、经济、政治、文化活动的主要空间载体。城镇化程度是衡量一个国家或地区社会组织能力和管理水平的重要标志。目前，学者们一致认为城镇化是由经济系统演进所引致的人类生产、生活方式的空间集聚与分化过程，它的发生机理与发展路径与经济发展紧密相联，并最终取决于工业化水平和经济结构。实践表明，城镇化是多种要素协同作用的结果，包括经济、人口、政治、文化、科技、环境和社会等因素，没有任何一种要素能够独立驱动城镇化的发展，但推动和塑造城镇化的核心动力是经济变化。现阶段，新疆城镇化发展相对滞后，城镇化水平地区差异大，这在很大程度上制约着新疆经济社会的快速发展，已成为西北边疆安全的隐患。中央新疆工作会议和新疆维吾尔自治区党委七届九次会议都把推进城镇化建设作为实现新疆跨越式发展和长治久安的重大战略选择。

本书运用城镇化发展理论、边疆安全理论、绿洲经济理论，从内源动力机制、外向动力机制、市场动力机制和政府动力机制四个方面，对新疆特色城镇化动力机制进行深入系统的研究。首先，对新疆城镇化现状进行概述。回顾新疆城镇化的发展历程，阐述城镇化的发展现状和特征，在考察新疆城镇化特殊性的基础上，提出新疆特色城镇化具有保障西北边疆安全和促进经济发展的双重功能。其次，对新疆城镇化的动力机制进行分析。简述新疆城镇化动力机制的演变，阐释新疆城镇化的内源动力支撑机制、外向动力拉动机制、市场动力资源配置机制和政府动力调控机制。再次，对新疆城镇化动力机制进行绩效评价。构建城镇化动力机制绩效评价的计量分析模型，利用层次分析法（AHP）将内源动力、外向动力、市场动力和政府动力各子指标合成四种动力的综合指标，使用面板数据计量方法进行回归检验，并对新疆各地州市及新疆生产建设兵团（以下简称兵团）城镇化动力机制的绩效进行评价。第四，探讨新疆城镇化动力机制的缺陷。分别分析内源动力机制、外向动力机制、市场动力机制和政府动力机制的缺陷，探讨动力机制系统运行中的协调性及存在缺陷的深层原因。第五，分析国内外城镇化动力机制经验对新疆的启示。回顾美国、巴西等国外城镇化动力机制的演变历程，分析东部地区温州、苏南和珠三角城镇化动力机制经验，借鉴西部民族地区宁夏、云南德宏州城镇化动力机制经验，探讨其对新疆的启示。最后，对新疆特色城镇化动力机制进行重构与完善。针对新疆城镇化动力机制存在的缺陷，结合新疆地理特征和区域经济发展战略，对天山北坡经济带、东疆经济区、北疆西北部经济区、南疆东北部经济区、南疆西南部经济区及兵团城镇化动力机制进行重构，提出保障新疆特色城镇化动力机制有效运行的措施。

基于上述研究本书得到以下结论：第一，从新疆整体城镇化发展水平来看，新疆城镇化发展滞后，发展速度缓慢，规模结构不合理，布局依托绿洲分布，地区差异大，城镇经济水平低；城镇化进程中存在利益分化，不同区域城镇化水平与民族人口比重呈负相关，二元经济结构强度变化缓慢。

第二，由面板数据混合模型回归结果来看，目前在推动新疆城镇化发展的四种动力中，政府动力最大，其次是内源动力，再次是市场动力，最后是外向动力；个体固定效应模型回归结果表明，北疆和东疆城镇化基础较好，南疆城镇化基础较差；变系数模型回归结果显示，不同地区城镇化动力差别较大，其中北疆地区城镇化动力较大，东疆地区次之，南疆三地州最小。第三，从动力机制的绩效来看，新疆城镇化动力机制绩效由高到低依次是市场动力机制、政府动力机制、内源动力机制和外向动力机制；北疆和东疆城镇化动力机制绩效较高，南疆绩效较低。第四，新疆城镇基础设施建设滞后，经济增长过度依赖资源开发，内源动力对城镇化支撑作用不强；新疆利用外资水平低、对外贸易结构不合理，外向动力对城镇化拉动作用弱；新疆劳动力市场化配置易产生边疆安全隐患，市场动力在城镇化进程中资源配置效率低；新疆行政管理体制改革滞后，政府在城镇化进程中宏观调控能力弱。第五，根据新疆不同区域资源禀赋、地理区位、产业基础和人文社会条件，天山北坡经济带适宜构建以市场动力主导的动力机制、东疆经济区适宜构建以内源动力主导的动力机制、北疆西北部经济区适宜构建以外向动力主导的动力机制、南疆东北部经济区适宜构建内源动力与市场动力并重的动力机制、南疆西南部经济区和兵团适宜构建政府动力主导的城镇化动力机制。

关键词：动力机制；城镇化；边疆安全；新疆

Introduction

Cities and towns are the symbol of wealth and civilization of a country or region, and the important space vector of people engaging in social, economic, political and cultural activities. The urbanization level marks the social organization ability and the management standard of a country or a region. The scholars agree that urbanization is the spatial agglomeration and differentiation process of human production and lifestyle caused by economic system evolution. Its occurrence mechanism and development path is closely related with economic development, and eventually depend on industrialization level and economic structure. Practice indicates that urbanization is synergy results of economy, population, politics, culture, S&T, environmental and social factors, none element can drive urbanization independently, but economic change is the core power to promote and shape the urbanization development. At present, the lagging of the urbanization development and the differences of the urbanization among regions in Xinjiang, to a great extent, have restricted the economy development, which have become the hidden trouble of the north-west frontier security. The Central Party Committee conference of Xinjiang and the ninth meeting of the seventh session of the Xinjiang Uygur autonomous regional committee regard boosting urbanization construction in Xinjiang as the important strategic choice for realizing great-leap-forward development and long time stability.

Based on the urbanization development theory, the law of urbanization development, the border security theory and the oasis economy theory, the paper analyses the impetus mechanism of urbanization development respectively from the inner impetus mechanism, openness impetus mechanism, market impetus mechanism, the government impetus mechanism. Firstly, it analyzes the current situation of Xinjiang urbanization. By reviewing the development process of Xinjiang urbanization, exploring the characteristics of urbanization development, and comparing the specialty of Xinjiang urbanization with other provinces, it puts forwards dual function of Xinjiang urbanization in safeguarding the north-west frontier security and promoting economic development. Secondly, it makes an analysis of the impetus mechanism of Xinjiang urbanization. In this part, it roundly expatiates the changes of Xinjiang urbanization impetus mechanism and explains the inner impetus mechanism, openness impetus mechanism, market impetus mechanism, the government impetus mechanism. Thirdly, it makes a performance evaluation of Xinjiang urbanization impetus mechanism. By constructing a panel data regression model of urbanization impetus mechanism, it performs an empirical analysis of synthetic index with the analytical hierarchy process (AHP) that combines 23 subindex into four comprehensive index. Employing USES panel data measurement method to make a regression, it makes a performance evaluation of urbanization impetus mechanism in defferent regions of Xinjiang. fourthly, it discusses the defects of Xinjiang urbanization impetus mechanism. In this part, it analyzes the defects of the inner impetus mechanism, openness impetus mechanism, market impetus mechanism and the government impetus mechanism. Then it discusses the coordination of the impetus mechanism system and the underlying cause of these defects. Fifthly, it elaborates domestic and foreign experiences and lessons on urbanization impetus mechanism. By reviewing the development progress of the urbanization impetus mechanism in the USA, Brazil and other developed province in China, to find out the available impetus mechanism reference to promote Xinjiang urbanization development steadily. At last, it reconstructs and perfects of the Xinjiang urbanization impetus mechanism. As to the existing of the defects of Xinjiang urbanization impetus mechanism, combining the Xinjiang geographical characteristics with regional development, to reconstruct the urbanization impetus mechanism in the northern and the southern regions of Xinjiang respectively.

Based on the above research, it is concluded that: firstly, as to the developing level of Xinjiang urbanization, the development of Xinjiang urbanization is lagging and slowly, its size distribution is unreasonable, and the difference of urbanization level widens among regions. Urban economic level is low and Interest differentiation exists in the process of urbanization, the level of urbanization has negative correlation with minority population. The strength of diadactic structure changes slowly. Secondly, as to the result of USES panel data regression, the strongest impetus mechanism in promoting the urbanization development in Xinjiang is the government impetus mechanism, followed by inner impetus mechanism, once again, is market mpetus mechanism, finally is openness impetus mechanism. The regression results of the individual fixed effects model show that it has better urbanization foundation in north and east of Xinjiang, and urbanization foundation in the south of Xinjiang is bad. The results of variable coefficient model regression showes that urbanization power among regions has great differnce. The impetus mechanism in the north of Xinjiang is greatest, followed by the eastern regions, and the south is weakest. Thirdly, from the perspective of the performance of impetues mechanism, the rank of the impetus mechanism performance in Xinjiang urbanization is the market impetus mechanism, the government impetus mechanism, the inner impetus mechanism, and the openness impetus mechanism in the sequence from high to low. Fourthly, the infrustructure construction in Xinjiang is lagging, economic growth excessively depends on resource exploitation, innerpower support for urbanization is not strong. The level of taking advantage of foreign capital is low, the structure of foreign trade is unreasonable, openness impetus plays weak pulling function to urbanization. The marketization of labor disposition easily generates safety loophole against frontier security in the urbanization process, the efficiency of the market impetus mechanism of urbanization is low. Administrative system reform in Xinjiang lags behind, and the government shows weak macro-control ability in the urbanization process. Fifthly, considering the different regional resource endowment, geographical location, industry bases and the humanities social conditions, the North Slop Economic Belt of Tianshan Mountain is fit for constructing market-oriented urbanization impetus mechanism, East Economic Belt in Xinjiang is suitable for constructing inner-oriented urbanization impetus mechanism, Northwestern Economic Belt in northern Xinjiang is fit for constructing opennes-oriented urbanization impetus mechanism, Northeastern Economic Belt in south Xinjiang is suitable for constructing both inner and market oriented urbanization impetus mechanism, southwestern Economic Belt in south Xinjiang and XPCC is suitable for constructing government oriented urbanization impetus mechanism.

Key words: Impetus mechanism; Urbanization; Border security; Xinjiang

目　录

第一章 导 论

1.1 研究背景与研究意义

1.1.1 研究背景

美国经济学家、诺贝尔经济学奖获得者斯蒂格利茨断言21世纪对世界影响最大的事有两件：一是美国高科技产业，二是中国的城镇化。城镇是人们从事社会、经济、政治、文化活动的主要载体，城镇化是人类发展必然要经历的阶段，是现代化的重要内容和标志。积极稳妥地推进中国城镇化，是全面建设小康社会，解决中国特有的“三农”问题、发展中国特色社会主义事业的基本途径和主要战略之一。改革开放30年来制约我国城镇化的政策、制度性障碍正在逐步消除，2009年我国人均GDP已超过3700美元，城镇化水平达到46.59%，这表明，我国城镇化已进入加速发展阶段。2010年10月党的十七届五中全会把“积极稳妥推进城镇化”放在重要的战略位置，提出“坚持走中国特色城镇化道路，科学制定城镇化发展规划，促进城镇化健康发展。”“科学规划城市群内各城市功能定位和产业布局，缓解特大城市中心城区压力，强化中小城市产业功能，增强小城镇公共服务和居住功能，推进大中小城市交通、通信、供电、供排水等基础设施一体化建设和网络化发展。”以及“加强城镇化管理，要把符合落户条件的农业转移人口逐步转为城镇居民作为推进城镇化的重要任务”。城镇化在未来的经济发展和结构调整中将扮演拓展发展空间的重要角色。

60年来新疆社会稳定、民族团结，实现了经济社会的历史性跨越，城镇化建设取得了令人瞩目的成就。新中国成立初期新疆只有 1 个设市城市迪化（乌鲁木齐），城镇化水平仅为 12.12%；到 2011 年新疆已有 22 个设市城市、68 个县城、162 个独立建制镇，城镇化水平已达到 43.54%。在城镇化进程中，体制变革、产业结构调整升级伴随着大规模的人口流动和利益分化，改变着新疆经济社会的发展环境，出现了一些新情况、新问题，处理不好就可能产生不利于社会稳定的因素，甚至威胁西北边疆安全。2010 年 5 月中央新疆工作会议指出，新疆的发展和稳定，事关全国改革发展稳定大局，事关国家统一和安全，事关中华民族的伟大复兴。强调“把乌鲁木齐建设成我国西部地区的重要中心城市，规划建设若干个中心城市，推进城镇基础设施建设”。同时提出“支持兵团城镇化建设，在战略地位重要、经济基础较好，发展潜力大的兵团中心垦区城镇增设县级市，并纳入国家规划建设体系”。可见推进城镇化建设已成为实现新疆跨越式发展和长治久安的重大战略选择，当前研究新疆特色城镇化动力机制主要基于以下背景：

城镇化建设将为新疆加快转变经济增长方式拓展发展空间。长期以来，新疆经济都是靠投资和出口拉动，消费对经济增长的贡献不足 1/10，这种以高投入、高消耗为主要特征的粗放式增长方式严重制约着经济发展的稳定性与可持续性。十七届五中全会指出，加快转变经济发展方式是关系我国国民经济全局紧迫而重大的战略任务。因此，加快转变经济发展方式成为下一阶段新疆经济发展的主要任务。城镇化在未来经济发展和结构调整中将扮演拓展发展空间的重要角色，据测算，新疆城镇化水平每提高一个百分点，就有 20 多万农牧民转化为城镇居民。稳妥推进城镇化，将加快基础设施建设带来的投资增长，以及居民生活水平提高带来的消费扩大，为新疆扩大内需和调整经济结构提供动力。

新疆城镇化的发展环境发生了深刻变化。新疆正处在由计划经济向市场经济转型时期，“市场机制”要替代“计划机制”在资源配置过程中发挥基础性作用。这虽然会使资源的配置更趋合理，进而提高生产效率；但由于转型时期的政府缺位和制度不完善，可能出现注重了“效率”而忽视了“公平”。在计划经济时代，社会、收入差别被各种政策、意识形态“制度性”地“拉平”，在严密的单位制与户籍制度下，社会资源及地位获取均由政策安排而定，个人几乎无自主的社会阶层化能力。在市场经济时期，市场机制通常会产生收入差距扩大、社会利益分化等现象。在新疆，汉族群众在市场竞争中往往能够凭借世俗化和受教育程度较高的优势占据有利地位，一些少数民族则处于劣势。在以“市场机制”为主要动力的城镇化进程中，就业问题、住房问题、教育问题等均可演变为民族差距，进而产生民族间的隔阂影响民族团结，也会影响少数民族的国家认同感，“7·5事件”表明这并非危言耸听。政府在城镇化进程中如何进行政策安排和制度设计，从而正确引导民族关系实现社会稳定值得深入思考。

新疆城镇化建设进入一个高速发展的关键期。进入21世纪以来，新疆城镇化已进入快速发展时期，2011年新疆的城镇化率已达43.54%，以绿洲经济为依托的城镇发展框架已基本形成，应该说新疆的城镇化正处于高速发展的关键时期，但城镇化水平与内地省区差距逐步拉大。虽然改革开放30年来新疆在城镇化建设方面取得了巨大成就，但是与东部地区相比无论在城镇化发展速度上还是在城镇化的质量上，都还存在着巨大差距，2011年新疆城镇化率低于全国平均水平7.73个百分点，滞后的城镇化水平已成为制约新疆经济社会进一步发展的重要因素。同时新疆内部城镇化也存在显著的区域差异，南疆、北疆、东疆的城镇化差异既制约了区域经济的协调发展，也在一定程度上损害了民族团结。这种表现为城镇化发展的差距实质是动力机制的差异。

新疆城镇化动力机制逐步多元化。新疆城镇化动力机制已由原来“自上而下”的政府动力机制逐渐演化为政府、市场、内源、外向动力机制协同作用的多元格局。推动新疆城镇化发展的既有来自内部的动力，如区位条件、资源禀赋、人文社会、经济基础等，和来自外部的动力，如外商投资、对外贸易等；也有来自政府的动力，如直接投资、产业布局、公共品供给等，和来自市场的动力，如市场化程度、要素的流动等。但对于不同的地区来说，主导动力差别较大，而且对于同一地区，不同时期城镇化的主导动力也不相同。新疆城镇化已进入快速发展期，动力机制已相应地发生了深刻变化，深入研究有利于协调城镇化各动力之间的关系，培育城镇化的新动力。

城镇化动力机制是城镇化研究的核心问题，只有深入透彻地分析城镇化的动力机制，才能把握城镇化的发展方向、发展方式、发展过程及其对经济发展、社会稳定和民族团结的影响。在城镇化的进程中，分析和把握城镇化动力对民族团结的不利影响，既是完善维护社会稳定体制机制的重要举措，也是稳步推进城镇化的必然要求。基于以上分析，我们认为新疆城镇化建设既是经济社会发展的重要动力，也是促进民族团结社会稳定的重要因素。面对新疆城镇化进程中存在的许多现实的和潜在的问题，分析新疆城镇化动力机制及其与西北边疆安全的关系，研究和探索新疆特色城镇化动力机制，构建基于边疆安全的新疆特色城镇化动力机制，对积极推进新疆城镇化、工业化和农业现代化具有重要的现实意义。

1.1.2 研究意义

1.1.2.1 理论意义

（1）丰富城镇化理论研究。以往对城镇化的研究大多停留在国外理论借鉴与中国实际应用之上，多数从经济的角度分析城镇化发展动力及影响因素，而从社会稳定、民族团结和生态安全的角度对城镇化发展研究的较少，研究和构建基于社会安全、经济安全和生态安全的新疆城镇化的动力机制就更不多见。本研究以新疆特殊的自然区位和人文社会环境为基础，对影响新疆城镇化发展的诸多因素进行梳理，探索基于边疆安全的新疆特色城镇化的动力机制，丰富和发展了区域城镇化发展理论。

（2）促进城镇化动力机制研究的多学科融合。城镇化动力机制，不仅直接影响城镇经济发展，而且影响乡村经济发展和区域经济发展；不仅影响区域经济效益，而且影响区域的社会效益和生态效益。但是，现有关于城镇化动力机制的研究多从要素空间聚集角度出发，对城镇化动力机制的研究不够全面。因此，本研究从区域经济学、城市经济学、生态经济学、制度经济学和社会学多种学科对城镇化动力机制进行深入系统的研究，这对于促进城镇化动力机制研究的多学科融合具有一定的理论意义。

1.1.2.2 实践意义

（1）为推进新疆城镇化跨越式发展提供理论支持。新疆地域辽阔、资源丰富，是我国西部大开发的重点地区和战略资源的重要基地；受地理区位、基础设施、生态环境、人文社会条件的制约新疆城镇化发展滞后，与内地省区差距不断拉大，这不利于新疆经济的可持续发展。从动力机制层面分析新疆城镇化发展滞后的原因，探索动力机制的缺陷与不足，对于推进新疆城镇化跨越式发展具有重大的实践意义。

（2）为政府制定新疆城镇化协调发展政策提供科学依据。现阶段新疆城镇化表现为：城镇化区域差异大、城镇规模结构失衡、城镇布局不合理，运用面板数据计量模型对新疆城镇化动力机制区域差异做定量分析，从内源动力、外向动力、市场动力、政府动力四个角度找出产生上述问题的深层原因，并在此基础上探索适合不同地区的城镇化动力机制，以促进新疆城镇化的均衡发展。

（3）为维护国家统一和新疆长治久安提供政策建议。目前，新疆的发展受到“三股势力”的严重危害，同时新疆地广人稀，基础薄弱，民族宗教语言多样化，这些也是重要的影响因素。本书突破传统的市场驱动型城镇化发展模式，提出了基于边疆安全考虑的新疆特色城镇化发展的动力机制，这一动力机制体系包括政府主导、市场配置、内源支撑、外向拉动等内容，在城镇化建设方面为维护国家统一和新疆长治久安提供政策建议。

1.2 国内外研究动态

1.2.1 关于城镇化内涵的研究

1.2.1.1 国外关于城镇化内涵的研究

自西班牙工程师塞达（A. Sedra，1867）提出城镇化概念以来，国外学者对城镇化的研究就从未停止过。但由于城镇化的复杂且包罗万象，学者们对城镇化内涵的研究至今还未形成一个世界公认的定义。早期对城镇化的研究，学者们认为城镇化是人口由农村向城镇的转移（赫茨勒[①]，1956；威尔逊[②]，1979；西蒙·库兹涅茨[③]，1971；托达罗[④]，1988）。有些学者从经济增长、经济聚集和经济结构变化的角度来定义城镇化（西蒙·库兹涅茨[⑤]，1956；沃纳·赫希[⑥]，1990；科林·克拉克[⑦]，1945）。还有一些学者从生活方式转变的角度定义城镇化，如孟德拉斯[⑧]

---

① 赫茨勒．世界人口的危机［M］．北京：商务印书馆，1963.

② Christopher Wilson. The Dictionary of Demography［M］. Oxford：Basil Blackwell Ltd，1986.

③ 西蒙·库兹涅茨．现代经济增长［M］．北京：北京经济学院出版社，1989.

④ 托达罗．第三世界的经济发展［M］．北京：中国人民大学出版社，1988.

⑤ 西蒙·库兹涅茨．各国的经济增长［M］．北京：商务印书馆，1985.

⑥ 沃纳·赫希．城市经济学［M］．北京：中国社会科学出版社，1990.

⑦ Colin Clark. The Economic Functions of a City in Relation to Its Size，Econometrica，Vol. 13，No. 2（Apr.，1945）：97－113.

⑧ H. 孟德拉斯．农民的终结［M］．北京：中国社会科学出版社，1991.

（1976）和路易斯·沃斯[①]（1989）就指出城市化意味着乡村生活方式向城市生活方式发展、质变的全过程。可见，城镇化是伴随经济发展从传统的农业社会向现代工业社会转变的必然过程，城镇化为工业化提供劳动力、创造消费需求，最终会带动整个国家迈向现代化（Hudson[②]，1969；Pederson[③]，1970）。因此，弗里德曼（J. Friedman，1966）将城市化过程区分为城市化Ⅰ和城市化Ⅱ。城市化Ⅰ：包括人口和非农业活动在规模不同的城市环境中的地域集中过程、非城市型景观转化为城市型景观的地域推进过程；城市化Ⅱ包括城市文化、城市生活方式和价值观在农村的地域扩散过程[④]。

另一方面，西方学者研究了城镇化进程中的规律。马克·杰斐逊（M. Jefferson，1939）提出了城市首位度（Law of the Primate City），随后，齐夫（G. K. Zipf，1949）发现了城市规模与其规模在所有城市区域中的排序之间的“等级—规模规则”（rank - size rule）[⑤]。刘易斯（Lewis，1954）指出，城镇化过程就是农村剩余劳动力从低生产率的农业部门转移到高生产率的城市工业部门的过程[⑥]。美国地理学家 R. 诺瑟姆（1975）发现，各国城镇化进程都呈现出“S”形曲线轨迹，即呈现出初始、加

① Wirth，Louis. Urbanism as a Way of life [J]. American Journal of Sociology，1989(29)：46 - 63.

② Hudson J C. Diffusion in a Central Place System [M]. Geographical Analysis，Vol. 1. 1969.

③ Pederson P O. Innovation Diffusion within and between National Urban System [J]. Geographical Analysis，Vol. 2. 1970.

④ Friedman J. Regional Development Policy：A Case Study of Venezuela [M]. Cambridge：MIT Press，1966.

⑤ Zipf，G. K.，Human. Behaviour and the Principle of Least - Effort [M]. Addison - Wesley，Cambridge，1949.

⑥ Lewis E A. Economic Development with Unlimited Supply of Labor [M]. The Manchester School. May. 1954.

速和终极三个不同的阶段特征[①]。霍利斯·钱纳里[②]（Hollis B. Chenery，1975）通过对城镇化与工业化水平相关性的研究，得出在常态发展过程中工业化与城镇化关系的一般变动模式。威廉姆森（Williamson，1988）研究了城镇化发展的三种主要形式，即乡城人口的净迁移、城市人口的净增以及行政建制的再划分，指出迁入人口在城镇人口的增加中扮演着关键的角色，其贡献的范围在33%～76%之间，平均为58%[③]。随着信息化和经济全球化的发展，世界经济运行方式和空间格局的急剧变化，对传统的城市化理论产生了巨大的冲击。斯科特（Scott，2001）提出了"全球区域城市"（Global City - Region，GCR）的观点。同时，城市群、城市带、都市区、都市圈等概念的出现都反映了巨型城市空间的崛起，已成为当今世界城市化的一个显著特点，城市化的内涵与外延也变得更而复杂。

1.2.1.2 国内关于城镇化内涵的研究

1979年我国地理学者吴友仁在研究中国城市发展问题时，引入城镇化的概念[④]；从此国内学者对城镇化的研究逐渐扩大、深入。国内学者对城镇化的内涵也存在诸多的分歧，部分学者认为：城镇化是人口向城镇集中的过程（杨重光和刘维新[⑤]，

---

① Ray M Northam. Urban Geography [M]. John Wiley&Sons, New york, 1979: 66.

② 霍利斯·钱纳里，莫尔塞斯·塞尔昆. 发展的模式：1950—1970 [M]. 北京：中国财经出版社，1988：31 - 32.

③ Williamson J G. Migration and Urbanization [C]. Handbook of Development Economics, Volume I. Edited by H. chenery and I. N. Srimvasan, Elsevier Science Publisher B. V. 1988.

④ 宋俊岭，等. 中国城镇化知识15讲 [M]. 北京：中国城市出版社，2001：35.

⑤ 杨重光，刘维新. 社会主义城市经济学 [M]. 北京：中国财政经济出版社，1986.

1986；叶孝理[①]，1990；辜胜阻[②]，1991；简新华，1994；朱林兴，1996等）。另一部分学者则认为城镇化是乡村经济向城镇经济集中和转化的过程和机制（蔡孝箴[③]，1988；饶会林，1999；侯蕊玲[④]，1999等）。高佩义[⑤]（1991）、谢文惠和邓卫[⑥]（1996）等则强调城镇化是乡村生活方式向城市生活方式发生质变的过程。周一星（1995）将城镇化概括为乡村变成城镇的一种复杂过程。由于研究视角的差异，城镇化的概念呈现多样化。在城镇化模式研究上学者们提出“苏南模式”、“珠江模式”、“温州模式”等多种模式（阎小培等，1997；陈烈等，1998；张小林，1996；武廷海等，1997；张敏等，2002）。

依据城镇化发展的一般规律和理论，结合我国的具体情况，学者们提出中国特色城镇化。仇保兴（2002）指出，我国土地资源少，耕地更少，我国必须走一条健康的、可持续发展的城镇化道路，强调大中小城市和小城镇协调发展。简新华（2003）认为，中国特色城镇化道路应该是：城镇化与工业化和现代化适度同步发展；大中小城市和小城镇协调发展；市场推动、政府导向的城镇化；城市发展方式多样化和合理化[⑦]。周一星（2006）认为，从我国国情出发，中国特色的城镇化应该是城乡关系良性互动的城镇化，是速度、规模适度的城镇化，是多样化因地制宜的城镇化，是资源节约、环境友好的城镇化，是市场经济与政府调

① 叶孝理．现代城市管理手册［M］．北京：经济科学出版社，1990.

② 辜胜阻．非农化与城镇化研究［M］．杭州：浙江人民出版社，1991.

③ 蔡孝箴．社会主义城市经济学［M］．天津：南开大学出版社，1988.

④ 侯蕊玲．城市化的历史回顾与未来发展［J］．云南社会科学，1999(2)：78-84.

⑤ 高佩义．中外城市化比较研究［M］．天津：南开大学出版社，1991.

⑥ 谢文惠，邓卫．城市经济学［M］．北京：清华大学出版社，1996.

⑦ 简新华．走好中国特色的城镇化道路——中国特色的城镇化道路研究之二［J］．学习与实践，2003(11)：45-51.

控相结合的城镇化[①]。严书翰（2006）则强调，中国特色城镇化的“特色”包括三方面的内容：一是应以科学的发展观为指导；二是分类指导，因地制宜，实现城镇化发展模式多样化；三是政府主导，多方参与，充分调动一切积极因素[②]。辜胜阻（2007）指出中国特色具体表现在四个方面：以双重经济转型为背景，城镇化与工业化、信息化、市场化、国际化紧密相连；东部和西部的双重城镇化方向；城镇化的双重动力机制和双重发展模式，政府在城镇化进程中扮演重要角色；农民工和市民是双重城镇化推动主体，数以亿计的农民工为城镇化、工业化作出巨大贡献[③]。虽然不同学者对“特色”的表述不尽相同，但都强调“实事求是，因地制宜”。

1.2.2 关于城镇化动力机制的研究

1.2.2.1 国外关于城镇化动力机制的研究

在国外城镇化的动力机制并未形成一个独立的研究体系，学者们对城镇化动力机制的研究包含于区位理论、非均衡增长理论、二元结构理论、新经济地理理论、集聚经济理论等理论之中。如区位理论学者认为在理性经济人的假设下，人们经济行为的空间区位选择及空间区内经济活动的组合最终会导致城镇的出现和成长[④]（杜能，1826；马歇尔，1920；韦伯，1929；克里斯塔勒，1933；勒施，1939；巴顿[⑤]，1981 等）。非均衡增长理论学者指出，区域经济的增长不可能同时在区域内的各个点上同时

---

① 周一星．中国特色的城镇化道路刍议［C］．中国地理学会 2006 年学术年会论文摘要集．2006.

② 严书翰，谢志强．中国城市化进程［M］．北京：中国水利水电出版社，2006.

③ 辜胜阻．“双重转型”背景下的城镇化道路［N］．中国经济时报，2007-12-15.

④ 张文忠．经济区位论［M］．北京：经济科学出版社，2000.

⑤ K.J. 巴顿．城市经济学：理论与政策［M］．北京：商务印书馆，1981：2-14.

进行，城镇作为区域的“增长极”必须率先发展，通过极化效应和扩散效应带动整个区域经济的增长[①]（佩鲁，1955；缪尔达尔，1957；赫希曼，1958；罗斯托，1960；弗里德曼，1964等）。二元经济结构理论学者指出，发展中国家经济由落后的农业部门和发达的工业部门组成，城镇化就是农业劳动力不断转移到非农业部门的过程，城市部门的非农产业发展推动城镇化进程[②]（刘易斯，1954；兰尼斯，1961；费景汉，1963；乔根森，1970；卡尔多，1970；托达罗，1971）。20 世纪 80 年代以后，新经济地理学者[③]（藤田昌久，1988；保罗·克鲁格曼，1991；维纳布尔斯，1996）等以新贸易理论为基础，从报酬递增、规模经济、运输成本和路径依赖的角度出发，通过聚集经济分析了城镇形成和发展的动力机制。杨小凯和赖斯（1994）把交易的分层金字塔结构理论、分工理论等用于城镇化问题的研究中，建立了他们的新兴古典城市化理论[④]，这一理论能解释城市的起源、城乡的分离、城市的发展及分层都是分工演进的结果。

随着经济全球化的不断加深，学者们对城镇化动力机制的研究也愈加丰富。他们普遍认为城镇化受农业发展、工业化和服务业崛起这三大力量的推动。Henderson 等（2007）提出制度对城镇化的推动作用[⑤]，指出民主化程度和技术进步对城镇化发展有

---

① 郭熙保．发展经济学经典论著选［M］．北京：中国经济出版社，1998.

② 张培刚．发展经济学教程［M］．北京：经济科学出版社，2001.

③ 高登·克拉克（Gordon L. Clark），等．牛津经济地理学手册［M］．北京：商务印书馆，2005：8.

④ 杨小凯．经济学——新兴古典与新古典框架［M］．北京：社会科学文献出版社，2003：180.

⑤ J. Vernon Henderson，Hyoung Gun Wang. Urbanization and city growth：The role of institutions [J]. Regional Science and Urban Economics 2007（37）：283－313.

着直接的影响。在全球化视角下，Sassen[①]（1991）研究了全球化对城市化动力机制作用的新形态，那就是全球城市的大量涌现。Lefebvre和Keil[②]等（1996）则具体地探讨了全球化对洛杉矶城市发展的塑造作用。Douglass[③]（2000）认为贸易、生产和金融的全球化正在成为亚太地区加速城市转变的基础。另一方面，学者们指出外资投入、国际资本流动、生产的国际化都对发展中国家城市化进程产生影响。Sit[④]（2001）描述了中国的外向型和跨国城市化景观，其后Song Shunfeng（2002）指出促进中国城镇化的主要驱动力是城市政策变化、经济增长、结构调整特别是外国直接投资（FDI）的流入[⑤]。实证研究方面，Chang和Brada[⑥]（2006）利用世界发展指数（WDI）中207个国家42年的样本数据，进行实证检验，结果显示尽管解释城市化水平可以选择许多变量，但用人均GDP表示的经济发展水平是最显著的解释变量，可以解释城市化水平变动的75%。

1.2.2.2 国内关于城镇化动力机制的研究

我国学者对城镇化动力机制的研究主要集中在其内涵、分类、作用机理等方面。孙中和（2001）认为，城市化的动力机制是推动城市化发展所必需的动力的产生机理，以及维持和改善这

① Sassen，S. The global city：New York，London，Tokyo［M］. Princeton，NJ：Princeton University Press，1991.

② Keil，R. Los Angeles：Globalization，Urbanization and Social Struggle［M］. John Wiley&Sons，1998.

③ Douglass，M. Mega—urban regions and world city formation：Globalization，the economic crisis and urban policy issues in Pacific Asia［J］. Urban Studies，2000，37（12）.

④ Sit. Globalization，Foreign Direct Investment，and Urbanization in Developing Countries［M］. World Bank，2001：11-45.

⑤ Song Shunfeng，Zhang K. H. Urbanization and City Size Distribution in China［J］. Urban Studies，2002，39(12).

⑥ Chang & Brada G. H. The paradox of China's growing under—urbanization［J］. Economic System，2006(30)：24-40.

种作用机理的各种经济关系、组织制度等所构成的综合系统的总和[①]。范存举（2003）指出城市化发展的动力机制是指对城市化发生和发展起到推动和拉动作用的力量，及协调、改善这些力量，使之在城市化中持续、有序发挥作用的，以既定资源为约束，资源配置方式为条件，各种制度为保障的综合系统[②]。高珮义（2009）强调动力机制指的是那些促使城市化发展的动力源泉充分涌流、保障城市化发展的第一推动力持续运行的各种作用力方式、关系和过程，这各种作用力方式、关系和过程按一定规律有机地结合在一起构成一整套推动城市化运行的“机械装置”[③]。

费孝通（1993）和宁越敏等（1998）将我国城镇化动力机制按照动力的来源分为内生动力机制与外生动力机制；也有学者按照推动城镇化的主体的不同，将城镇化的动力机制划分为“自上而下”和“自下而上”两种类型[④]（崔功豪、马润潮，1999）。随着城镇化动力机制在我国研究的深入，很多学者将农业发展、工业化、服务业崛起作为推动城镇化发展的产业动力（辜胜阻，1991；谢文蕙等，1996；孙中和，2001；等等）。20 世纪 80 年代以来，随着经济全球化进程的加快，东部沿海地区的经济发展和城镇化步伐加快。学者注意到外资成为城市化的新动力，薛凤旋和杨春[⑤]（1997）首先研究了跨国公司对外直接投资对于珠三角地区城市化的影响，提出外资是发展中国家城市化的新动力的观点，认为珠江三角洲“外向型”的城市化是明显的和具有主导

① 孙中和．我国城市化动力机制研究进展［C］．中国城市化基本内涵与动力机制研究，2001(11)：38－43.

② 范存举．中国城市化进程中若干问题思考［J］．城市发展研究，2000(22)．

③ 高珮义．城市化发展学原理［M］．北京：中国财政经济出版社，2009.

④ 崔功豪，马润潮．中国自下而上城市化的发展及其机制［J］．地理学报，1999(2)：106－115.

⑤ 薛凤旋，等．外资：发展中国家城市化的新动力——珠江三角洲个案研究［J］．地理学报，1997，52(3)：193－206.

性的，并将以外资投入作为主要动力的城市发展称为“外向型城市化”[①]。随后，叶裕民（2001）强调城镇化的发展必须有制度支持系统，这实际上就是城镇化的制度动力[②]。孙中和（2001）也指出制度变迁促进城镇化的发展。目前，多数学者认为以户籍制度和土地制度为核心的制度问题是导致城镇化滞后的主要根源。由此可见，随着经济的发展我国城镇化的动力也越来越多元化。另外，学者们从不同角度对城镇化动力机制进行了研究，主要代表观点有：

蔡建明（1997）指出中国城市化发展的四大基本动力是产业的空间集聚、产业的结构转换、城乡间和城市间的相互作用以及技术进步及其他的独特因素[③]。崔功豪等（1999）认为乡镇企业发展、劳动力转化和小城镇建设构成自下而上城市化的实质内容。[④] 孙中和（2001）把城市化动力解释为农村工业化推动、比较利益驱动、农业剩余贡献和制度变迁促进。李树琮（2002）认为，生产力的发展是社会经济结构演变的根本原因，是城镇化产生和发展的动力机制。

赵新平、周一星（2002）认为城市化的根本动力在城市化初期主要来自工业化，在中后期则主要来自城市服务业的发展与新兴产业的创新[⑤]；仇保兴（2003）认为我国城镇化是城乡的生产效率和劳动力差距、生活和服务差距、就业和教育差距、投资和

---

① 薛凤旋，杨春．珠江三角洲的“外向型城市化”［C］.//许学强．中国乡村—城市转型的动力和类型研究．北京：科学出版社，1999.

② 叶裕民．中国城镇化之路——经济支持与制度创新［M］．北京：商务印书馆，2001.

③ 蔡建明．中国城市化发展动力及发展战略研究［J］．地理科学进展，1997, 16(2)：9-14.

④ 崔功豪，马润潮．中国自下而上城市化的发展及其机制［J］．地理学报，1999(2)：106-115.

⑤ 赵新平，周一星．改革以来中国城市化道路及城市化理论研究述评［J］．中国社会科学，2002(2)：137.

消费差距、社会资本差距的五种拉力和农村土地"产权化"、农民收入水平提高能够支付进城的成本、农业和农村产业发展需求的三种推力共同作用的结果[①]。汪冬梅等（2003）指出经济增长和产业结构转换分别从宏观与中观的层次为城市化提供了动力；生产要素的流动使城市化成为现实，也可以说是城市化的微观现实动力。同时，由于"市场"和"制度"在要素流动及空间分布过程中的重要作用，以及"区位资源禀赋"对要素集聚地的指向作用，因而在分析中应将市场、制度和区位资源禀赋作为系统分析的因子[②]。

刘耀彬等（2003）指出，我国转型时期的城市化动力机制是复杂的，它既包括产业结构的转换能力、国家政策的调控能力、城乡间推拉力，还包括科技进步能力和外向经济发展能力[③]。林国蛟（2004）认为基于中国的国情，中国城市化的主要动力应该是工业化、要素集聚与制度变迁[④]。陈柳钦（2005）指出在诸多影响城市化发展的因素中，产业结构的非农化转换与发展、经济要素在不同产业及地域间的流动、相关的制度变迁与创新是影响乃至决定城市化发展的关键要素所在[⑤]。

朱磊（2006）提出了"城市行为者"概念，认为城市化是城市行为者——居民、企业和政府空间行为的结果。而企业是我国现阶段城市化的行为主体，但政府对企业行为以及城市化进程的影响仍然很大[⑥]。李永乐（2006）认为城镇化除了受人口因素、

---

① 仇保兴．集群结构与我国城镇化的协调发展［J］．城市规划，2003（6）：10.

② 汪冬梅，等．产业转移与发展：农村城市化的中观动力［J］．农业现代化研究，2003(1)：15－20.

③ 刘耀彬，李仁东．转型时期中国城市化水平变动及动力分析［J］．长江流域资源与环境，2003(1)：8－12.

④ 林国蛟．中国城市化的动力机制研究［D］．杭州：浙江大学，2004.

⑤ 陈柳钦．产业发展：城市化的动力［J］．重庆工商大学学报（西部论坛），2005(2)：61－65.

⑥ 朱磊．基于主体意识的城市化动力机制的研究［J］．开发导报，2006（4）：78－81.

制度因素、自然因素等影响外，城市化进程与产业的发展也有着密切的联系[①]。赵勇（2007）试图以新兴古典分工理论为基础，将城市化纳入一个完整的动态演变体系中，即城市化中的宏观与微观的有机结合，从而揭示全球化下的中国城市化动力机制[②]。以上是学者们从理论角度对城镇化动力机制的研究。

另外，很多学者对城镇化的动力机制作了实证分析，如章辉等（2006）利用灰色关联分析法对影响长三角地区城市化发展水平的因素进行分析，并总结出长三角地区城市化发展中具有区域性特征的三种动力机制：政府政策的自上而下推动效应、乡镇企业内源型扩张效应、经济全球化的外延型推拉效应[③]。曹培慎等（2007）将推动我国城市化进程的动力因素归结为产业结构转换所形成的初始动力、二级动力、后续动力与制度和政策调控力，并分别对各动力因素构建指标体系，利用灰色关联方法分析了1980—1995年和1996—2004年两个时期内各动力因素对我国城市化进程的影响[④]。欧向军等（2008）结合多元线型回归模型对城市化的主要动力进行比较分析，认为市场力、内源力、外向力和行政力依次是江苏省城市化发展的主要动力，其中，市场力和行政力是促进江苏省城市化和经济发展的理想动力[⑤]。

随着我国城镇化的发展，驱动因素逐渐多元、作用机理也日趋复杂，城镇化的动力机制处在不断变化之中，程俊杰（2008）

---

① 李永乐．城市化与产业发展的关系［J］．安徽农业科学，2006，34(6)：1228-1230．

② 赵勇．经济全球化下中国城市化动力机制［J］．中南财经政法大学学报，2007(4)：34-38．

③ 章辉，吴柏均，杨上广．长三角城市化发展的影响因素及动力机制［J］．工业技术经济，2006(10)：45-49．

④ 曹培慎，袁海．城市化动力机制——一个包含制度因素的分析框架及其应用［J］．生态经济（学术版），2007(1)：75-79．

⑤ 欧向军，等．区域城市化水平综合测度及其理想动力分析——以江苏省为例［J］．地理研究，2008(27)：993-1001．

在研究苏南地区城市化的动力机制时，将其划分为内在机制和外在机制，内在机制指工业化、要素集聚与制度变迁三大因素对城镇化的推动作用，外在机制则是政府的行政推动作用[①]。吴莉娅（2008）指出尽管产业结构变动、市场和政府的作用依然是发展中国家城市化动力机制研究的基本出发点，对二元主义、开放性经济、发达国家的资金（包括直接投资、贷款和援助等）、跨国公司的作用、政府干预等的研究使发展中国家城市化动力机制研究形成了不同的分析框架[②]。可见，我国学者在城镇化动力机制研究方面做了大量有益的探索。

1.2.3 关于城镇化与生态安全的研究

1.2.3.1 国外关于城镇化与生态安全的研究

城镇化是一个人口结构、产业结构、地域景观、生活方式和思想意识的转变过程，伴随着人类这种生存、生产、生活方式的转变，生态环境也发生着巨大的变化。学者们对城镇化进程与生态环境的研究也不断深入。英国学者霍华德（1898）提出了田园城市（Garden City）的理论，试图通过规划理想城市来协调城镇化进程对生态环境的破坏问题[③]。沙里宁（1918）也提出理想的“有机疏散理论”，他将城镇的成长比拟为自然界的生物，认为原先密集的城区将分裂成一个个集镇，只有用保护性绿化地带将它们彼此隔离，才能改善城市环境[④]。派克等（Park，1925）

① 程俊杰，唐德才．“苏南”城市化历史进程及其动力机制研究［J］．经济与管理，2008(22)：45-50.

② 吴莉娅．全球化视角下城市化动力机制研究进展初探［J］．苏州大学学报（哲学社会科学版），2008(3)：6-10.

③ 宋永昌，由文辉，王祥荣．城市生态学［M］．上海：华东师范大学出版社，2000：38-39.

④ 沙里宁．城市——它的发展 衰败与未来［M］．北京：中国建筑工业出版社，1986.

利用生态学和社会学的原理将城市化外部生态问题的研究转向城市内部社会空间结构和土地利用方面[①]。70年代以来，城镇化与人类聚居问题首次被列入联合国人与生物圈（MAB）计划的子项目当中，其后众多学者对其进行了大量的研究（Meadows，1972；Goldsmith，1974；Berry，1981）。

随着研究的深入，大卫·皮尔斯（David W Pearce，1990）根据城市发展的不同阶段将所出现的主要资源环境问题进行了分类，如土地的过量使用、大气污染、噪音污染、水资源的过度消耗、交通堵塞等，提出了著名的城市发展阶段环境对策模型[②]。美国环境经济学家格鲁斯曼和克鲁格（Grossman & Krueger，1995）利用计量经济学方法对42个发达国家的数据进行实证分析，提出了随着城市经济水平的提高，城市生态环境质量呈现倒"U"形的演变规律的环境库兹涅茨曲线（EKC）假设[③]。Soumpananda（2005）通过对倒"U"形环境库兹涅茨曲线理论基础进行内生增长模型研究，认为城市经济的持续发展及城镇化水平的进一步提高必将会促使生态环境的修复投资增加，进而逐步使生态环境趋向良性发展。Habib[④]等（2005）则强调发展中国家工业化和城市化潮流对人类的和自然的生态系统产生了巨大的影响。可见，如何处理城镇化与生态环境的关系对发展中国家依然充满挑战。

---

① J Morgan Grove，WilliaM R Bruch. A Social Ecology Approach and Application of Urban Ecosystem and Landscape Analyses：A Case Study of BaltiMore [J]. Urban Ecosystems，1997(1).

② Pearce D，et al. EconoMics of Natural Resources and the EnvironMent [M]. New York：Harvester Wreathes，1990：215－289.

③ Grossman，G. M. and Krueger，A. Economic Growth and Environment [J]. Quarterly Journal of Economics，Vol. 110，1995，357－378.

④ Ahmed，Habib. The Islamic Financial System and Economic Growth：An Assessment. In Islamic Finance and Economic Development. Iqbal，Munawar & Ahmad，Ausaf [M]. New York：Palgrave Macmillan. 2005. 29－48.

1.2.3.2　国内关于城镇化与生态安全的研究

国内在80年代开始提出发展城镇化，随后对城镇化与生态环境关系的研究也开始起步。生态学家马世骏（1984）提出社会—经济—自然复合生态系统的思想，他把以人为主体的社会系统、经济系统和自然生态系统视为一个复合系统，强调三者在特定区域内的共生共存、协调作用①。其后，随着可持续发展理论的深入发展，我国城镇化与生态环境协调发展理论不断扩展，研究重点主要包括对城镇化与生态环境协调系统的相关因子研究、二者的作用机理、评价指标体系、评价模型等。

有学者利用生态协调原理中的正负反馈和限制因子定律，指出区域内城市是在生态环境正负反馈因子交替作用下不断生长，城市成长与生态环境之间存在着反馈和限制性机理（王如松，1988）②，也有学者根据EKC曲线和对数曲线提出城市化与生态环境间的耦合关系曲线是双指数曲线，验证了生态环境与城市化的交互耦合关系（黄金川、方创琳③，2003）。朱良等（2004）探讨了北京城市扩张过程中对郊区生态环境的影响，认为这种城市化对郊区生态环境的破坏严重④。在此基础上，刘耀彬与宋学锋（2005）应用耗散结构理论，推导出城市化与生态环境耦合发展的模型，建立了城市化与生态环境耦合发展的评价方法和判据体系，利用徐州1992—2002年间城市化综合发展指数与生态环境综合发展指数的实证研究，指出城镇化发展建立在资源环境承

---

① 马世骏．社会—经济—自然复合生态系统［J］．生态学报，1984(1)：1-9.

② 沈满洪．全国生态经济建设理论与实践研讨会综述［J］．经济学动态，2003(4)：45-46.

③ 黄金川，方创琳．城市化与生态环境交互耦合机制与规律性分析［J］．地理研究，2003(2)：211-220.

④ 朱良，张文新．北京城市郊区化对郊区生态环境的影响与对策［J］．环境保护，2004(1)：30-32.

载力的基础之上，同时又对生态环境产生影响①。

李新（2005）通过对长三角苏南人口密集地区城镇化发展中的区域生态环境变化进行分析，认为区域城镇化速度加快，导致区域生态风险加大，应进行切实的生态城镇化规划。任春艳（2006）等对西北地区五个省会城市 50 年气候变化数据进行分析，发现西北地区大城市存在显著的热岛效应、雨岛效应、干岛效应和暗岛效应。在此基础上建立了城市发展与城市气候变化之间的回归模型，证明西北地区城市发展对气候的影响不完全符合库兹涅茨曲线特征。刘耀彬（2007）利用城市化“S”形生长曲线和生态环境演变的倒“U”形曲线，演绎出城市化与生态环境耦合的规律曲线，并以中国的实际数据为例，进行实证分析，指出生态环境随城市化发展呈现出先恶化、后改善的不规则倒“U”形耦合规律，但该规律曲线只是它们实际耦合的一种演变趋势。

马玉香（2007）指出受区域生态环境的影响，新疆绿洲城市发展表现出水平低、结构不合理、效益差等特点，城市化缺乏规模优势、外向性和市场动力，制约着新疆社会经济的进一步发展。只有立足绿洲的生态和区域条件，从城乡统筹、区域协调角度，强化区域在组织、集聚、协调经济活动中的特殊作用，采取超常规的城市化发展战略，通过强化开放和流通解决市场问题，采取“相对集中发展战略”，建设大城市、大基地和大通道，克服市场化结构和布局矛盾，才能充分发挥城市的核心带动作用。

1.2.4 关于城镇化进程中边疆安全的研究

学者们从政治、能源、经济等角度论述了边疆安全的重要性。有学者认为，进入 21 世纪，国际国内形势发生了复杂而深刻的变化，边疆地区的和谐稳定面临着新的挑战。杨建平

---

① 刘耀彬，宋学锋．中国区域城市化与生态环境耦合的关联分析［J］．地理科学，2005(8)：408－414.

(2006) 指出在我国，边疆地区的发展不仅仅是一个经济问题更是一个政治问题，边疆的稳定事关国家的长治久安[①]。闫中林(2005) 认为，中国应从发展和稳定的战略高度出发，审视并处理好与中东、中亚之间的关系，确保我国的能源供给安全和西部边陲的稳定[②]。也有学者认为，新疆独特的战略地位决定其稳定与发展和中华民族的伟大复兴密切相关（王小平[③]，2003）。可见新疆的稳定事关全国改革、发展、稳定的大局。

1.2.4.1 关于我国社会稳定的研究

随着我国由计划体制向市场经济转型的深入，就业问题、贫富悬殊问题、区域发展差距问题变得十分严峻，已成为影响我国社会稳定的主要因素。众多学者分析了贫富悬殊对社会稳定的影响，孙辉（2005）认为近年来，中国急剧扩大的贫富差距，已经并仍可能继续威胁社会和谐稳定[④]。王秋菊（2005）指出改革开放以来，我国贫富差距表现在：财产集中度趋强；城乡收入差距不断扩大；贫困人口数量近几年一直徘徊不前；收入分配结构不合理。贫富差距过大导致社会阶层之间的利益摩擦增加，矛盾加剧，导致社会不稳定[⑤]。张澜涛（2008）指出中国在建设市场经济进程中，要实现长治久安与和谐发展，就需要建立起民主宪政体制，开放社会利益的表达机制、透明的科学决策机制和维护社会公平的社会保障机制，实行公平和利益的协调[⑥]。

---

① 杨建平．边疆的和谐稳定与国家最高利益［J］．理论导刊，2006(9)．

② 闫中林．中东、中亚与中国能源、边疆安全关系探析［J］．太原理工大学学报（社会科学版），2005(1)．

③ 王小平．21世纪治理新疆的策略研究［M］．乌鲁木齐：新疆人民出版社，2004.

④ 孙辉．论贫富差距对我国社会和谐稳定的影响［J］．四川行政学院学报，2005(5)：54-56.

⑤ 王秋菊．我国当前的贫富差距与社会稳定［J］．辽宁大学学报（哲学社会科学版），2005(5)：47-51.

⑥ 张澜涛．论社会公平与社会经济安全——美国经济发展史的借鉴［J］．国际关系学院学报，2008(6)：22-28.

另外，有学者从低收入农民工和民族问题的角度，分析了我国的社会稳定问题。童静铭（2009）认为城镇中外来低收入务工人群是极不稳定的社会因素，也是城市犯罪主要产生因素之一，追溯其发生原因，可以发现社会收入分配严重失衡导致的贫富两极分化是造成当前城市外来人口犯罪众多的深层原因，城市对于外来边缘人群的救助缺失对于犯罪的高发生率又起到推波助澜作用。从社会救助入手，减小贫富分化缺口，将从根源上起到犯罪预防的作用①。李俊杰（2008）认为民族问题归根到底是发展问题，经济差距是发展的根本差距②。可见区域经济差距、贫富悬殊易致社会不稳定。

1.2.4.2 关于城镇化进程中民族关系的研究

学者们普遍认为，少数民族地区城镇化的快速发展，对推进西部大开发、缩小东西差距、促进民族经济发展和社会变迁、推进西部地区现代化、促进民族团结全面建设小康社会以及维护社会稳定和国家安全都具有重要意义（徐和平③，2000；袁仲由④，2003；高永久⑤，2004；蒋彬⑥，2004；张鸿雁⑦，2004）。在城镇化进程中的民族关系方面，主要探讨了城镇流动人口问题（杨

① 童静铭．论完善外来低收入群体的救助与犯罪的预防［J］．犯罪研究，2009(1)：48－53.

② 李俊杰．民族自治地方经济差距的实证分析及对策研究［J］．中央民族大学学报（哲学社会科学版），2008(1)：14－24.

③ 徐和平．城市化与贵州少数民族社会现代化［J］．贵州民族研究，2000(3)：39－43.

④ 袁仲由．关于加快实施民族地区城镇化战略的思考［J］．中南民族大学学报：人文社科版，2003(1)：24－28.

⑤ 高永久．城市化与民族地区的区域经济发展［J］．兰州大学学报：社会科学版，2004(4)：127－131.

⑥ 蒋彬．西部民族地区城镇化与全面小康社会建设［J］．广西民族学院学报，2004(2)：47－53.

⑦ 张鸿雁，陈俊峰．中国民族地区城市化发展战略与对策创新［J］．社会科学，2004(6)：64－74.

健吾[①]，2002；金春子[②]，2003)、城镇民族关系中出现因利益冲突引起的新问题（王有星[③]，2000；王洁[④]，2004)、城镇民族社区问题和（周光大[⑤]，2004）城镇少数民族权益保障问题（肖俊[⑥]，2002)，针对这些问题提出相应的对策。

在新疆城镇化进程中，吴琼（2007）研究了城镇化进程中的民族关系，并针对流动人口及城镇化对新疆民族关系产生的促进民族融合的积极影响和使民族关系复杂的消极影响，指出人们应从构建和谐民族关系的高度来关注和研究民族地区的社会问题[⑦]。古丽米拉·阿林别克（2008）指出在城镇化的迁移、杂居过程中，不同民族的传统文化之间必然有一个相互整合的过程，在这个过程中，各民族在风俗习惯、宗教信仰、思维方式、性格特征等方面必然要发生碰撞、摩擦，由此也会产生一系列带有民族色彩的矛盾[⑧]。柳建文（2009）以伊宁市为调查个案，从族际交往、邻里互动、就业竞争、民族意识等方面分析了新疆民族关系的变化及影响因素，分析了在经济转型和城镇化进程中，体制

① 杨健吾．城市少数民族流动人口问题研究［J]．西南民族学院学报，2002(7)：245－277.

② 金春子．城市少数民族流动人口与城市民族工作［J]．中国民族，2003(3)：11－13.

③ 王有星．我国城市民族关系的若干思考［J]．广播电视大学学报，2000(2)：30－35.

④ 王洁．试论城市民族关系的影响因素［J]．黑龙江民族丛刊，2004(2)：116－119.

⑤ 周光大，周劲松．城市社区建设中的民族问题［J]．广西民族研究，2004(1)：10－14.

⑥ 肖俊．论城市散居少数民族权益的法律保障［J]．西南民族学院学报，2002(7)：202－205.

⑦ 吴琼．流动人口及城镇化对新疆民族关系的影响［J]．新疆大学学报（哲学·人文社会科学版），2007(7)：79－81.

⑧ 古丽米拉·阿林别克．略论城市化进程中的新疆城市民族关系［J]．新疆社科论坛，2008(3)：47－49.

变革、产业结构调整升级伴随着大规模的人口流动和利益分化，改变着中国社会的民族关系；最后从政策安排和制度设计角度提出了相应的调控策略[①]。可见，高速城镇化使民族关系产生很多问题，滞后的体制政策改革已不能解决这些问题。

1.2.5 关于新疆城镇化的研究

对于国外学者来说，对新疆的研究大多局限在能源、农业、水资源等方面，对城镇化（城市化）的探讨几乎是一个空白。国内学者对新疆城镇化的研究主要集中在城镇化的特征、内涵、现状、历史规律、发展道路和模式，影响因素、动力机制、战略选择、与农业产业化之间的关系、与区域经济发展之间的关系等方面。值得注意的是，也有学者从发展经济的角度谈到了边境稳定的作用、新疆城镇化进程中的民族关系以及兵团的城镇化发展等。这为我们研究新疆城镇化动力机制，提供了可以借鉴的文献资料。

1.2.5.1 关于新疆城镇化发展特征的研究

新疆城镇化的基本特征是城镇布局与绿洲分布的一致性，学者们对其进行了探讨（于溶春[②]，1990；阚耀平[③]，2001；李春华[④]，2006；李广舜[⑤]，2008）。城镇分布密度小，城镇间距离大，城市首位度高，地域分布不协调，北密南疏，城镇经济功能

---

① 柳建文．经济转型时期的新疆民族关系与政府调控［J］．北方民族大学学报（哲学社会科学版），2009(2)：46－52.

② 于溶春．关于新疆城镇城市化问题的探讨［J］．新疆社会科学 1999(5)：32－38.

③ 阚耀平．近代新疆城镇形态与布局模式［J］．干旱区地理，2001，12(24)：321－324.

④ 李春华．新疆绿洲城镇空间结构的系统研究［D］．南京：南京师范大学，2006：6.

⑤ 李广舜．对新疆城镇化发展问题的思考［J］．新疆大学学报（哲学·人文社会科学版），2008(3)：18－22.

弱（赵建新[①]，1987；段汉明[②]，2000；权晓燕等[③]，2005；常春华等[④]，2007；赵锡平[⑤]，2007）。在城镇经济功能方面，宋岭等（1999）研究了新疆的城镇体系，通过实证分析，认为城镇体系与经济发展之间具有明显的地域特征。新疆经济发达城市主要集中于北疆沿铁路线附近，而不发达城市则相对的散布于南疆或远离交通干线的沿边地区；新建的新兴城镇正在成为新疆经济发展中新的高速增长点；沿边城市的边贸经济未能成为推动新疆经济发展的重要力量；交通、通讯、能源等基础产业落后是造成城镇经济差异的关键原因；以石油开采和石油化工为主导产业的工业化城市，是推动新疆经济发展的中坚力量[⑥]，至今这种格局未发生较大变化。雷军等（2004）指出新疆农村城镇化水平非常低，小城镇对农村剩余劳动力的吸纳能力较弱，小城镇与各类城镇之间缺乏有机联系[⑦]。

李遐龄（2004）认为新疆城镇的形成与发展有三个明显的特点：一是城市沿流域形成，以绿洲农牧业为基础，城市规模小而分散；二是沿“丝绸之路”发展，以商旅活动链接，构成城镇带布局；三是政治建制，屯垦戍边，城市成为区域性政治、经济、军事、文化活动中心，多为消费型城市。杜宏茹等（2005）认为传统绿洲城镇的显著特点之一为相对孤立，封闭性强。但改革开

---

① 赵建新．浅论新疆城镇经济功能的强化［J］．干旱区地理，1987(2)：44－49.

② 段汉明．新疆城镇分布结构的特征［J］．城市规划，2000(6)：21－25.

③ 权晓燕，王晓峰，李静．对新疆城市体系的几点认识［J］．新疆师范大学学报（自然科学版），2005(3)：209－212.

④ 常春华，熊黑钢，温江．新疆各城市城市化水平比较研究［J］．干旱区资源与环境，2007.21(2)：27－31.

⑤ 赵锡平．新疆城市化特征及其原因分析［J］．新疆社科论坛，2007(1)：85－88.

⑥ 宋岭，张西坤．新疆城镇体系经济差异的实证分析［J］．新疆大学学报（哲学社会科学），1999(2)：1－5.

⑦ 雷军，鲁奇，张敬东，杜红茹．新疆小城镇发展与农村城镇化研究［J］．中国人口·资源与环境，2004(14)：85－90.

放以来绿洲城镇的快速发展使其集聚能力显著增强，相互作用日益密切，集聚变化受绿洲扩展、资源开发和政治因素的深刻影响[①]。针对新疆城镇化的特征，结合新疆的历史、地缘、人文、地理状况，学者们提出新疆城镇化模式的选择和发展道路。刘文静等（2009）将新疆的实际与内地城镇化成功经验相结合提出新疆城镇化的发展道路[②]。张安福等（2009）再次指出新疆的城镇化承载着促进经济社会发展和维护边疆安全的双重使命[③]。可见绿洲经济是新疆城镇的载体，政治因素对城镇体系产生深刻影响，资源开发支撑部分城镇发展。

1.2.5.2 关于新疆城镇化的发展战略的研究

同全国一样，众多学者针对新疆城镇化发展的不同阶段，结合国情、区情提出相应的发展战略。陈汝国（1986）认为，新疆城镇发展的基本方针是：严格控制大城市规模，促进中等城市的发展，积极扶植小城镇[④]。陆易农（1996）指出要注重城市内涵发展、完善城市布局体系，把乌鲁木齐建设成我国西部国际性都会、充分发挥城市在区域经济中的核心作用等[⑤]。司正家等（2001）提出应走以新亚欧大陆桥及沿线的中心城市为依托的“点轴”发展模式[⑥]。李全胜（2001）指出应立足新疆绿洲经济特点，科学构建合理的城镇体系、加快经济结构调整、充分发挥

① 杜宏茹，张小雷．近年来新疆城镇空间集聚变化研究［J］．地理科学，2005(3)：268-273.

② 刘文静，郭宁，李美荣．我国内地城镇化模式对新疆城镇化的启示［J］．改革与战略，2009(7)：113-116.

③ 张安福，等．新疆城镇化道路的新视角——国家安全与地区发展并重［J］．临沂师范学院学报，2009(4)：71-75.

④ 陈汝国．新疆城镇发展的战略问题［J］．城市问题，1986(1)：27-31.

⑤ 陆易农．新疆城市发展战略的思考［J］．新城市规划汇刊，1996(1)：49-55.

⑥ 司正家，等．实施点轴开发战略加快新疆城镇化发展［J］．新疆师范大学学报（哲学社会科学版），2001(2)：6-10.

政府和市场的合力[①]。罗若愚等（2001）提出新疆城镇发展框架，即建立高能级的中心城市，以协调、联合、调整结构为导向，推进大城市经济圈的发展，有引导地发展新疆城镇经济带[②]。由此可见，西部大开发以前，学者们提出的发展战略主要集中在完善城镇体系方面。

随着我国西部大开发的实施，学者们对新疆城镇化发展战略的研究不断深入。段汉明（2000）结合西部大开发，提出新疆城镇的发展是自然环境、社会政治、资源开发等多种因素共同作用的结果[③]。张平等（2002）提出了一个中心城市（乌鲁木齐），两条铁路轴线，以天山北坡经济带八个城市为支点，从中心城市逐步向四周扩散推移的基本思想[④]。司正家等（2006）提出：一要借鉴西方城市化理论和国外城市化发展道路的经验及教训；二要突出重点，突出优势，发挥特色，走大、中、小城市协调发展的道路；三要以产业为依托，大力推进体制和制度创新，加强生态环境建设和基础设施建设[⑤]。韦亚平（2007）提出新疆的区域发展需要建立在"都市区"的空间成长基础之上；与中国的东部、中部地区相比，新疆的大中小城市协调发展应是一种非常独特的空间格局[⑥]。李广舜（2008）认为针对这些问题应转变观

① 李全胜．新疆城市化问题探析［J］．新疆师范大学学报（哲学社会科学版），2001，22(2)：1-5.

② 罗若愚，许涛，周勇．新疆城镇体系发展框架初探［J］．新疆师范大学学报（自然科学版），2001(3)：65-69.

③ 段汉明．西部大开发中新疆城镇发展的对策［J］．城市发展研究，2000(5)：11-17.

④ 张平，等．推进新疆城镇化进程的思路、途径及措施建议［J］．新疆职业大学学报，2002(3)：1-7.

⑤ 司正家，武玉娥．新疆城市化发展的理性思考［J］．实事求是，2006(1)：30-33.

⑥ 韦亚平．新疆区域经济与城市化协调发展探讨［J］．经济地理，2007(4)：553-557.

念，真正认识城镇化对发展新疆经济、改善民生的重大意义，大力推进城镇化进程，提高城镇化水平[①]。另外，还有学者研究了新疆城镇化建设的融资问题（王太祥等[②]，2006）认为目前新疆城镇化建设需要构建以政策性金融为主，其他融资方式为辅的融资体系。

1.2.5.3 关于新疆城镇化与产业发展的研究

城镇化的发展需要产业的支撑，一些学者研究了新疆城镇化与产业发展的关系，指出新疆产业发展对城镇化的支撑力不强，工业化更是滞后于城镇化。如刘军保（1994）认为新疆城市化水平尽管略高于全国平均水平，但其影响因素是非经济因素，而非工业化发展的结果。新疆城镇体系中，城市的聚集程度高于全国平均水平，而镇的聚集程度则低于全国平均水平。导致新疆小城镇相对落后的原因在于新疆农村非农产业的发展滞后，即新疆农村非农产业的规模、结构、布局，社区效应等延缓了农村城镇化进程[③]。张丽等（1999）对新疆城镇化和经济发展之间的关系进行了耦合分析，并对新疆农村城镇化的制度特征作了初步探讨[④]。杨发仁（2004）认为实施城镇化战略是新疆城市化与工业化协调发展的必然选择和关键[⑤]。王霞等（2007）提出应该从发展三次产业方面壮大县域经济，促进中小城市建设，从而推进新疆城市化进程[⑥]。马玉香等（2008）分析新疆城市化与第三产业

① 李广舜．对新疆城镇化发展问题的思考［J］．新疆大学学报（哲学·人文社会科学版），2008(3)：18－22.

② 王太祥，李万明．新疆城镇化融资方式探析［J］．农村经济与科技，2006(7)：61－62.

③ 刘军保，苏斌．新疆城镇化和农村非农化的实证分析［J］．新疆经济，1994(5)：12－15.

④ 张丽，许新强．新疆城镇化发展研究［J］．新疆社会科学，1999(3)：32－38.

⑤ 杨发仁．新疆城市化与工业化关系研究［J］．新疆社会科学，2004(2)：17－22.

⑥ 王霞，张丽．城市化进程中的新疆县域发展问题研究［J］．新疆财经，2007(2)：12－18.

的发展的关系。指出新疆城市化率与第三产业增加值占 GDP 的比重及人均第三产业产值的相关性较显著[①]。

但有些学者的研究显示，新疆城镇化的发展与工业化的相关性并不强。如王公达等（2007）研究发现新疆的城市化进程近年来虽然呈加速态势，但它是在工业化水平较低的背景下发展的。实证分析说明二者之间没有直接的因果关系[②]。同时陈超凡等（2008）的研究也表明新疆城市化与以人均 GDP 为标准衡量的经济发展水平基本保持一致；与工业化之间相关性不明显，而与非农产业就业结构之间存在着显著正相关；与第三产业之间具有显著相关性[③]。另外，李美荣等（2009）提出特色产业是推动新疆城镇化发展的有效途径，并论证了这条道路的可行性，认为在特色产业推动新疆城镇化的发展思路中，应重点突出政府的主导作用、农村劳动力的转移以及自然生态环境的保护[④]。

1.2.5.4 关于新疆城镇化动力机制的研究

在新疆城镇化动力机制方面，学者们也都进行了研究。多数学者都认为新疆城镇化属于政府主导的“自上而下”型的城镇化，如孙建丽（2000）认为新疆的城市化属自上而下型。城市的建立和发展得益于政府对西部的倾斜政策，在较短的时间内形成了政治中心和经济中心二位一体的城市体系[⑤]。谢永琴（2002）指出以政府为主导的发展模式是新疆城镇发展缺乏内在动力的

---

① 马玉香，刘旭玲，张军民．新疆第三产业发展与人口城市化协调发展研究[J]. 资源与产业，2008(4)：35-40.

② 王公达，王建军．新疆城市化进程综合评价与特征分析 [J]. 新疆财经，2007(4)：27-33.

③ 陈超凡，马惠兰．改革开放以来新疆城市化与区域经济协调发展分析 [J]. 河南工业大学学报（社会科学版），2008(6)：13-15.

④ 李美荣，郭宁，刘文静．基于特色产业发展的新疆城镇化研究 [J]. 科技与经济，2009(4)：42-45.

⑤ 孙建丽．中国西部城市化基本特征分析——以新疆为例 [J]. 中国人口·资源与环境，2000(4)：54-57.

原因[①]。李春华等（2003）认为新疆城镇化受国家政策变化的影响较大，城市的设置极不稳定，整体上表现出一种自上而下型的城市化动力机制；并已形成了具有绿洲特色的城市体系，城市发展以小城镇为主，逐步向以大中城市为主转变[②]。由此可见，新疆城镇化的发展无论在计划经济时期还是在市场经济时期，政府的主导作用都是新疆城镇化发展的核心动力。

另有学者研究了新疆城镇化动力的作用机理，如杨德刚等（2003）指出整体薄弱的社会经济基础是新疆城市化落后的根本原因，产业结构升级转换仍将是新疆城市化的主要动力机制[③]。赵梅等（2005）从政治、经济、人口等几个大的方面分析了新疆城市化的动力机制。认为城镇化发展最主要的动力为经济因素，只有不断扩大新兴产业部门，加强对传统产业部门的改造，使产业结构不断升级转换，才能找到一条城乡经济和社会逐渐融合的城镇化发展道路[④]。刘林等（2009）构建了新疆城镇化动力机制的指标体系：第一产业发展形成的推动城镇化的初始动力，工业化推进形成的二级动力，第三产业发展形成的后续动力。运用主成分分析法从定量研究的角度，分析了各动力因素对城镇化的影响[⑤]。可见，发展动力不足、机制不畅是新疆城镇化的显著特征。

---

① 谢永琴．西部大开发中新疆城镇发展的对策研究［J］．新疆大学学报（社会科学版），2002(1)：11－17．

② 李春华，张小雷，王薇．新疆城市化过程特征与评价［J］．干旱区地理，2003(4)．

③ 杨德刚，李秀萍，韩剑萍，张小雷．新疆城市化过程及机制分析［J］．干旱区地理，2003，26(1)：50－56．

④ 赵梅，等．新疆城市化动力机制研究［J］．新疆师范大学学报（自然科学版），2005．24(3)：149－152．

⑤ 刘林，龚新蜀．基于主成分分析的新疆城镇化动力机制研究［J］．福建论坛（社科教育），2009(2)：34－35．

1.2.5.5 关于兵团城镇化的研究

兵团在新疆经济建设和维护社会稳定方面发挥着重要的作用，兵团城镇化作为新疆城镇化的重要组成部分，学者们从不同角度对其进行了研究，张友德（1995）研究了兵团城镇化的特点和加快兵团小城镇建设的意义，并提出加快城镇化发展的相应对策①。冯兰新（2001）分析了兵团城镇化的模式选择、产业支撑条件、城镇功能等②。杨建平（2004）提出兵团城镇化的主要模式，如石河子模式、奎屯哈密模式、库尔勒模式、团场团部小城镇化模式等，并指出兵地共建是兵团城镇化发展的方向③。在此基础上，傅仲保（2004）提出兵团城镇化发展的战略目标、战略布局和产业支撑计划④。

在兵团城镇化与产业发展方面，以下学者作了分析，马彦梅（2002）结合兵团小城镇的产业基础，提出兵团城镇化必须走与农业产业化相结合的道路，充分发挥城镇化与农业产业化的联动效应⑤。刘涛江（2005）指出农业产业化与城镇化存在互促作用。要使兵团农业产业化与城镇化协调发展就必须完善各项配套政策，拓宽融资渠道，增加投入，做好小城镇的规划工作⑥。吴涛（2008）探讨了兵团城镇化与工业化之间的关系，认为工业化的推进对城镇化的进一步发展具有明显的促进作用。但是，工业化水平过低，远低于当期城镇化水平，并指出兵团城镇化与兵团

---

① 张友德．加快兵团垦区城镇化是再造辉煌的现实选择［J］．中国农垦经济，1995(8)：29-32.

② 冯兰新．兵团城镇发展的模式及功能分析［J］．兵团教育学院学报，2001(4)：11-13.

③ 杨建平．兵地共建：兵团城镇化发展之路［J］．兵团建设，2004(6)：26-27.

④ 傅仲保．兵团城镇化发展的思考［J］．新疆农垦经济，2004(6)：37-38.

⑤ 马彦梅．试论兵团城镇化与农业产业化联动发展［J］．兵团党校学报，2002(1)：33-35.

⑥ 刘涛江．论兵团农业产业化与城镇化协调发展［J］．兵团党校学报，2005(4)：39-41.

工业不存在长期均衡关系[①]。

学者们也提出了促进兵团城镇化发展的具体思路，如刘新月等（2005）分析了兵团城镇化存在的问题，并从城镇规划、管理、中心城镇建设、基础设施建设、投融资机制、户籍制度改革等角度提出发展建议[②]。赵刚（2008）认为，团场城镇化应走集中规划、集中建设、集中居住之路[③]。何建忠（2009）从团场中心连队的建设的角度，提出加速推进团场人口城镇化[④]。同时面对当前深刻变化了的国内外经济社会形势，众多学者开始探索城镇化对新型屯垦戍边的作用。朱磊等（2004）研究了兵团屯垦与城镇化发展的关系、探讨城镇化发展道路，指出兵团城镇化建设健康发展、经济持续发展、对更好履行兵团特有的屯垦戍边使命有着重要意义[⑤]。黄达远（2008）分析了兵团屯垦城镇的特征，并指出兵团屯垦城镇具有鲜明的外源发展和缺乏市场机制的推动等特征[⑥]。李芳（2009）研究了兵团边境团场城镇所承担的特殊使命，指出只有从边境团场城镇功能定位的依据出发，重新认识边境团场戍边的政治军事功能、经济建设功能、社会发展功能、自然与社会可持续发展功能，才能更好地完成屯垦戍边的神圣使命[⑦]。可

---

① 吴涛．兵团城镇化与兵团新型工业化问题浅析［J］．兵团党校学报，2008(5)：38-42.

② 刘新月，朱新川．兵团城镇化建设与经济发展的思路［J］．兵团教育学院学报，2005(3)：3-4.

③ 赵刚．对兵团团场城镇化建设的几点思考［J］．兵团党校学报，2008(2)：30-31.

④ 何建忠．重视团场中心连队建设加快兵团团场城镇化进程［J］．兵团党校学报，2009(4)：31-32.

⑤ 朱磊，张琰．新疆兵团城镇化建设问题研究［J］．中国农垦经济，2004(5)：24-25.

⑥ 黄达远，戢广南．试论兵团屯垦城镇的特征［J］．新疆社科论坛，2008(2)：21-23.

⑦ 李芳．新疆兵团边境团场城镇功能定位的思考［J］．小城镇建设，2008(6)：94-97.

见，屯垦戍边如何与城镇化发展相结合是兵团城镇化面临的重大问题。

1.2.6 对国内外研究的评述

由以上分析可以看出，国外对城镇化动力机制的研究多包含于经济发展理论、二元经济结构理论、集聚经济等理论中。对城镇化动力机制的研究还没有形成一个独立完整的理论体系，不同的学者对城镇化的动力从各自的视角进行研究。西方学者分别从不同的侧面分析了城镇化的过程和动力机制，还有一些学者对这些理论进行了实证研究。我国学者对城镇化动力机制的研究与我国城镇化的实践紧密结合，对城镇化动力机制的分类繁杂，分析没有形成统一完整的理论体系。另一方面，由于发达国家已完成城镇化过程，所以学者们较关注城市公共经济管理、城市经济持续发展等综合研究以及城市房地产、城市就业、城市环境治理等专项研究。而发展中国家正处在经济快速发展，社会急剧转型之中，学者们更多地关注城市化、城市经济发展等问题。

国内学者对城镇化的研究与我国城镇化发展的不同阶段的特征、国家在城镇化方面制定的宏观政策息息相关。对动力机制的研究从计划经济时代的一元动力机制——政府，到改革开放初期的二元动力机制——政府和市场，逐渐发展为当下的多元动力机制——市场、政府、产业、制度、外资等。这说明我国城镇化动力机制已发生了广泛而深刻的变化，不同地区、不同功能的城镇化要求不同的动力机制。另外我国学者多从自己的研究视角对其进行分类、探析。对新疆城镇化的研究也很丰富，但研究内容多为：城镇化的现状与特点、城镇化的发展思路、城镇化与产业发展的关系、城镇化进程中的民族关系以及兵团的城镇等。这些研究多是从经济发展的角度探讨新疆的城镇化问题，多是对城镇化现状的描述和就城镇化论城镇化。

由此可见，虽然我国城镇化已进入快速发展阶段，学者们对城镇化的研究成果也十分丰富；但是对于新疆这样一个多民族、多语言、多文化、多体制的边疆地区来说，城镇化动力机制的研究还存在一些不足之处。

第一，城镇化动力机制的经济理论基础不够系统。虽然发达国家已是完全城镇化，学者们对城镇化的研究成果也十分丰富，但是城镇化动力机制的分析还没有形成完整的理论体系。同时城镇化的经典理论的诸多假设，使城镇化理论完美但缺乏解释力；面对新疆这一特殊地区的城镇化问题，如何能在确保社会稳定的条件下促进城镇化稳妥发展，在当下值得深入研究。

第二，对城镇化动力机制的分类不科学。学者们对城镇化动力机制的研究必然涉及对动力机制的分类，改革开放初期学者们将城镇化动力分为“自上而下”的政府推动和“自下而上”的市场推动；随着研究的深入有的学者从产业发展角度分为：农业发展、工业化和第三产业崛起；随后有的学者再将制度纳入分析框架，同时伴随着我国城镇化的加速发展，各式各样的分类方法大量出现，但分类都不是十分科学。因此构建城镇化动力机制的理论框架就很重要。

第三，对绿洲生态环境下城镇化动力机制的研究不深。新疆的最大实际情况就是绿洲经济，绿洲的分散性直接导致城镇布局十分分散，因此城镇化发展对基础设施投资的需求远高于内地平原地区；绿洲的唯水性和干旱半干旱的地理环境决定了新疆城镇化建设过程中必须高度重视生态环境的保护；绿洲的封闭性决定的人们思想观念的保守，也使人口的迁移和城市生活方式的传播相对困难；这些现实情况呼唤与之相符的理论。

第四，基于边疆安全对城镇化动力机制的研究不足。城镇化的发展伴随着体制变革、产业结构调整升级伴随着大规模的人口流动和利益分化。如何从西北边疆安全的角度使新疆城镇化发展对社会稳定、民族团结、生态和谐起到支撑作用。从这一角度对新疆城镇化动力机制的研究较少，只有少数学者从经济发展的角度简单研究了新疆城镇化发展的动力机制，基于西北边疆安全视角对新疆特色城镇化动力机制的研究几乎没有，因此，迫切需要系统的分析研究新疆城镇化发展的动力机制。

1.3 研究思路与研究内容

1.3.1 研究思路

城镇化稳妥发展的先决条件是区域经济的协调发展，城镇化的动力源于经济系统不断演化、产业结构的合理化和高度化所导致的产业空间结构的演进过程。本书遵循理论与实证相结合的思路，在城镇化发展等理论的指导下，结合新疆实际，围绕城镇化动力机制这个主轴，按以下主线进行论文的研究。首先梳理城镇化理论基础，给出新疆城镇化现状，构建动力机制分析框架并对新疆城镇化动力机制进行深入分析；然后，根据对动力机制的实证检验探索新疆城镇化动力机制的缺陷；最后，借鉴国内外经验提出新疆城镇化动力机制的重构与完善的措施。

1.3.2 研究内容

本研究意在透彻地分析新疆这一特殊地区城镇化发生、发展的现状和规律，深入揭示城镇化发展背后的主要动力、动力形成的原因、动力的区域差异和城镇化的动力机制，为稳妥地推进新疆城镇化发展提供理论支持。本研究共分九部分：

第一部分：导论。主要介绍研究背景及意义，国内外研究动态，总体思路、主要内容和研究方法，以及创新之处。

第二部分：概念界定与理论基础。简述城镇化及动力机制的内涵及城镇化水平的测度，结合新疆区情阐释绿洲经济与边疆安全的概念，分别梳理了城镇化发展理论、城镇化发展规律和边疆安全理论。

第三部分：新疆城镇化的发展概况。回顾新疆城镇化发展历程，从人口城镇化水平、城镇规模结构、城镇空间布局和城镇经济发展水平等方面介绍新疆城镇化发展现状；从城镇布局、发展模式和区域差异等方面分析新疆城镇化发展特征；在考察新疆城镇化特殊性的基础上，提出新疆城镇化保障西北边疆安全和促进经济发展的双重功能。

第四部分：新疆城镇化动力机制分析。简述新疆城镇化动力机制的演变历程，分别从内源动力机制、外向动力机制、市场动力机制和政府动力机制四个方面，深入分析现阶段推动新疆城镇化发展的子动力机制；从内源动力的支撑作用、外向动力的拉动作用、市场动力的资源配置作用和政府动力的宏观调控作用等方面，阐述新疆城镇化动力机制系统的运行状况。

第五部分：新疆城镇化动力机制的绩效评价。构建城镇化动力机制绩效评价的计量分析模型；利用层次分析法（AHP）将内源动力、外向动力、市场动力和政府动力各子指标合成四种动力的综合指标，使用面板数据计量方法（Analysis of Panel Data）进行回归检验；构建绩效评价指数对新疆各地州市及兵团城镇化动力机制的绩效进行评价。

第六部分：新疆城镇化动力机制的缺陷及成因。分别分析内源动力机制、外向动力机制、市场动力机制和政府动力机制的缺陷，探讨动力机制系统运行中的协调性，从地理区位、人文社会、对外开放、市场发育和行政管理体制等方面探索动力机制运行中存在缺陷的深层原因。

第七部分：国内外城镇化动力机制经验及对新疆的启示。回顾美国、巴西等国外城镇化动力机制的演变历程，探讨东部地区温州、苏南和珠三角等城镇化动力机制的成功经验，分析西部民族地区政府主导的宁夏城镇化动力机制和外贸驱动的德宏傣族景颇族自治州城镇化动力机制，分别从经济发展、产业聚集、外向型经济、政府主导和市场基础等角度探讨了国内外城镇化动力机制经验教训对新疆的启示。

第八部分：新疆特色城镇化动力机制的重构与完善。根据新疆城镇化的双重功能提出重构新疆特色城镇化动力机制的原则，针对新疆城镇化动力机制存在的缺陷，结合新疆地理特征和区域一体化发展战略，对天山北坡经济带、东疆经济区、北疆西北部经济区、南疆东北部经济区、南疆西南部经济区及兵团城镇化动力机制进行重构；最后，提出新疆特色城镇化动力机制有效运行的保障措施。

第九部分：结论与展望。给出本研究的结论并对后续研究进行展望。

1.4　研究方法与技术路线

1.4.1　研究方法

（1）实证分析与规范分析相结合。本书在研究新疆城镇化动力的运作机制时以实证分析方法为主、规范分析方法为辅，意在客观展现新疆城镇化的动力机制。在评价新疆城镇化动力机制时以规范分析方法为主、实证分析方法为辅，意在说明如何在确保西北边疆安全的前提下，构建稳妥推进新疆城镇化的动力机制。

（2）定量分析和定性分析相结合。在分析新疆城镇化现状、动力机制运行及动力机制绩效时利用定量分析的方法，在分析新疆城镇化动力机制的特殊性及其与社会稳定的协调性方面主要利用定性分析的方法。通过两种方法的结合，扬长避短，以求达到对研究问题的全面、深入研究。

（3）归纳方法与演绎方法并重。本书在提炼城镇化动力机制分析框架时主要利用归纳法，在对四种动力机制进行深入分析时多用演绎法；既注重事实的归纳，又注重理论的演绎，在已有城镇化理论的基础上，结合新疆的具体区情进行分析研究，力求使得出的结论符合实际，并对实际具有指导意义。

1.4.2 技术路线

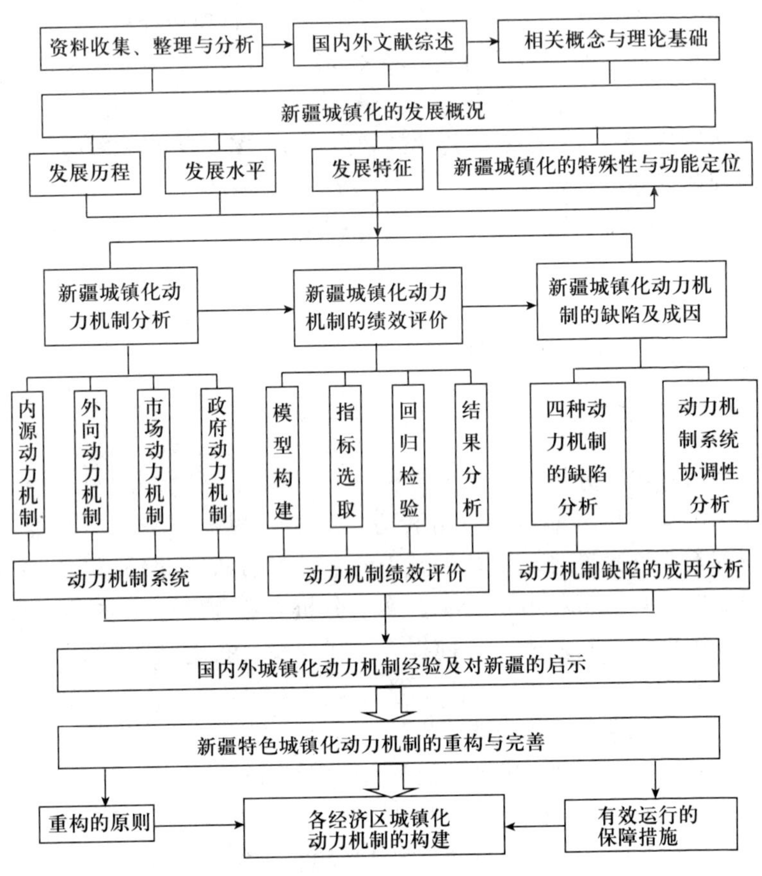

图 1-1 研究技术路线图

1.5 创新点

(1) 以往对城镇化动力机制的研究多数基于经济发展的视角，新疆的社会结构和自然表征十分独特，本书基于西北边疆安全和绿洲经济可持续发展的视角下，探索边疆民族地区城镇化动力机制的特殊性，探讨内源动力对新疆城镇化的支撑机制，外向动力对新疆城镇化的拉动机制，市场动力在城镇化进程中的资源配置机制和政府动力对新疆城镇化的调控机制。提出了基于边疆安全考虑的新疆特色城镇化发展的动力机制，研究视角不同于以往研究。

（2）以往对城镇化动力机制的研究多数是定性分析，对动力机制绩效研究较少。本书构建城镇化动力机制计量模型，利用层次分析法将内源动力、外向动力、市场动力和政府动力的各个子指标合成综合指标，利用面板数据计量方法对新疆城镇化动力结构、动力的区域差异进行回归检验，并通过构建动力机制绩效评价方法，对新疆城镇化动力机制的绩效进行测定和评价。

（3）在城镇化保障边疆安全和经济发展的双重功能下，构建新疆特色城镇化发展的动力机制。根据新疆不同区域资源禀赋、区位条件和产业基础等的差异性，分别构建了天山北坡经济带以市场动力主导、东疆经济区以内源动力主导、北疆西北部经济区以外向动力主导、南疆东北部经济区内源动力与市场动力并重、南疆西南部经济区以政府动力主导和兵团以政府动力主导的城镇化动力机制。

第二章　概念界定与理论基础

2.1　概念界定

2.1.1　城镇化

2.1.1.1　城、市、镇

“城”、“市”、“镇”在我国古代有着严格的区别，“城”是指一种大规模的、永久性的防御设施，是人们抵御异族、外来者侵扰或者维护自身的集团利益而建立的①。所以“城”是因生产发展和防御需要而产生的以土、木、石墙等修筑而成的大规模居民点。《吴越春秋》所谓“鲧筑城以卫君，造郭以居人，此城郭之始也”的记载即是如此。而“市”指商品交换和交易的场所，随着社会生产力的提高，产生了可供交换的剩余产品后，“市”随之出现。以前的商品交易并不十分频繁，人们为了节省交易成本，而约定成俗了交易的时间和场所。《易·系辞下》讲：“日中为市”记载了交易的时间；《史记·平准书》“市井条下”唐张守节《正义》曰：“古人未有市。若朝聚井汲水，便将货物于井边货卖，故言市井也。”就记载了交易的场所和“市井”的含义。“镇”在中国古代是一种行政设置，往往是在边要形胜之地设镇，并设置镇使、镇将，驻兵戍守，即所谓的“设官将禁防者，谓之镇”②。

---

① 刘国光．中外城市知识辞典［M］．北京：中国城市出版社，1991：2.

② 胡顺延，等．中国城市化发展战略［M］．北京：中共中央党校出版社，2002：2.

演变到现代，“城”的功能已经由原来的自然安全与社会安全的功能发展到居住生息、社会交往、生产流通、娱乐表达等的政治、经济、文化、生活的全方位的人类“社区”功能；进而，“城”的内涵发展到专指城市基础设施（包括硬软两类）和城市公共服务（包括经济服务和社会服务）的特定的社会经济物质系统。“市”的功能由原来的商品交换功能发展到包括商品交易、产权交易和资本交易在内的广义交易功能；进而，“市”的内涵发展到专指在“城”的活动支持下，所进行的以排他性、竞争性产品为对象的生产、流通、分配、投资、消费的市场活动。“镇”则逐渐摆脱了军事色彩，成为以贸易镇市出现于经济领域；而目前我们所说的“镇”，是指经批准设立的建制镇的镇区，包括县人民政府、行政公署所在的建制镇的镇区和独立建制镇的镇区。

起初“城”与“市”是分开的，后因“城”的统治者和侍卫、仆人等需要在“市”进行商品交易，商人开始在“城”里或“城”的附近集聚，城里城外人口的增多，“城”与“市”逐而结合而成为城镇。当然城镇也有因宗教信仰的需要而发展起来的，即城镇是作为宗教活动中心而形成。总之城镇是与乡村相对立的概念，是社会生产力发展到一定阶段的产物，《德意志意识形态》曾经写道：“某一民族内部的分工，首先引起工商业劳动和农业劳动的分离，从而引起城乡的分离和城乡利益的对立。”“物质劳动和精神劳动的最大的一次分工就是城市和乡村的分离。”也就是说当内部的社会生产力发展到一定的阶段，即手工业、商业和农业相分离，开始出现剩余产品、私有制以及阶级、阶级斗争的时候，出于对内部进行交换贸易，对外防御外来敌人的需要，原来的农村聚落就逐渐演变为城市①。

① 田澍，等．西北开发史研究［M］．北京：中国社会科学出版社，2007：280.

什么是现代城市？学者对城市的认识由于侧重点与学科视角不同而有所不同。一是从城市起源的角度来阐发城市的概念。山田浩之认为“所谓城市，就是包围起来的地域中心，也就是中心的村落。”二是从城市的功能、作用角度来给城市下定义。И·И·雨果夫认为“城市是社会分工体系中的一个特定环节，是社会的经济体系组成部分，也是人的居住和生活方式的特殊形式和他们的特殊社会共同性。城市是完整的社会—经济综合体，是科学技术进步中心，也是人们的经济、政治和精神生活的中心。”三是从城市特征的角度来揭示城市的概念。沃纳·赫希将城市定义为“具有相当面积、经济活动和住户集中、能够在私人企业和公共部门产生规模经济的连片地理区域。”四是从系统角度对城市定义。K.J. 巴顿认为“城市是一个在有限空间地区内的各种经济市场——住房、劳动力、土地、运输等——相互交织在一起的网状系统”①。城镇和城市也有着严格的区别，但人们也常常被混用。通常，只有那些经国家政府批准设有市建制的城镇才是城市，不够设市条件的建制镇称之为“镇”，城市和镇的总称叫城镇或市镇。在不很严格的条件下，人们常把城市作广义的理解，指城镇型居民点。我国城市规划法规定：城市包括国家按行政建制设立的直辖市、市和镇。同时在我国，还有一类镇，即集镇，它没有镇的建制，多为乡政府的所在地。对这类镇的城乡归属存在着不同的看法；有人认为集镇是城镇型居民点，应属于城市范畴，有人认为集镇不属城市范畴②。本书的城镇指的是符合国家设市标准的建制市、县政府所在的县城和独立建制镇。

2.1.1.2 城镇化的概念

城镇化这一概念最早出现在马克思 1858 年出版的《政治经

① 潘孝军．城市化理论研究综述［J］．广西经济管理干部学院学报，2006(18)：36－40．

② 吴靖．中国城市化制度障碍与创新［D］．西安：西北大学，2006：5－6．

济学批判》中，在论述城乡分离和城镇发展时他指出："现代的历史是乡村城市化，而不像在古代那样，是城市乡村化"[①]。1867年西班牙工程师塞达（A. Sedra）在其著作《城镇化基本原理》一书中正式提出城镇化的概念，从此城镇化成为社会学、经济学、地理学、人口学、人类学等不同学科的研究术语。1979年我国地理学者吴友仁在研究中国城市发展问题时，将国外城市化的理论引入我国[②]，开启了我国学者对城镇化的研究。城镇化（也称为城市化或都市化）是英文单词Urbanization的中文翻译。在英文中Urban（城镇、城市、都市）是Rural（乡村）的反义词，在西方国家除农村居民点外，镇及镇以上的各级居民点都属于Urban Place（城镇地区），既包括较大城市City，也包括较小城镇Town。从词源学的角度来考察，Urbanization是动词Urbanize的名词形式，其含义是"使变成城镇……的过程、使……具有城镇属性"，因此将Urbanization译作"城镇化[③]"较能反映出其英文的含义。

简单来说，城镇化是指农业人口从农业向非农产业人口的转化，乡村人口向城镇及其周围地区集中并因此而导致城镇人口占区域总人口比重上升的过程。如《简明不列颠百科全书》把城市化定义为"人口集中到城市或城市地区的过程[④]"。由于学科的差异性，不同领域的学者从自己的领域出发对城镇化概念有着不同的诠释。社会学以社群网（即人与人之间的关系网）的密度、深度和广度作为研究城市（镇）的对象指出城镇化是人们的社会关系和人际关系在特定地域空间中的质变过程；人口学主要是观察城市（镇）人口数量的增加变化情况，认为城镇化是指农村人

① 陈阿江．中国城镇化道路的检讨与战略选择［J］．南京师范大学学报，1997(3)．

② 宋俊岭，等．中国城镇化知识15讲［M］．北京：中国城市出版社，2001：35.

③ 谢文蕙，邓卫．城市经济学［M］．北京：华大学出版社，2002：28.

④ 简明不列颠百科全书［M］．北京：国大百科全书出版社，1985：272.

口转变为城镇人口的过程；地理学强调城乡经济和人文关系的变化，把城镇化界定为居民聚落和经济布局的空间区位再分布，并呈现出日益集中化的过程；人类学以社会规范为中心认为城镇化意味着乡村生活方式向城镇生活方式发生转变的过程。

不仅不同的学科对城镇化的解释不同，经济学家们的看法也不完全相同。以下八种观点基本涵盖了城镇化的所有内容：第一，城镇化是社会生产力的发展所引起的人类生产方式、生活方式和居住方式的改变；指以人口稀疏并相当均匀遍布空间、劳动强度很大且个人分散为特征的农村经济，转变为具有基本对立特征的城市经济的变化过程①。第二，城镇化是指随着工业化的发展和科学技术的进步，乡村分散的人口、劳动力和非农业经济活动不断地进行空间上的聚集而逐渐地转化为城市的经济要素的过程②。第三，城镇化是一个变传统落后的乡村社会为现代先进的城市社会的自然历史过程③。第四，城镇化是一个综合性的过程，它有四方面的含义④：①城市对农村影响的传播过程；②全社会人口接受城市文化的过程；③人口集中的过程，包括集中点的增加和每个集中点的扩大；④城市人口占全社会人口比例提高的过程。第五，城镇化是指随着工业革命和科学技术的发展，在聚集效益和规模效益以及较多机会、较高收入等因素的引导下，大量分散的农业人口向城市集中，逐步演化为非农业人口；众多经济要素在城市空间聚集，使城市规模扩张，空间结构呈多样化；社会经济关系重构，趋于多元、复杂；生产和生活方式更为现代化；并能主导国民经济发展和社会进步的历史进程⑤。第六，认为城镇化的涵义可归纳为四个层次：①乡城人口结构的转

① 沃纳·赫希．城市经济学［M］．北京：国社会科学出版社，1990：26.

② 饶会林．城市经济学［M］．沈阳：北财经大学出版社，1999：9.

③ 高佩义．中外城市化比较研究［M］．天津：南开大学出版社，1991：36.

④ 许学强，周一星，等．城市地理学［M］．北京：等教育出版社，2003：22.

⑤ 丁健．现代城市经济学［M］．上海：同济大学出版社，2003：22-23.

换；②产业结构及其布局地域结构的转换；③传统价值观念与生活方式向现代价值观念和生活方式的转换；④人们聚居形式和集聚方式及其相关制度安排的变迁或创新[①]。第七，指农村居民在城镇能够享受城市人的物质和文化生活方式[②]。第八，城镇化是一个以人为中心的、受众多因素影响的、极其复杂多变的系统转化过程，包括硬件结构和软件结构两大系统的更替和提升，是一种从传统社会向现代文明社会的全面转型和变迁过程。城镇化不仅是农业人口转化为非农业人口，并向城市（镇）集中和聚集的过程，而且是城市（镇）在空间数量上的增多、区域规模上的扩大、职能和设施上的完善以及城市（镇）的经济关系、居民的生活方式以及人类的社会文明广泛向农村渗透的过程[③]。综上所述，可以说城镇化作为一个复杂的社会经济的转型过程，包括人口流动、地域景观变迁、经济结构优化、社会文化传播等诸多内涵[④]。

2.1.1.3　城镇化与城市化

关于城镇化还是城市化争论由来已久，归纳起来大概有正反两种观点。一些认为二者有差别，如有的学者认为，城镇化就是发展小城镇，强调农村人口向小城镇集中；城市化就是发展城市，强调农村人口向城市集中。如“城市化是指农村人口向城市转移和聚集，以及城市数目和规模不断增加和扩大的现象”。[⑤]

---

① 刘传江．中国城市化的制度安排与创新论［M］．武汉：汉大学出版社，1999：47.

② 陈宝敏，孙宁化．“农村城市化与乡镇企业的改革和发展”理论研讨会综述［J］．经济研究，2000(12)：72－75.

③ 孙中和．中国城市化基本内涵与动力机制研究［J］．财经问题研究，2001(11)：38－43.

④ 陈柳钦．基于产业发展的城市化动力机理分析［J］．重庆社会科学，2005(5)：9－15.

⑤ 程春满，等．城市化取向：从产业理念转向生态思维［J］．城市发展研究，1997(5)：13.

还有学者认为，“城镇化，植根于广大农村，直接活化农村经济，促进发展，吸纳剩余劳动力，提高生产效率，集中农村人口，有效利用农田耕地，为农业机械化铺平道路，为农业现代化奠定基础。城市化是建立在功能齐全、人口高度集中、经济、商贸、金融、科研教育、文化、医疗卫生等各种产业高度密集的基础上，其综合经济指标占有绝对优势。”① 另一些学者认为二者含义相同可以通用，如“城市化又称城镇化或都市化，是指变农村人口为城市人口的过程，或人口向城市集中的过程。”② 有的学者认为，城镇化与城市化没有本质的区别，“城镇化是中国特色的城市化表述方式，目的是为了突出小城镇在中国城市化中的地位和作用。从世界城市化发展的一般规律看，城镇化与城市化的概念并没有本质区别。”③ 国际上通常使用“城市化”概念。我国理论界倾向于城市化，重点对城市规模、城市体系和城市机制进行探讨，而对集镇的关注，多见于农村发展研究。相对地，实践工作者更多地使用城镇化概念。尽管有关争论仍在继续，但近年官方文献明显倾向于使用城镇化的概念。本书在研究过程中将城市化和城镇化视为同一概念，不做区分。

2.1.1.4 城镇化水平

城镇化水平，指的是用指标来定量的反映一个国家或地区某个时段城镇化发展水平的过程。其主要目的是通过对不同时期和不同区域间城镇化发展水平量化结果进行比较分析，对城镇在一个国家或地区国民经济和社会发展中所起的主导作用进行识别。由于各个国家和地区对城镇和乡村的划分标准不同，因而要准确地测量在某一时点上的城镇化水平是十分困难的。国内外专家就此展开了多方面探讨，确定城镇化水平的测定方法主要有两种：

① 刘伟，等．浅谈城镇化［J］．山西经济论坛，2001(7)．

② 李树琮．中国城市化与小城镇发展［M］．中国财政经济出版社，2002：3.

③ 戴均良．城镇化发展战略与城市体制创新［J］．城市发展研究，2002(1)：11.

单一指标测度法和复合指标测度法。前者可以作为反映城镇化量的方面，后者主要用于反映城镇化质的方面。

（1）单一指标测度法。单一指标测度法，又称主要指标测度法，是指通过选择对城镇化表征意义最强，而且又便于统计的个别指标，来定量反映和描述一个国家或地区城镇化所达到的水平。这种指标主要包括人口比重指标法、土地利用指标法和经济学指标法等[①]。

① 人口比重指标法。人口比重指标法是用人口构成的变动情况来定量反映城镇化水平的，是国内和国际上广泛使用的城镇化水平测量方法，主要包括城镇人口比重指标法和非农业人口比重指标法两种。其中，非农业人口比重指标法，是用一定时期内一个国家或地区内非农业人口占其总人口的比重来表示该国家或地区城镇化水平的。城镇人口比重指标法，是用一定时期内一个国家或地区内城镇人口占其总人口的比重来表示该国家或地区城镇化水平的，又称为城镇化率，是最常用的城镇化水平测度指标。其计算公式为：

$$PU=\frac{P}{U}\times 100\% \qquad \text{（式 2-1）}$$

其中，PU 为城镇化水平，P 为城镇人口数或非农业人口数，U 为总人口数。

人口比重指标法一定程度上反映出了城镇化发展中人口迁移情况，其优点为表征性强，数据容易获得，统计测算简单，便于比较等。但是随着社会进步和改革的深入，人口比重指标在实际应用中逐渐显现出单薄、片面和不科学的缺点。首先，城镇人口比重只能反映城镇化发展水平的一个方面，并不能代表城镇化的全部含义。其次，由于市镇建制标准多次发展变动，城镇人口的统计标准也经常发生变动，导致同一地区前后城镇人口统计上出

① 谢文蕙，等．城市经济学［M］．北京：清华大学出版社，2001.

现差异，从而使得人口比重指标法不能如实反映出该地区城镇化水平的实际变化，并且缺乏时间连续性，使得这一指标失去了进行地区间横向对比和不同发展时期纵向对比的可能性。

② 土地利用指标法。土地利用指标法是以土地构成的变动情况来定量反映城镇化水平的，是从土地的使用性质和地域范围上来反映城镇化水平的方法，是城镇化最直观的表现形式。测度的方法是用一定时期内某个国家或地区内城镇建成区面积占其总面积的比重来表示该国家或地区城镇化水平的，即一定时期一个国家或地区内由非城镇用地转变为城镇用地的比率。其计算公式为：

$$P_c=\frac{C_n}{S}\times 100\%=\frac{C_n}{C_n+C_m}\times 100\% \qquad (式\ 2-2)$$

其中 P_c 为城镇化水平，C_n 为建成区土地利用面积，C_m 为建成区以外的土地利用面积，S 为区域总面积。

土地利用指标法一定程度反映出了城镇用地的建设情况，以及城镇化进程中城镇向外空间扩张的过程。但是受统计数据影响，土地利用法存在明显的缺陷，首先，土地利用指标法只能反映出城镇化进程中城镇向外扩张的量的增长，并不能反映城镇化进程中城镇经济增长、城镇居民生活水平提高、城镇开放性增加等质的提高，具有一定的片面性。其次，土地利用指标法中的数据由于统计难度较大，难以通过相关统计年鉴获得历年连续数据，限制了这个指标的广泛使用。

(2) 复合指标测度法。由于单一指标法存在着的偏差，难以全面考察城镇化的进程，因此不少学者提出了以多项指标综合衡量城镇化，即以多项社会、经济指标替代单一指标法，从而在客观上更加准确地反映城镇化水平。如日本的“东洋经济新报社”在《地域经济总览》中，就以 10 项指标来测算“城市成长力系数”。这 10 项指标是：地区总人口、地方财政年度支出额、制造业从业人数、商业从业人数、工业生产总值、批发业总额、零售业总额、住宅建筑总面积、储蓄额、电话普及率。计算方法是：用两个时期这10项指标的增减额，除以各项指标的全国平均水平，再将所得标准值进行算术平均，其结果即为该城市的“成长力系数”[①]。从这种综合指标法的计算来看，它也只反映了某一城市发展水平的高低，而没有最终反映一个国家或地区城镇化水平的高低。

2.1.2 城镇化动力机制

2.1.2.1 动力机制

动力是导致一切事物运动与发展的根本原因，从动力产生的方式来划分，动力可以分为内源力和外向力，内源力是系统内生的动力，外向力是系统受外部刺激而产生的动力，外向力必须通过内源力才能发挥作用。机制一词来源于希腊文 mēchanē，意指机器制动的原理及机器内部各机件互为因果或相互作用的关系，并通过机器的运转实现一定的功能[②]。《辞海》（夏征农，1989）对机制的定义是：“机制原指机器的构造和动作原理，生物学和医学通过类比借用此词。生物学和医学在研究一种生物的功能（例如光合作用或肌肉收缩）时，常说分析它的机制，这就是说要了解它的内在工作方式，包括有关生物结构组成部分的相互关系，以及期间发生的各种变化过程的物理、化学性质和相互关系。阐明一种生物功能的机制，意味着对它的认识从现象描述进到本质说明”。因此，机制实际上就是指由相关要素组成的相互联系、互为因果、在整体的运动中自行调节以实现自身平衡关系的功能。

许多学者对动力机制进行了研究，从各自研究领域做出不同

① 谢文蕙，等．城市经济学［M］．北京：清华大学出版社，2001.

② 孙中一．企业战略运行机制——机制论［M］．天津：天津人民出版社．2001.

的阐释。综合来看，动力机制是指推动某一事物运动发展的各力量之间的结构关系，动力系统推动某一事物发展变化的内在工作方式、作用机理，即对某一事物运动发展的本质认识。本书认为可以从以下几个方面理解动力机制的含义：首先，动力机制具有系统整体性。动力机制是多种动力的合力系统，同其他系统一样，推动某一事物发展的动力系统是由无数个“相互关联”、“相互冲突”、“相互交错”的动力因子及其能量组成的一个整体系统。其次，动力机制具有“权变”结构性。任何一种动力机制，都有自己独特的适应环境条件变化的结构方式，并随着外部环境的变化而发生结构性的改变。再次，动力机制具有开放性和包容性。随着历史的发展，实践活动的不断深入，科学技术和文化的不断进步，特别是自然界的不断“类人化”，社会主体自身潜能的不断发挥，这一合力系统将增添许多新的因素和要素。

2.1.2.2 城镇化动力机制的内涵

城镇化动力机制是动力机制这一概念在城镇化发展进程中的应用，学者们用城镇化动力机制这一概念意在探寻驱动城镇化发展的经济、社会、政治、科技、文化等因素及它们对城镇化发展的作用方式和作用机理。有学者指出：城市化发展的动力机制是指对城市化发生和发展起到推动和拉动作用的力量，及协调、改善这些力量，使之在城市化中持续、有序发挥作用的，以既定资源为约束，资源配置方式为条件，各种制度为保障的综合系统①。也有学者认为：城市化的动力机制是推动城市化发展所必需的动力的产生机理，以及维持和改善这种作用机理的各种经济关系、组织制度等所构成的综合系统的总和②。高珮义（2009）则从城市化发展的角度定义动力机制，他认为：城市化动力机制

① 范存举．中国城市化进程中若干问题思考［J］．城市发展研究，2003(22)．

② 孙中和．中国城市化基本内涵与动力机制研究［J］．财经问题研究，2001(11)：38－43．

指的是那些促使城市化发展的动力源泉充分涌流、保障城市化发展的第一推动力持续运行的各种作用力方式、关系和过程，这各种作用力方式、关系和过程按一定规律有机地结合在一起构成一整套推动城市化运行的“机械装置”。[①] 综上所述，本书认为城镇化发展就像其他事物一样，其发展也需要动力。城镇化动力是城镇化动力机制的有机组成部分，而城镇化动力的有效性又取决于城镇化动力机制的有机协调，只有一个协调统一的城镇化动力机制才能促进城镇化各动力互相搭配、互相激励，共同促进区域城镇化的快速健康发展。因此，城镇化动力机制是指推动城镇化发展的各动力之间的结构关系，动力系统推动城镇化发展的内在工作方式、作用机理，即对城镇化发展的本质认识。

2.1.3　边疆安全

2.1.3.1　边疆的概念

边疆的概念随着社会经济的发展不断变化，《辞源》上说：边疆是“边境之地”；《当代国语大辞典》对边疆的定义则为：在国土边境附近的疆域，一般可分为地理边疆、人文边疆、历史边疆三种。在中国的语境中，边疆之“边”，既有边缘之意，也有边远之意；边疆之“疆”，则既有边界之意，也有国家管辖的土地之意。因此，从字面上解释，边疆乃一个国家的边界性的疆域，包括陆疆和海疆，不过更多的时候指的是陆地边疆。[②] 边疆的含义可分为两层，一是“硬边疆”概念（或者叫物理边疆、领土边疆）特指地缘安全场域中领土的接壤性，泛指“靠近国界的疆土，指较大片的领土[③]”或与边界临近的地域；另一层含义指

① 高珮义．城市化发展学原理［M］．北京：中国财政经济出版社，2009.

② 周平．我国的边疆与边疆治理［J］．政治学研究，2008(2)：67－72.

③ 中国社会科学语言研究所词典编辑室．现代汉语词典［M］．北京：商务印书馆，1996.

“软边疆”，强调利益安全场域、社会心理安全场域中与国家利益相关的概念[①]。另外马大正认为：“边疆是一个政治地理概念，一般包括陆疆和海疆，陆疆是指沿国界内侧一定宽度的地区，必须具备下述条件的地区才可称之为陆疆地区，即是一有与邻国相接的国界线，二具有自然、历史、人文诸多方面自身特点”[②]；他又指出：“中国的边疆是一个历史概念，它是随着统一多民族国家的形成和发展逐渐形成和固定下来的。”所以本书认为，边疆是一个国家的边界性的疆域，以及由其延伸出的政治、军事、意识形态、经济、文化、信息方面的含义。

2.1.3.2 安全的概念

“安全”在《现代汉语词典》中的释义是：“没有危险；不受威胁；不出事故”。有学者认为安全是一种社会现象，是属于多社会主体矛盾的态势。从一般意义上讲，所谓安全就是没有危险，不受威胁。危险是指某种力量（因素）的存在及其作用，这种力量（因素）能够对某一具体体系产生摧毁或破坏其稳定的作用，使该系统遭受损失、暂时瘫痪或完全崩溃[③]。可见，安全通常被理解为个体避免受到攻击、侵犯、伤害乃至灾难等显在或潜在的危险；消除种种由无保障感、不稳定感、不确定感等导致的恐惧心理；控制社会发展中出现的犯罪蔓延、瘟疫传播、毒品泛滥、移民过度、经济崩溃、环境恶化等现象；努力防止种族冲突、扩散武器、使用武力、爆发战争等。所以安全是指某一具体系统（如个人或社会共同体）处于受保护状态，使其能够免受危险或能够防止和排除危险降至最低程度。安全的概念可作一下界

---

① 余潇枫，徐黎丽．“边安学”刍议［J］．浙江大学学报（人文社会科学版），2009(5)：5-20.

② 马大正．1978年以来中国近代边疆问题研究述评（上）［J］．中国边疆史地研究，1994(3)：98-110.

③ 丁建伟．地缘政治中的西北边疆安全［M］．北京：民族出版社，2004(9)：41-46.

定：首先，安全是一种态势，它反映出主体在一定环境条件下所处状态的优劣；其次，安全的意义依主体而存在，离开了主体就无所谓安全；第三，安全是一个相对的概念，既是主体对自身安全状态的一种感知和判断结果，又使一种可以用客观标准进行比较而得出的结果，既是不同主体之间相对关系的一种比较结果，又是主体和自身以往情况的比较结果。

2.1.3.3 边疆安全的内涵

根据以上对边疆和安全的释义，简单来说边疆安全是指边疆不受到威胁和没有危险的一种状态。边疆安全属于国家安全的范畴，边疆安全的主体是边疆，既包括临近国界的疆域、国家的主权、领土的完整，也包括边疆的政治社会体制、经济、文化、教育、人民生活、个人和社会机构的自由及权利等。边疆安全即是边疆在客观上不受到威胁，在主观上有安全感的一种状态。边疆安全在现阶段可分为传统安全与非传统安全，二者均以边疆地区各族人民的生存不受威胁为根基。所谓边疆传统安全指以各个国家行为体为中心、以边境线为界的边境地区没有冲突、边疆领土和主权不被侵犯的国家政权的稳定状态；所谓边疆非传统安全则包括以边疆各族人的安全为中心、以国家认同为基础、以非军事对抗的生存场域为背景、以和谐的社会关系和民族关系为常态的生存状态。

本书所说边疆安全主要是指非传统安全，因为非传统安全在现阶段影响范围和程度更大，也更难于控制。有学者指出当下种种非传统安全问题表现出一些重要特征：一是没有明确的地域界线、具有跨国家或次国家的特征，二是不能简单地以国家为中心的安全理论去分析和防范，三是尽管涉及暴力冲突时军事防御仍有其作用，但更多的是需要通过非军事途径去解决[①]。美国非传统安全专家乔治·费达斯、格雷戈里·特里沃顿等在研究非传统安

---

① Terry Terriff. Security Studies Today [M]. Cambridge: Polity Press, 1999.

全时指出，冷战时代的威胁是有“威胁者”的威胁，而后冷战时代的威胁是“没有威胁者的威胁（Threats without Threateners)”[①]。边疆是近代以来民族和国家兴起后的历史产物，因此，边疆安全、国家安全与民族安全对于单一民族国家来说是没有区别的，而对于多民族国家或多民族聚集的边疆地区而言，边疆安全既包括国家安全，也包括各族人民在内的民族安全；处在整体和平、局部冲突的全球化时代，多民族国家的边疆安全的核心是保障边疆地区各族人民人心稳定、安居乐业。

2.1.4 绿洲经济

2.1.4.1 绿洲及其特征

绿洲在我国古代称为“沙中水草堆或水草田”，近代不少学者称之为“沃洲”或“沃野”，我国维吾尔族则把绿洲称为“博斯坦”。绿洲英文 Oasis，意指荒漠中能“住”（Oweh）和能“喝”（Saa）的地方[②]。学术界对绿洲的概念有不同的释义，陈正祥（1944）认为沃野为沙漠中之可耕地[③]；周立三（1990）提出，凡是世界上极端干燥区域之内，孤立散开，经常有水草，而且能生产的地点，特别是那些可以集约灌溉农耕，足供人类永久居住的所在，都称作沃洲[④]；高华君将工矿业基地引入绿洲范畴，提出“绿洲是荒漠中有水源，适于植物生长和人类居住或暂住，可供人类进行农牧业和工业生产等社会经济活动的地区”[⑤]；韩德林等则将绿洲定义为“荒漠中有稳定水源供给、植物生长良

① Gregory F. Treverton. Intelligence Crisis ［J］. National Security, No. 1 (2001)：18－20.

② 西北师范大学西北资源环境研究所．干旱区地理研究［M］. 兰州：兰州大学出版社，1993.

③ 陈正祥．塔里木盆地［D］. 国立中央大学地理系，1944.

④ 周立三．周立三论文选集［M］. 合肥：中国科技大学出版社，1990.

⑤ 高华君．我国绿洲的分布与类型［J］. 干旱区地理，1987 (4)：20－25.

好或人类聚集繁衍的生态地理区域”[①]；毛德华提出“绿洲指在干旱荒漠区或平原荒漠区中有水和绿色生命存在和活动的地方”[②]。根据上述不同学者的观点，本书认为：绿洲是在干旱地理条件下形成的，以荒漠为背景、以水资源为依托、以中生和旱生植物为主要植被的人类生产活动密集区域。

按照人类活动对自然环境的影响程度，绿洲可以划分为：天然绿洲、半人工绿洲和人工绿洲[③]。绿洲主要具有以下特征：第一，绿洲内动植物的种类与数量的多样性；第二，绿洲环境的相对封闭性，绿洲被周围的荒漠所包围，具有相对明确的边界，是一个相对独立的生态系统；第三，绿洲在空间上具有分散性，由于干旱区水资源相对稀缺，绿洲只能在各水系出山口后在荒漠区的延伸带上呈星点或条带状散布于干旱荒漠之中；第四，绿洲生态的脆弱性，由于环境干旱、风力强劲，当水源不足时会导致植被衰败的沙漠化和盐渍化。

2.1.4.2　绿洲经济特征

所谓绿洲经济是指生活在绿洲上的人们生产、交换、分配和消费等经济活动的总和。由于这种经济活动直接建立在绿洲背景之上，所以带有绿洲独特的区域特色；准确地讲，绿洲经济是指适应绿洲自然环境特征和社会文化条件，能有效地促进自身持续发展的、各种经济活动紧密结合的总体。绿洲经济必须适应绿洲特有的自然环境条件和社会文化条件，所以绿洲经济是一种生态经济[④]。刘甲金（1986）也指出绿洲经济是典型的生态经济，它具有二重性，包含着两个系统：其一是绿洲生态系统；其二是建立在这一系统之上的社会经济系统。二者之间既进行着能量和

① 韩德林．绿洲系统与绿洲地理建设［J］．干旱区地理，1992（增刊）：34－37.

② 毛德华．新疆的绿洲与生态环境［J］．新疆环境保护，1994，16(4)：6－8.

③ 傅小峰．绿洲经济可持续发展研究［M］．北京：科学出版社，2008：2－3.

④ 刘清娟．绿洲经济与新疆发展初探［J］．新疆金融，2006(5)：1－3.

物质的交换，又进行着自然力与人力作用的相互转化。基于绿洲经济系统必须依赖于绿洲生态系统，因此，绿洲生态系统的进化、退化，对国民经济各部门的发展有着根本的影响，并对绿洲地区的经济类型、结构、生产规模等产生促进（或制约）的作用①。

相对于一般经济区域，绿洲经济具有其独特的特点。在一般情况下经济活动在地域空间上是连续的，这样的经济区域是“连续系统”。在绿洲经济条件下经济活动在空间上是分割的，集中在彼此相隔的节点上，各节点之间有很大的距离（相对于绿洲本身而言），这样的经济区域称为“非连续系统”。连续系统的域面是连在一起的，大致是经济区域中的全部面积；而非连续系统的域面是分散分割的，如果域面是指有经济意义的空间，非连续系统的域面则转化为若干节点。连续系统的域面和网络实际上融合在一起，网络分布在整个域面上，交通线沿线往往是经济活动较活跃的地方，域面上任何一点可以和周边很多方向通过各种交通方式发生直接经济联系。非连续系统的网络脱离域面，域面（节点）由网络相连，交通沿线基本上没有经济活动，一个节点往往只能与少数其他节点发生直接联系②。

根据以上分析，绿洲经济具有以下特点：①绿洲经济具有生态经济的特征；对于地处干旱半干旱地区的绿洲经济，是在严酷的自然生态条件下发展的经济，没有良好的生态环境，区域绿洲经济就不可能持续发展。②绿洲经济具有封闭性特征；由于绿洲之间交通困难，制约人和物的流动，因此绿洲经济往往带有自给自足的自然经济色彩。各个绿洲从事生产的目的首先是满足本地的需要，本地需要的产品尽可能在本地生产，与外界的商品流动

---

① 刘甲金．论绿洲经济［J］．南开经济研究，1986(2)：30－32.

② 陈才．区域经济地理学［M］．北京：科学出版社，2001.

被降到最低程度[①]。③绿洲经济的唯水性特征；绿洲经济发展受到水资源限制，一个绿洲，经济发展和人口增长到什么程度取决于有多少水。经济和社会的发展必然引起用水量的增加，而很多绿洲的水源是依靠高山冰川融水，水量基本固定，虽然可以通过改善输水技术以减少水在运送过程中的损失，但发展余地终究有限。④绿洲经济具有分散性特征；由于绿洲分布的分散性，各绿洲之间多是荒漠、沙漠和高山，交通不便。在绿洲经济条件下，扩散效应和集聚效应都较弱，不利于经济的发展。

2.2　相关理论基础

2.2.1　城镇化理论基础

2.2.1.1　非均衡增长理论

非均衡增长理论主要从区域经济的非均衡发展这一角度阐述城镇化发展进程。其代表人物主要有佩鲁（Perroux）、弗里德曼（Friedmann）、缪尔达尔（Gunnar Myrdal）、赫希曼（Hisrehmna）等。1955 年，法国经济学家弗朗索瓦·佩鲁提出增长极理论（Growth Pole Theory），他认为经济增长并非同时出现在所有地方和部门，而是首先集中在某些具有创新能力的行业和主导部门，这些主导部门通常集聚在区域的城镇，即“增长极”上。这些城镇在区域内，恰似一个“磁场极”，能够产生吸引或辐射作用，并通过支配效应、乘数效应、极化效应、扩散效应等促进自身发展并带动周边地区的经济增长[②]。“增长极”的产生，将在“经济区域”内不断地使人口、资本、生产、技术、贸易等要

① 钱振为，王小琴．我国西部“绿洲经济”初探［J］．清华大学学报（哲学社会科学版），2008(1)：47－53.

② 成德宁．城市化与经济发展——理论、模式与政策［M］．北京：科学出版社，2005：45.

素持续地聚集，产生“城镇化”趋势。经济活动在空间上集中于少数几个城市，能比分散状态更快、更有效。区域经济的发展都是由增长极（城镇）来启动的。到20世纪60年代，美国著名城市规划学家弗里德曼提出了中心—边缘理论揭示了城镇化的发展机制，他指出区域经济活动的空间组织形式，通常具有强烈的极化效应与扩散效应，表现为中心区（城镇）通过极化效应不断强化自身经济，继而通过扩散效应形成对边缘区（农村）的支配态势①，这种互相依存机制的不断强化将促进区域城镇化的发展。

此后，缪尔达尔又提出了“地理上的二元经济”结构（Geographic Dual Economy）理论，又称“循环累积论”从资本积累和再生产过程阐述了城镇化发展的机理。他认为之所以产生“地理上的二元经济”，是因为“扩散效应”和“极化效应”导致区域内不同地区经济发展存在差异，而且这种差距的产生会进而引起“累积性因果循环”，使发展条件好的地区发展更快，发展条件差的地区发展更慢，从而逐渐拉大地区间的经济差距，形成区域性的二元经济结构。缪尔达尔的极化—扩散原理，运用于城市经济分析，可以解释区域城市的等级扩散现象，即由中心大城市向外扩散总是以不同等级城市体系的“蛙跳”规律进行②。此后，著名经济学家赫希曼提出了“非均衡增长”（Unbalanced Growth）理论，他指出：“在经济发展的高级阶段，引起平衡增长可能性的正是过去不平衡增长的经历。”即赫希曼强调不平衡增长，目的还是要实现更高层次和更高水平的平衡增长，只不过平衡增长是目的，不平衡增长是手段③。

① Friedmann. Urbanization，Planning and National Development［M］. London：sage Publications，1973.

② 赵红军．交易效率、城市化与经济发展［M］．上海：上海人民出版社，2005：74.

③ 赫希曼（Hisrehmna）．经济发展战略［M］．北京：经济科学出版社，1992：125.

2.2.1.2 二元经济理论

二元经济结构理论通过将发展中国家经济分为传统落后的农业部门和发达的城市工业部门，通过分析劳动力从农业部门转移到城镇工业部门的角度阐述了城镇化的发展机制。其主要代表人物有：刘易斯（W. Arthur Lewis）、兰尼斯（Gustav. Ranis）、费景汉（John C. H. Fei）、乔根森（Dale Weldeau Jorgenson）、卡尔多（Nicholas Kaldor）、托达罗（Michael P. Todaro）等。1954年，刘易斯提出二元经济结构理论，指出发展中国家经济由落后的农业部门和发达的城市工业部门组成。农业部门的生产方式落后，劳动生产率低下，技术进步处于停止状态，大量的剩余劳动力以隐蔽失业的形式存在，因此农业部门成为现代工业部门发展所需要的“劳动力储存库”；现代工业部门存在持续的技术进步，劳动生产率持续提高，由于现代工业部门的产品收入弹性远大于农产品，所以随着经济的发展，居民收入的提高，对现代部门的产品需求迅速加大，现代部门将创造更多的就业机会。刘易斯认为，经济发展的过程就是如何通过不断扩大现代工业部门，为传统部门的剩余劳动力提供就业机会的过程，直到农业部门的劳动力全部被吸收完为止；而工业部门对劳动力的需求主要受资本积累的约束，因此，二元经济达到转折点的过程，实际上就是一场资本积累和劳动力供给量之间的竞赛过程①。

刘易斯忽略了农业部门的发展和整个经济的粮食供应问题，其后兰尼斯（1961）和费景汉（1963）在他们的模型中强调，粮食短缺是工业部门扩张、农业隐蔽失业劳动力全部被吸收的另一个重要约束。如果没有农业部门生产力的提高，从农业部门转移到工业部门的劳动力人口超过隐蔽失业被全部吸收完时，即到达“粮食短缺点”后，二元经济发展就可能由于农业剩余不足而逐渐减缓甚至停止下来，经济发展无法到达“商业化点”。因此，

① 叶静怡．发展经济学［M］．北京：北京大学出版社，2003：65－70.

农业部门的技术进步和生产率的提高，推动农业总产值曲线向外移动，使得“商业化点”外移，“粮食短缺点”内移，农业部门能够生产更多的剩余食品。农业部门不断的技术进步和生产率提高，最终出现“商业化点”和“粮食短缺点”重合，二元经济就转变为单一的现代经济。因此，农业部门的技术进步和生产率提高是保证工业部门扩张和劳动力顺利转移，推动二元经济成功发展到成熟经济的关键条件之一。舒尔茨（1964）也反对农业部门不存在技术进步，农业只能向工业输出要素的观点，主张工业的发展及城镇化必须以农业相当程度的发展为前提。

乔根森被认为是继刘易斯之后，对二元经济理论做出重要贡献的经济学家，他在1961年提出一个不同于刘易斯的二元经济模型，并于1970年对其模型作了进一步的发展。他的假设为：农业部门的产出需要投入土地和劳动，土地的规模收益递减，农业部门不存在隐蔽失业；工业部门的产出仅仅是资本和劳动的函数，工业部门的扩张规模收益不变，两部门都存在技术进步。乔根森指出：两部门的发展是非对称的，人口增长依赖于人均粮食增长和死亡率的高低。如果人均粮食超过人均最大消费极限，就会出现粮食剩余，劳动力就可以流离土地，进入工业部门就业[①]。也就是说农业发展而产生的农业剩余是农业人口转化为工业人口的关键，即城镇化的发展动力之一来自于农业的发展。卡尔多是第一位从有效需求方面分析二元经济的学者，他指出：在一个农业部门（主要指人口）占重要地位的经济体中，对工业部门的有效需求不仅仅来自于工业部门内部，而且来自于农业部门；农业剩余增长是工业扩张的基本条件，只有农业剩余增加了，才能对制造业产品产生有效需求，工业部门才能筹集到自己的发展资金[②]。卡尔多的模型指出工业和农业的协调发展是稳步

① 叶静怡．发展经济学［M］．北京：北京大学出版社，2003：85.

② 叶静怡．发展经济学［M］．北京：北京大学出版社，2003：112.

推进城镇化的关键所在。

托达罗在1971年提出著名的乡—城劳动力迁移模型，他认为，劳动力迁移主要取决于迁移的成本和收益，但城乡的收入差距不是实际的收入差距，而是迁移者的预期收入差距。而预期的城乡收入差距又是由城乡实际收入差距和迁移者在城市中找到工作的概率两个因素共同决定的。实际的城乡收入差距越大，迁移者在城市中的就业概率越大，他们所预期的城乡收入差距也就越大，也就容易形成迁移的愿望并将这种愿望付诸行动。迁移者在城市的就业概率与城市失业率成反比，但由于实际收入差距所导致的城乡之间预期收入的差距始终存在，由农村迁往城市人口的比率高于城市就业机会的增长就是可能的、合理的。

2.2.1.3 集聚经济理论

集聚经济理论揭示了城镇化发展的微观机制，指出城镇是区域经济的一种组织形式，其最主要的特征是各种生产要素和物质在空间上的高度集聚。区域经济系统由不同规模的城镇及其子系统构成，城镇之间及系统之间存在着相互作用，城镇的集聚性组织形式创造出大于分散系统的社会经济效益，因此，城镇的低成本与高效益是城镇化发展的动力源泉。集聚经济理论主要包括区位理论、城市集聚经济理论、新经济地理理论等，主要代表学者有：韦伯（Alfred Weber）、克里斯塔勒（W. Christaller）、勒施（Losch）、巴顿（Button）、克鲁格曼（P. Krugman）、藤田（Fujita）等。他们的研究侧重点虽然不同，但在其著作中都揭示了聚集经济在城镇化中的作用，即从区位、交通、市场、规模效益、报酬递增等角度阐述了城镇化发展的微观机理。

德国经济学家韦伯（1909）系统地阐述了集聚经济理论，在寻找工业区位移动的规律时，他发现影响区位选择的主要因素是运输成本，但实际上对区位选择起重要作用的是集聚因素。集聚一方面表现为工厂企业生产规模的扩大，使单位生产成本下降，从而使企业获得集聚利益；另一方面表现为生产经营活动在地域上的集中，这种集中有利于企业之间开展专业化协作，提高生产效率，有利于降低运输成本，并产生企业间技术进步过程的相互促进，同时还可以减少企业对基础设施的投资，以及使企业具有较广阔的资金来源渠道及销售市场等有利条件。后来德国地理学家克里斯泰勒（1933）及德国经济学家勒施（1939）提出“中心地理论”。该理论将城镇视为“中心地”，指出其功能是为居住在周围的居民提供商品和服务，由于这些中心性商品和服务依其特性可分成若干档次，因而城镇可按其提供的商品及服务划分成若干等级，各城镇之间构成一个有规则的层次关系。根据一定区域内各“中心地”提供货物和服务的高、中、低档次来分析和定性，可以确定一个“中心地”在中心地系统中的地位和作用。因此，中心地理论可用来说明一定区域内城镇等级及空间分布特征。

英国城市经济学家巴顿（1986）把韦伯的集聚经济理论进一步细化，并和城市发展联系起来。他把城市的聚集经济效益划分为以下 10 类：①本地市场的潜在规模效益。当城市人口规模增长时，它促使这个城市更大程度的自给自足，反过来这又为当地的工商业增加了潜在的市场。②大规模本地市场促进规模生产，从而有利于获得规模收益。③公共服务事业的有效提供，需要一定的人口标准。④促进辅助性工业的建立。⑤熟练劳动力汇聚并形成适应当地非农业发展需要的制度安排。⑥同时有才能的经营家和企业家的聚集也发展起来，加速当地经营管理模式的创新。⑦为金融和商业机构提供更优越的条件。⑧同小的居住中心相比较，城镇的集中能提供更广泛的娱乐、社交、教育条件，这些条件对高级管理人员有更强的吸引力。⑨工商业者更乐于集中，便于经营者面对面地打交道，这种交往方式更有利于增进信任和提高信息质量。⑩聚集能给予企业更大的激励去进行改革。可见，集聚是城镇经济的突出特征，它不仅是系统要素的一种特征性组织结构，也是系统进化的特征性演变过程。

克鲁格曼（1991）以不完全竞争市场结构、规模报酬递增和“冰山”运输成本三个条件为基础，假设经济体中存在两个同质区域和两个部门（农业部门和制造业部门），建立了一个两区域两部门模型。收益递增使得每一种产品在一个区域生产才有利可图，结果就是不同的区域生产不同的产品；当有劳动力流入一个区域时，他们将生产新产品。模型分析的结果表明：经济规模较大的区域，由于存在关联效应，会出现一种自我持续的制造业集中现象。经济规模越大，集中越明显，运输成本越低、制造业在经济体中占的比重越大，规模经济越明显，越有利于集中。这就是著名的“中心—边缘”理论，它揭示了城镇化发展的原动力。

2.2.1.4 新兴古典城市化理论

早在古罗马时期，色诺芬（Xenophon）就认识到，分工同城镇形成之间存在着某种内在的联系。亚当·斯密（Adam Smith，1768）在《国富论》中指出：“劳动生产力上最大的增进，以及运用劳动时所表现的更大的熟练、技巧和判断力，似乎都是分工的结果。”17 世纪的英国经济学家威廉·配第（William Petty）也认为，城镇能够减低交易费用，从而提高分工水平。但还没有经济学家揭示分工与城镇化间的内在关系，1994 年，杨小凯等人就把交易的分层金字塔结构理论、分工理论等用于城镇化问题的研究中，建立了他们的新兴古典城市化理论[①]。这个理论能解释城市的起源、城乡的分离、城市的发展乃至分层，都可视为分工演进的结果。

首先，该理论认为城镇的起源和发展是由分工演进导致的，由于农产品的生产需要投入大量的土地，因此农业活动不可能像工业活动那样集中在一个小区域内。而工业品的生产只需投入少

① 杨小凯．经济学——新兴古典与新古典框架［M］．北京：社会科学文献出版社，2003：180.

量土地，故而工业生产，既可以分散分布在广大地区也可以集中布局在城镇。假定生产每种商品都存在专业化经济，即专业化程度越高时生产效率也越高，由于交换时交易费用不为零，那么就会存在专业化经济与交易费用之间的权衡。假如交易效率很低费用很高，人们就会选择自给自足，此时没有市场，也不会产生城镇。但随着交易费用的降低，分工结构就会从自给自足演变为局部分工，出现部分专业化的农民和部分专业化的工业品生产者。因为农业生产需要投入大量土地，而生产工业品不需要，所以农民就只能分散居住，而工业品生产者为了降低分工带来的交易费用，会选择离农民最近的地方居住。可见，如果农业和非农业间的分工水平较低的话，就不可能产生城市。但随着交易效率进一步提高，在农业和制造业的分工之外，会在制造业内部出现专门以修建房屋、制衣、制造家具等为职业的制造业者。制造业者为了节省由不同非农职业之间交易带来的交易费用，就会选择集中在一起居住，从事工业生产的人们就会居住在一个城市里。伴随着专业制造者和专业农民，以及不同制造业之间分工水平的提高，就会出现城乡的分离、城镇的成长和城镇化的发展。

其次，随着分工的发展，市场会自发地形成最优的分层城镇体系。城镇的分层是对集中交易带来的效率（有利）和费用（不利）进行折中的结果。集中交易可以改进交易效率。集中交易的效率是指市场规模的扩大、利用信息以及各种服务的便利等，集中交易的费用是指由于城市的拥挤而产生的损失。所谓集聚效益有两类，第Ⅰ类集聚效益是从事制造业的人集中居住便于提高交易效率、降低交易费用、促进分工。第Ⅱ类集聚效益也可以解释城市如何从分工中产生，这里要讲到分工的网络效应和集中交易对提高交易效率的效应。由于分工有网络效应，如果与分工有关的交易集中在一个地方，则分工的网络效应和集中交易提高交易效率之间交互作用的一般均衡含义，就可以用来解释城镇化。为了抵消分工网络的负效应，交易只有在地理上的集中。分工网络的正效应和交易在地理上的集中就能节约交易费用，这是因为它统一了交易者的预期并降低了交易的行程。因此，城镇为一个大的交易网络集中到一个小区域来降低交易费用提供了载体，从而提高分工水平。所以，分工深化、交易成本降低、交易规模扩大就会决定不同规模城镇的布局，并推动区域城镇化的发展。

2.2.2　城镇化发展规律

2.2.2.1　城镇化发展的“S”形曲线规律

世界各国在城镇化发展的起步时间、发展速度和发展水平上都存在较大差距，但总体上来看，都可以分为初始、加速和成熟三个不同的阶段，并且不同国家在同一阶段都有着共同的特征。美国城市学家诺瑟姆（Ray. M. Northam，1975）将这一过程的轨迹概括为一条稍被拉平的“S”曲线（图 2-1）。

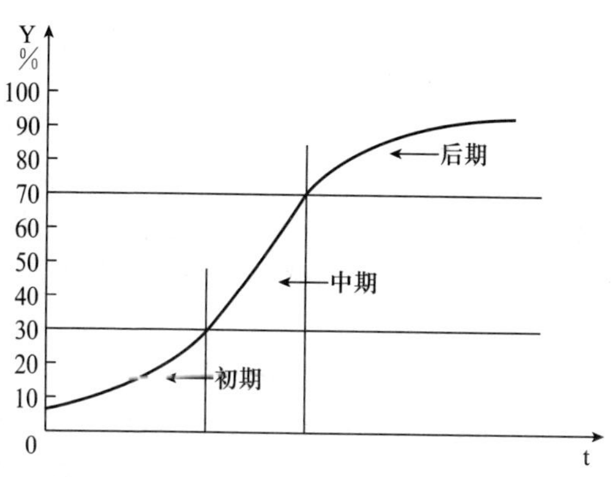

图 2-1　城镇化进程的“S”曲线

在初始阶段，农业经济比重占主导地位，农业人口占有绝对优势。由于农业生产率低下，人口增长处在“高出生率、高死亡率”的缓慢增长阶段，因此农产品剩余量较少，农业部门对劳动力的“推力”不足；同时城市现代工业刚刚起步，规模较小、吸纳劳动力的能力有限，因此对农村人口的“拉力”也不大。上述情况导致农村人口向城镇转移速度十分缓慢，城镇化需要经历一个相当长的时期才能上升到一定水平。

在加速阶段，随着经济的发展和现代工业基础的逐步建立，工业规模和发展速度加快，创造更多就业机会的同时工业技术的进步为农业提供先进的生产工具和生产物资，农村劳动生产率得到较大提高后，就会释放出大量的劳动力，“推力”和“拉力”的双重作用，使城镇化发展进入加速阶段。

进入成熟阶段后，城镇化水平将达到一个很高的程度，整个社会人口呈现出“低出生率、低死亡率、低增长率”的特征，农村与城市之间的差距大大缩小，人口转移的动力变小，城市劳动力趋向于饱和，农村“推力”和城市“拉力”同时减小，城镇化进程放慢，直到最后城乡人口迁移达到动态平衡。因此，城镇化的“S”形曲线是农村“推力”和城镇“拉力”共同作用的结果。

2.2.2.2 城镇规模等级序列分布规律

首位城市定律和位序—规模规律是城镇规模等级序列分布的主要规律。它们都是建立在对世界城市规模分布模式进行观察和总结的基础之上，是世界城市规模分布的主要模式。1939 年，杰斐逊（M. Jefferson）提出城镇首位分布规律，可用公式表示为：

$$\text{首位度}=P_1/P_2 \qquad \text{（式 2-3）}$$

其中，P_1 为一国（或地区）最大城市的人口数，P_2 为第二位城市的人口数，一般认为正常的规模分布首位度应接近 2。也有学者提出四城市指数与十一城市指数，即：

$$\text{四城市指数}=P_1/(P_2+P_3+P_4) \qquad \text{（式 2-4）}$$

$$\text{十一城市指数}=2P_1/(P_2+P_3+\cdots+P_{11}) \qquad \text{（式 2-5）}$$

其中，P_3，P_4，…，P_{11}分别为第三位到第十一位城市的人口数，正常的规模分布指数都接近 1。

位序—规模分布指数是指在一国（或地区）中一个城镇的规模和所有城市按人口规模排序的阵列中的位序具有一定的关系。1913 年奥尔巴赫（F. Auerbach）将这种关系表述为：

$$P_iR_i=K \quad \text{（式 2-6）}$$

其中，P_i 是把所有城镇按人口规模从大到小排序后第 i 位城镇的人口数，R_i 是第 i 位城镇的位序数，实际上就是 i，即 $R_i=i$，K 为常数。1936 年，辛格[①]（H. W. Singer）将 2-6 式修正为：

$$\lg R_i=\lg K-q\lg P_i \quad \text{（式 2-7）}$$

2.2.2.3　城镇化与工业化相关性规律

城镇化与工业化之间是一种相互依存、共生同长的关系，工业化是城镇化发展的核心动力，城镇化是工业化发展的基本载体；工业化是城镇化的经济内涵，城镇化是工业化的空间表现形式。霍利斯·钱纳里（1988）首先对城镇化与工业化水平相关性进行了测度，得出在常态发展过程中工业化与城镇化关系的一般变动模式：工业化与城镇化发展历程是由初期的紧密到后期松弛的变动过程，发展之初的城镇化是由工业化推动的，到工业化后期，工业化对城镇化的贡献作用也呈现逐渐减弱的趋势。具体来说，随着人均收入水平的提高，工业化的发展导致产业结构的演进，直接带动城镇化水平的提高。从工业化导致的产业结构转变看，制造业生产比重与就业比重的变化趋势基本上是一致的，但非农产业就业比重与生产比重的上升则表现出阶段性差别，在人均 *GNP* 较低时，生产比重的上升快于就业比重的上升，而当人均 *GNP* 超过一定值以后，就业比重的上升明显加快。衡量一国或地区城镇化与工业化协调发展的指标是用城镇化率和工业化率的比值，该比值的合理范围是 1.4～2.5。

---

① 王放．中国城市化与可持续发展［M］．北京：科学出版社，2000.

2.2.3 边疆安全理论

2.2.3.1 国家安全理论

国家安全是指一个国家相对的稳定、完整，客观上不受威胁、没有危险，主观上有安全感的状态，以及维持这种状态的能力。地缘政治理论认为“国家安全利益与政治活动是分不开的”，强调国际政治与地理环境的内在关系；相互依存理论指出现代国家间相互依赖关系加深，各方都将为这种相互依存关系付出代价；文明冲突论认为文化和文化认同（它在最广泛的层面上是文明的认同）形成了冷战后世界上的结合、分裂和冲突模式[①]；霸权稳定理论指出，“一种稳定的国际经济政治秩序是最重要的”；只有某个霸权国家才有能力、有权力、有动因来提供这种公共品，为了实现世界经济政治的稳定，必须有一个霸权者来提供这种公共物品。学者们分别从现实主义、自由主义和构建主义的角度提出保障国家安全的均势安全理论、制度安全理论和“安全共同体”理论。

现实主义假设国际体系本质上是一种无政府状态，由于国家间总是存在着利益的差异与竞争，冲突就在所难免。但国家在依靠自己的力量来维护安全时必然导致“零和博弈”的结局，因此安全最根本的保证就是国际间的力量制衡和均势，或通过建立霸权确保国家安全。自由主义者强调构建国际制度在保障国家安全中的作用，指出理性的国家在国际机制的调节下将摆脱“安全困境”，同时制度的明确可以减少不确定性，降低交易费用，为国家安全提供途径；建构主义者强调文化、认同、观念、规范等社会因素的作用，指出可以通过社会实践活动来改变行动者的主体间性，从而改变无政府状态的性质，使行为体的行为从安全困境

① 塞缪尔·亨廷顿．文明的冲突与世界秩序的重建［M］．周琪，等，译．北京：新华出版社，2002.

中摆脱出来，建立起“安全共同体”[①]。

2.2.3.2　边疆安全学理论

自 20 世纪 90 年代以来，苏联解体、中亚五国独立、台海危机、南海争议、“三股势力”等边疆问题凸显，我国西北、西南的边疆安全受到严峻挑战；尤其是非传统安全威胁日益加重，边疆少数民族地区的发展则更是无从谈起。随着边疆地区与腹心地区发展差距的进一步拉大，边疆安全与发展的矛盾日益突出，这些问题与生态困境、发展难题、民族冲突、国家认同危机等“非军事问题”纠缠在一起，使边疆地区各类非国家行为体越来越被置于次国家、国家和跨国家的多重安全时空交叠之中。国家使用传统的政治、军事和外交手段已经不能很好地解决这些问题。可见，我国边疆地区传统安全与非传统安全相互交织的境况，使得边疆安全问题日趋严峻，并已对安边、固边、治边、富边构成严峻挑战。针对上述问题，余潇枫和徐黎丽[②]（2009）提出边疆安全学理论，指出“边安学”是以边疆安全为研究对象、以探索边疆安全治理规律为主要内容的交叉性学科，其问题域是边疆安全治理，价值基点是“人的安全”，理论范式是“和合主义”，研究重点是边疆安全能力建设。

边疆安全学理论指出，全球化时代的全球安全、社会安全、人的安全，越来越成为国家安全的重要内容，安全已超越了对国家边界的维护上，逐渐深入到组成这个国家的每个公民的心理体验和现实感受上，深入到不同民族成员间生存结构的互动中。当下边疆安全不仅面临西方反华势力从外部进行的文化、心理、利益攻势，也受到来自社会内部治理不善的挑战。当代中国的边疆问题，主要是边疆地区的开发和建设问题。边疆的开发与建设和

---

① 卢静．国家安全：理论·现实［J］．外交学院学报，2004(9)：58-62.

② 余潇枫，徐黎丽．“边安学”刍议［J］．浙江大学学报（人文社会科学版）2009(9)：5-19.

推进解决民族问题的进程是息息相关的[①]。宗教问题也是影响边疆安全的主要因素之一，少数民族宗教信仰多样复杂；宗教作为一种文化现象具有滞后性、敏感性、易触发性，当它成为引发社会不稳定的“互动源”和“感染源”时，会对国家和社会政治稳定产生负面影响[②]。可见，边疆安全不仅仅是边界没有冲突、领土不受侵犯、主权不被干涉，在现阶段更重要的是边疆地区各族群众人心的安全感。在“认同”的社会心理参与下，安全已不是单纯的“客观”问题和个别主体的“主观感受”问题，而是“主体间”复杂互动的“社会安全性”与“体制合理性”重新确认的问题[③]。因此，从维护边疆安全的效果来看，政治认同比军事认可更为有效，而文化认同又比政治认同更为长久。

① 郝时远．边疆史地研究与民族问题［J］．中国边疆史地研究，2001(1)：15－16.

② 丁建伟，哈菲佐娃．论宗教对我国西北边疆安全的双重影响［J］．西北第二民族学院学报（哲社版）2005(1)：10－17.

③ 余潇枫．“认同危机”与国家安全——评亨廷顿我们是谁［J］．毛泽东邓小平理论研究，2006(1)：44－53.

第三章　新疆城镇化发展概况

3.1　新疆城镇化的发展状况

3.1.1　新疆城镇化发展历程

3.1.1.1　古代新疆城镇的形成

新疆古称西域，早在汉代就已经有城镇的存在。据《汉书·匈奴传》记载：公元前177年左右，匈奴击走了在敦煌、祁连间的大月氏，西域的“楼兰、乌孙、呼揭及其旁二十六国皆以为匈奴[①]”。《汉书·西域传》说：“西域诸国，大率土著有城郭田畜，与匈奴乌孙异俗，故皆役属匈奴。匈奴西边日逐王置僮什都尉，使领西域，常居焉耆、危须、尉犁间，赋税诸国，取富给焉”，描写的就是匈奴属下的西域诸国形态。徐杰舜（1989）指出，先秦之时，新疆地区曾孕育“西域诸国”[②]。阴法鲁等（1989）也提出，早在秦汉之际，强大的匈奴征服西域时那里已有从事农业的“城邦”[③]。这些“城邦”，即以城为集中的居民点的城邦国家，其国都已经成为区别于农村的城镇，这些城镇虽然很原始，但这标志着新疆已有城镇的出现。这些城镇主要分布在塔里木盆地周围及天山南北两麓的绿洲上及山谷间，形成独具特色的绿洲城镇。

随着丝绸之路的形成和社会经济的发展，西域诸国在丝绸之

---

① 田澍，等．西北开发史研究［M］．北京：中国社会科学出版社，2007：284.

② 徐杰舜．中国民族史新编［M］．南宁：广西教育出版社，1989.

③ 阴法鲁，许树安．中国古代文化史［M］．北京：北京大学出版社，1989.

路沿线设驿站、修烽燧、兴水利、屯田地、建城池，许多小城邑相继出现，西域城镇的数量和人口都开始增加。据《汉书》等记载，西域地区在汉武帝以前有近30国，武帝时有36国，至宣、平时及以后又发展到46国。《后汉书》记于阗人口由西汉时人口3 300户，1.93万人，猛增至户3.2万，8.3万人。公元前60年，西汉在新疆设置西域都护府，驻地乌垒城（今轮台县）；公元123年，东汉在新疆设立西域长史府。同时屯垦戍地也开始出现，设官屯田促进了西域城镇格局的形成，对新疆现代城镇体系的发育具有深远的影响。西域诸国分为两种类型，一类以从事种植业为主，拥有固定住所，被称为“城郭国家”。另一类为游牧为主的“行国”。以畜牧业为主，随畜牧逐水草而居，没有固定的住所，有学者认为“行国”也有城镇①。可见，新疆城镇的形成受其独特的地理与政治因素影响。

3.1.1.2 古代新疆城镇的发展

魏晋时期，由于中原处于分裂状态，无暇西顾，曾经归附于两汉的西域诸国纷纷自立。各国间的战争和兼并致使天山南路、塔里木盆地边缘城郭数量急剧减少，城镇由汉代的“三十六国”逐渐合并为鄯善、于阗、焉耆、龟兹、疏勒等六大国，这些大国对本国国都的重点建设，使这些区域形成以都城为中心、联络各国内部大小城镇的城镇体系。如于阗国，都城方八、九里，部内有“大城五，小城数十”；焉耆国都城方二里，国内有九城；疏勒国有大城十二，小城数十②。此外的城郭诸国，在战争与兼并的过程中，或因军政力量的不敌，或因经济实力和自然环境的变迁，都逐渐走向衰亡③。这一时期中原制度在西域的推行渐微，

---

① 田澍，等．西北开发史研究［M］．北京：中国社会科学出版社，2007：285.

② 新疆考古所．考古三十年［M］．乌鲁木齐：新疆人民出版社，1983.

③ 李春华．新疆绿洲城镇空间结构的系统研究［D］．南京：南京师范大学，2006：32.

仅在哈密与吐鲁番地区略有影响，新疆城镇发展缓慢。

隋唐时期，统一的中央政府加强了对西域的统治，使新疆的城镇有了较大的发展。唐朝在攻取高昌，平定焉耆、龟兹后，先后在高昌、龟兹设置安西都护府，并在军事要地设立龟兹、于阗、疏勒、焉耆（后为碎叶）等安西四镇，这些城镇成为中央驻军机构所在地。唐政府在西域设有严密、完整的军事建制，机构按等级分为军、镇、城、守捉和戍堡，并有大量的驿站分布其间。为解决军饷问题，主要在乌垒、龟兹、疏勒、于阗等地屯田，当时高昌已成为西域的重要门户。唐代西域的范围包括巴尔喀什湖以东、以南和帕米尔地区，唐朝在天山南路、塔里木盆地周围古城的基础上设立府城、州城；在东部地区推行州、县、乡、里制，使新疆古城进一步的发展。史料记载伊、西、庭三州辖 12 县城，唐初仅高昌地区城镇已达 27 座，故盛唐时是古代新疆城镇最发达的时期。明代以后，陆上丝绸之路逐渐被海上商路替代，新疆作为中西通商要道的地位逐步降低，加之气候、水系变迁等因素，使某些城镇萎缩或湮灭，但新疆城镇布局依然沿丝路走向的大格局并没有大的变化。

3.1.1.3　近代新疆城镇的发展

清朝在平定准噶尔部和大小和卓叛乱后，于 1759 年（清乾隆二十四年）完成了统一新疆大业，当时新疆县城发展到 23 个（含 2 个分县），大多数县均有夯土城郭。城内建设除衙署、仓轢、兵营、寺庙外，店铺、民居、道路均甚简陋①。1762 年设立伊犁将军府，管辖除阿尔泰地区以外的今新疆其他地区。当时新疆的主要城镇分布为：南疆有所谓的“南疆八城”，即喀什噶尔、叶尔羌、英吉沙尔、和田、乌什、阿克苏、库车、喀喇沙尔（焉耆），它们是清前期天山以南等级不同的区域性中心城市。清政

① 新疆维吾尔自治区地方志编纂委员会．新疆通志第 52 卷城乡建设志［M］．乌鲁木齐：新疆人民出版社，1995.

府曾派遣大批军队驻守各城，分别设“参赞大臣”、“领队大臣”及“办事大臣”等节制，所以南疆八大城是典型的军事性城镇；北疆北部的伊犁地区是伊犁将军驻地，以惠远为中心分布着九座城镇（惠远、塔勒奇、绥定、宁远、惠宁、拱宸、广仁、瞻德、熙春），全都是军事性城镇；东疆地区实行州县制度，有镇迪道，下分镇西府和迪化直隶州；镇西府设于巴里坤辖宜禾（今巴里坤）、奇台二县；迪化直隶州设于乌鲁木齐，辖昌吉、绥来（玛纳斯）、阜康三县，新疆地区初步形成了一批具有州、县建制的城市。

清朝政府为解决军饷问题，实行屯田，先在哈密、巴里坤、吐鲁番、辟展（今鄯善）、额尔齐斯河等地屯田，继而在伊犁和北疆其他驻兵地区屯田。屯田的地区主要在北疆，东疆、南疆仅限于辟展、吐鲁番、托克逊、喀喇沙尔、乌什、阿克苏等几个地方。伊犁、乌鲁木齐、哈密、巴里坤等处屯田规模都在万亩以上，据统计，这一时期北疆屯田 23.86 多万亩，南疆屯田 4.92 万亩，全疆共计屯田 28.8 多万亩。这种屯田，带来了内地先进的农耕技术推动了新疆农牧业的发展，使各民族的人口快速增长。带动城镇的迅速发展尤其是北疆地区，其农业的开发和城镇的孕育就是在这个时期形成的。随着屯田的扩展，土地开发、聚落形成，为现今的城镇体系奠定了基础①。

1884 年新疆建省，全省领有镇迪道（人口 20 万）、伊塔道（人口 4 万余人）、阿克苏道（人口约 40 万）、喀什噶尔道（人口 140 万多）共四道，下设 6 府、9 厅、3 州、23 县，可见清朝时期，新疆人口主要集中在南疆，南疆两道总人口占全疆 88%以上，城镇人口也主要集中在南疆。军事城镇变为各级行政中心，但在一些府、厅、州、县机构所在地，城镇经济贸易业逐步发展

① 李春华．新疆绿洲城镇空间结构的系统研究［D］．南京：南京师范大学，2006：41.

起来。乌鲁木齐取代伊犁逐渐成为新疆规模最大、人口最多的政治商贸性中心城市。南疆地区绿洲农业自古比较发达，城市历史悠久，至清朝末期，不足万人的小城镇在南疆地区大量兴起。因此，清代是新疆历史上城镇发展最快、变化最明显的时期[①]。由此可见，新疆建省后，各级行政体制逐步完善，与内地的政治、经济、文化联系得到进一步加强，与周边地区的经贸往来也有所发展，从而推动了城镇发展。到1909年，新疆总人口为12 596户，200多万人，其中城镇人口80 479人，占全疆人口的3.95%，万人以上的城镇有迪化、疏勒二个[②]。

1911年辛亥革命推翻清王朝，建立了民国政府。这时新疆共有迪化、焉耆、阿克苏、喀什噶尔、和阗、伊犁、塔城、阿山八个道。国民政府改八道为八个行政区，再加上民国23年增设的哈密行政区，民国31年增设的莎车行政区，全疆共有10个行政区。民国32年，行政区改称为专区。这一时期，随着经济的发展新疆又成立了一批县城，其中南疆共设29个县，北疆地区设34个县，东疆地区4个县，基本奠定了新疆现代城镇的空间格局[③]。这一时期，新疆城镇数量剧增，几乎是清代时期的4倍；1945年，迪化市建立，首开新疆城市型区划的先河[④]。到1946年，新疆共有县城77个，城镇道路、电力照明设施、市容环卫队等近代市政建设均起步建设；新中国成立前夕，全疆共有1个设市城市，78座县城，城镇化水平在10%左右。

3.1.1.4 新中国成立后新疆城镇化发展历程

1949年9月新疆和平解放，标志着城镇化进入新的发展阶

---

① 田澍，等．西北开发史研究［M］．北京：中国社会科学出版社，2007：306.

② 李学禹．新疆城市生态系统的发展与水资源［J］．石河子农学院学报，1988(1)：1-8.

③ 李春华．新疆绿洲城镇空间结构的系统研究［D］．南京：南京师范大学，2006：42.

④ 盛岚．民国时期新疆城镇发展研究［D］．乌鲁木齐：新疆大学，2007.

段。从1949—2009年的60多年间，新疆设市城市数量由1个发展为21个，截止到2009年年底，共有21个设市城市（其中地级市2个，县级市19个）、68个县城（包括6个自治县）、162个独立建制镇；其中城市建成区面积已达800公里^2，建制镇建成区面积已达243公里^2；城镇化率由12.12%增长为39.85%。根据发展的不同形式和特征，新疆城镇化发展大致可以分为以下几个阶段：

（1）初期快速发展阶段（1950—1957年）。新中国成立初期，是我国国民经济恢复和第一个五年计划建设时期，国家实施平衡生产力布局战略，基本建设的重点从沿海转移到内地，加大扶持少数民族地区经济发展。"一五"期间，新疆农牧业稳定发展，农垦事业、现代工矿业以及文化教育事业等也都得到较快发展。城镇建设方面，加强了以乌鲁木齐为重点的城镇建设，兵团新城石河子、工矿城市克拉玛依等也开始建设，加上各行署所在地城镇人口增加，新疆城镇化发展较快。1952年设伊宁市和喀什市，分别由伊犁专区和喀什专区领导，直到1957年全疆共有3个设市城市、83个县城，城镇人口稳定增长。到1957年年底，全疆城镇人口已达94.07万人，比1949年增加41.14万人，平均每年净增5.14万人，1957年全疆人口城镇化水平达16.86%①。

（2）城镇化发展的骤增骤减阶段（1958—1965年）。这一时期，经济发展先是受"左"的指导思想影响，掀起了"大跃进"，基本建设膨胀；1961年以后，又对国民经济进行调整，大力压缩城镇人口，造成这一时期的城镇人口大起大落。1958年随着新疆石油的开发，国务院批准设立克拉玛依市，由自治区直接领导；1961年又设置哈密市。城市和县城的总数量基本未变，但自1958年开始，在"大跃进"和"大炼钢铁"的影响下，区内

① 《新疆城镇发展与布局研究》课题组．新疆城镇发展与布局研究［J］．新疆社会经济，1991(2)：8-16.

基本建设膨胀，大量人口涌入城市，城镇化速度骤增。导致全区城镇人口由 1958 年的 114.37 万人上升到 1960 年的 180.04 万人，平均每年增长 28.66 万人，城镇化水平由 1958 年的 19.64％，猛升到 1960 年的 26.23％[①]。1961 年以后，随着国民经济的调整，新疆全面贯彻“调整、巩固、充实、提高”的方针，大力压缩城镇人口，1962 年撤销哈密市，至 1965 年城镇化水平下降到 16.95％。

（3）城镇化的徘徊停滞阶段（1966—1974 年）。20 世纪 60 年代初，受中苏关系破裂、中印边界发生战争的影响，中央作出了战略调整，突击进行“三线”建设，强调各地区建立独立的工业体系。1966 年又开始“文化大革命”，受其干扰，导致“三线”建设选址失误，工厂生产困难重重，不能发挥作用，这一时期国民经济发展停滞不前，效益相对较低。由于受经济发展和“文化大革命”的制约，从 1966 年到 1974 年全区没有增设一个城市。这一时期，城镇非农业人口增长仅相当于人口的自然增长，人口城镇化基本上是停留在 1965 年的水平上，城镇化水平保持在 16％～17％之间[②]。到 1974 年时，新疆共有 4 个设市城市，84 个县城，多数县城没有总体规划，没有沥青混凝土道路，没有楼房，更没有集中统一供水设施，公用设施非常落后。

（4）城镇化加速发展阶段（1975—1990 年）。1975 年以后经过初步整顿，特别是党的十一届三中全会以来，由于坚持对内搞活，对外开放的政策，社会经济得到了较快发展，城镇化进程相应加快。城镇设置方面，1976 年设立石河子市、1977 年设立哈密市、1979 年设立库尔勒市、1985 设立了奎屯市，这四个县级

① 《新疆城镇发展与布局研究》课题组．新疆城镇发展与布局研究［J］．新疆社会经济，1991(2)：8－16.

② 李春华．新疆绿洲城镇空间结构的系统研究［D］．南京：南京师范大学，2006：48.

市的设立，使城镇化水平由1975年的19.04%提高到1980年的22.08%，1985年达到26.36%。这一时期的改革开放开始推动经济发展，伴随着城市经济体制改革的逐步深入和城市社会经济水平的提高，社会经济结构发生了历史性变化。农村剩余劳动力开始大量转移到城镇就业，国家作出关于发展中小城镇的方针，民政部门作出关于"地、州、盟所在地原则上都要设市"的指示。1983年，自治区逐步对自治州和地区行政公署所在县进行了改市工作。这一时期，北疆设立4个城市，即昌吉、塔城、阿勒泰、博乐，南疆3个城市，即阿克苏、和田和阿图什，东疆1个城市，即吐鲁番。这8个城市的设立，使新疆的城市数量增加了一倍，成为设市最多的时期。1990年，全区共有16个设市城市，71个县城，57个独立建制镇，745个集镇。城镇人口达442万，城镇化水平提高到31.90%。与此同时，城镇的交通道路、供水供电、通讯等基础设施和环境绿化、文教、卫生、商业网点建设都得到相应的发展和加强，城镇网络基本完善，空间布局逐步趋于合理。

（5）城镇化发展的逆转阶段（1991—2000年）。20世纪90年代，是我国市场经济体制全面替代计划经济体制的时期，这一时期经济增长速度加快。东部沿海地区逐步成为我国经济的增长极，发展初期强大的极化效应，吸引了极化区域大量的资金、劳动力等要素，使东部、中部和西部区域间发展差异迅速拉大，造成新疆城镇化水平在这一时期发生逆转。自1990年开始，我国设市工作逐步规范化，设市标准迅速提高，新疆城镇的人口和经济指标难以达到国家设市标准，设市工作随即停止。虽然如此，经过各方的努力和国家对新疆的照顾政策，还是于1992年设立阜康市、1994年设立米泉市和乌苏市。口岸城镇建设方面，在全国改革开放的大环境下，新亚欧大陆桥正式开通联运，为新疆向西开放，东联西出，创造了极好的条件，新疆13个边境口岸先后批准为对外开放一类口岸，口岸城镇建设加速，城镇化水平进一步提高。但是，随着新疆与内地区域经济发展水平的拉大，城镇化发展水平也出现逆转，1990 年新疆人口城镇化率为 31.90%，全国平均水平为 26.41%，高于全国近 5.5 个百分点；而到 2000 年新疆城镇化率为 33.75%，全国平均水平为 36.22%，低于全国近 2.5 个百分点。到 2000 年，新疆共有 19 个设市城市，68 个县城，123 个独立建制镇，699 个集镇，城镇化率达到 33.75%。这一时期新疆城镇化进程虽稳步发展，但发展速度却低于全国平均水平。

（6）城镇化稳步增长阶段（2001 年以来）。1999 年西部人均地区生产总值不足东部地区的一半（41.3%），东、西部人均地区生产总值相对差距比 1978 年扩大 12.8 个百分点[①]。面对东、西部日益拉大的区域经济差距，为增强西部自我发展的能力，国家实施西部大开发战略。通过加快基础设施建设、环境生态整治、促进产业结构优化、大力发展科技教育和人力资源开发，实现西部地区经济社会可持续发展。在这样的背景下，2003 年新疆又设立五家渠、阿拉尔和图木舒克三个农垦城市，使城市数量达到 22 个，2007 年，米泉市并入乌鲁木齐成为米东新区。得益于西部大开发政策支持，10 年来新疆城镇的交通、通讯、供水、供电等基础设施建设等“硬环境”不断完善，城镇环境绿化、文教、卫生、商业网点及社会保障体系等“软环境”建设也取得长足的进步，城镇功能逐步完善，城镇间的联系不断加强，城镇在区域经济增长中的增长极作用日益凸显。到 2009 年年底全疆城镇人口已增至 860.21 万，其中设市城市人口为 555.82 万人，县城人口为 229.95 万人，独立建制镇人口为 74.44 万人，城镇化水平已达到了 39.85%。

3.1.2 新疆城镇化发展水平

对城镇化水平的评价分为量的评价和质的评价两个方面，量

① 王洛林，魏后凯．中国西部大开发战略［M］. 北京：北京出版社，2002.

的评价主要使用人口指标法，因其简单且包含了城镇化的大部分信息，学者们一般采用城镇人口占全地区总人口的百分比，或城镇非农业人口占总人口的比重来衡量城镇化水平；质的评价主要包括区域城镇的规模体系、城镇空间布局、城镇经济发展状况和城镇居民生活水平等方面分析城镇化发展水平。下面我们将从量和质两方面来分析新疆城镇化发展水平。

3.1.2.1 人口城镇化水平

人口城镇化水平是表征区域城镇化发展的定量指标，它反映了区域人口职业构成、居住地的转化、城镇经济结构和城镇基础设施等的发展情况。整体来看 2009 年新疆城镇人口 860.21 万，城镇化水平达到 39.85%，表 3-1 给出了 14 个地州市和兵团 2009 年的城镇化水平。由表 3-1 可知，乌鲁木齐和克拉玛依两个地级市城镇化率达到 90%左右，北疆除博尔塔拉蒙古自治州和塔城外其他地州市城镇化水平都高于全疆平均水平，南疆除巴音郭楞蒙古自治州外其他地州城镇化水平都低于全疆平均水平，尤其是南疆三地州和田地区、喀什地区和克孜勒苏柯尔克孜自治州城镇化率仅为 16.75%、22.35%和 28.46%。兵团城镇化水平为 48%高于新疆平均水平。

表 3-1 新疆各地州市城镇化水平（2009 年）

地州市及兵团	所辖区市（县、区）数	年末总人口（万人）	城镇人口（万人）	农村人口（万人）	城镇化水平（%）
乌鲁木齐市	7 区 1 县	241.19	215.68	25.51	89.42
克拉玛依市	4 区	39.35	39.00	0.35	99.11
吐鲁番地区	1 市 2 县	61.46	23.47	37.99	38.19
哈密地区	1 市 2 县	56.78	33.12	23.66	58.33
昌吉回族自治州	2 市 5 县	157.20	82.50	74.70	52.48
博尔塔拉蒙古自治州	1 市 2 县	47.84	16.70	31.14	34.91
巴音郭楞蒙古自治州	1 市 8 县	129.32	62.93	66.39	48.66
阿克苏地区	1 市 8 县	230.50	71.74	158.76	31.12
克孜勒苏柯尔克孜自治州	1 市 3 县	53.02	15.09	37.93	28.46

（续）

地州市及兵团	所辖区市（县、区）数	年末总人口（万人）	城镇人口（万人）	农村人口（万人）	城镇化水平（%）
喀什地区	1市11县	387.28	86.55	300.73	22.35
和田地区	1市7县	195.58	32.75	162.83	16.75
伊犁哈萨克自治州州直属	2市8县	276.30	118.34	157.96	42.83
塔城地区	2市5县	94.30	34.67	59.63	36.77
阿勒泰地区	1市6县	65.77	32.74	33.03	49.78
兵团	4市174团场	257.31	123.50	133.81	48.00
石河子垦区	19团场	63.52	34.20	29.32	53.84
阿拉尔垦区	16团场	29.21	14.03	15.18	48.03
图木舒克垦区	18团场	20.45	5.62	14.83	27.48
五家渠垦区	20团场	30.91	14.86	16.05	48.08
全区	21市68县	2158.63	860.21	1298.42	39.85

资料来源：根据《新疆年鉴2010》整理而成。

为进一步分析新疆城镇化水平，图3-1给出了新疆21个设市城市和66个县城的城镇化水平分布图，深色代表城镇化水平较高。2009年新疆设市城市平均城镇化水平68.42%，新疆县城平均城镇化水平25.00%。

在西北五省区中，新疆城镇化的发展水平自2000年以来显然是滞后的，发展速度也是西北五省区最低的。2000年，新疆城镇化水平为33.82%在西北五省区中仅次于青海位居第二，城镇化水平高于西北五省区平均值近3.5个百分点，而到2009年城镇化水平为39.85%位居第四，仅高于甘肃；2000—2009的九年中新疆城镇化年均增长速度0.67个百分点，不足宁夏的一半，而同期甘肃、陕西、宁夏的城镇化年均发展速度分别为0.96、1.25、1.52个百分点，远高于新疆。西北五省区的平均城镇化增长速度也超过1个百分点，高于新疆城镇化的速度（表3-2）。

从全国来看新疆城镇化进程更是滞后，2000年新疆城镇化水平落后于东部12.29个百分点，但高于西部和中部的平均水

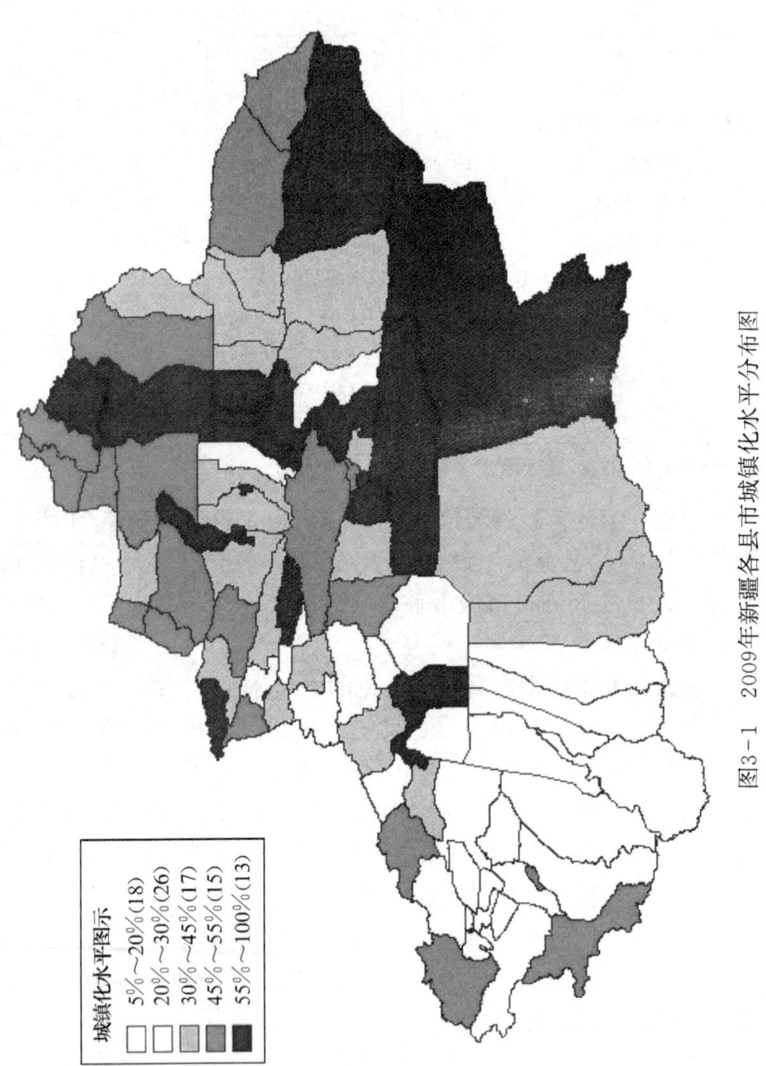

图3-1　2009年新疆各县市城镇化水平分布图

表 3-2　新疆与西北五省区城镇化进程比较（2000—2009 年）

地区	2000			2009			2000—2009 年城镇化速度
	总人口（万人）	城镇人口（万人）	城镇化水平（%）	总人口（万人）	城镇人口（万人）	城镇化水平（%）	
新疆	1 925	651.04	33.82	2 159	860	39.85	0.67
陕西	3 605	1 162.97	32.26	3 772	1 641	43.50	1.25
甘肃	2 562	615.14	24.01	2 635	860	32.65	0.96
青海	518	180.06	34.76	557	233	41.90	0.79
宁夏	562	182.26	32.43	625	288	46.10	1.52
西北地区	9 172	2 791.46	30.43	9 748	3882	39.82	1.04

资料来源：根据《中国统计年鉴 2001》和《中国统计年鉴 2009》资料整理而成。

平，到 2009 年城镇化水平仅高于西部地区平均值 0.4 个百分点，分别低于中部、东部和全国平均值 4.35、17.11、6.74 个百分点。城镇化发展速度仅是西部、中部、东部和全国同期增长速度的 56.25%、53.84%、55.58%和 58.15%，分别低于西部、中部、东部和全国同期 0.52、0.57、0.54 和 0.48 个百分点（表 3-3）。

表 3-3　新疆与全国其他地区城镇化水平比较（2000—2009 年）

地区	2000 年城镇化水平	2009 年城镇化水平	2000—2009 年的城镇化速度
新疆	33.82	39.85	0.67
西部地区	28.73	39.45	1.19
中部地区	33.00	44.20	1.24
东部地区	46.11	56.96	1.21
全国平均	36.22	46.59	1.15

资料来源：根据《中国统计年鉴 2001》和《中国统计年鉴 2010》资料整理而成。

3.1.2.2　城镇规模体系结构

到 2009 年年底，新疆共有城市 21 个、县城 68 个、独立建制镇 162 个，其中乌鲁木齐县和和田县有县无城，和田县的人口计入和田市。如果按照城镇人口规模，可将其划分为 7 个不同的等级。其中，一级城市 1 个，二级城市 0 个，三级县市 7 个，四级县市 8 个、五级县市 21 个，六级县市 40 个，七级县镇 172 个（见表 3－4）。新疆城市首位度在 5 左右，城镇规模体系显然存

表 3－4　2009 年新疆城镇体系等级规模结构表

等级规模（万人）	城镇个数		人口数		城镇名称
	个数	%	万人	%	
100 以上	1	0.40	215.68	24.57	乌鲁木齐市
50～100	0	0	0	0	无
20～50	7	2.81	235.6	26.84	克拉玛依市、库尔勒市、伊宁市、石河子市、哈密市、喀什市、阿克苏市、昌吉市
10～20	8	3.21	107.52	12.25	霍城县、库车县、新源县、阿合奇县、和田市、奎屯市、阿勒泰市、莎车县
5～10	21	8.43	122.49	13.96	泽普县、阜康市、阿拉尔市、博乐市、叶城县、和静县、吐鲁番市、鄯善县、温宿县、五家渠市、塔城市、精河县、巴楚县、乌苏市、沙湾县、焉耆回族自治县、尉犁县、阿图什市、伊宁县、阿瓦提县、沙雅县
2～5	40	16.06	108.4	12.35	尼勒克县、奇台县、皮山县、拜城县、吉木萨尔县、巴里坤哈萨克自治县、疏勒县、麦盖提县、特克斯县、呼图壁县、玛纳斯县、察布查尔锡伯自治县、和硕县、巩留县、墨玉县、额敏县、富蕴县、岳普湖县、托里县、阿克陶县、温泉县、伽师县、新河县、于田县、福海县、哈巴河县、疏附县、乌什县、轮台县、英吉沙县、洛浦县、和布克赛尔蒙古自治县、裕民县、布尔津县、乌恰县、昭苏县、木垒哈萨克自治县、策勒县、青河县、托克逊县
小于 2	172	69.08	88.43	10.08	且末县、博湖县、吉木乃县、若羌县、塔什库尔干塔吉克自治县、柯坪县、和田县、图木舒克市、民丰县、伊吾县等（略 162 个独立建制镇）
合计	249	100	860.21	100	

资料来源：根据《新疆年鉴 2010》整理而成。

在首位度过高、缺失大城市、城市规模大小悬殊、城镇结构体系不合理等特征。在新疆现有特大城市仅占4.76%，比全国平均水平低9.04个百分点，中等城市占38.09%，比全国平均水平高17.54个百分点，小城市占57.14%。从上述城镇规模结构可以看出，新疆首位城市集聚能力过强，缺失联结特大城市与中等城市的大城市，中等城市比重略偏高，小城镇所占比重明显偏高的特征。全区缺乏大型次级规模的经济中心城市和相当数量第三级中心城市的衔接，这不仅大大削弱了特大城市的辐射效应和聚集效应，也不利于带动小城市的发展，不利于推动全疆城镇协同发展。

3.1.2.3　城镇空间布局

根据自然地理环境条件和水资源的分布状况，新疆的城镇主要分布在准噶尔盆地和塔里木盆地的边缘和河流流域，在空间布局上形成沿河流呈带状狭长分布的形态，以及沿铁路、公路等交通干线呈串珠状线性分布形态，如图3-2所示。目前，新疆城镇空间布局正逐步形成“一圈、三带”的形态，“一圈”是指乌鲁木齐都市圈，主要包括的是以乌鲁木齐和周边昌吉、阜康等城市为主形成的同心圆状城镇化分布形态；“三带”是指北疆铁路沿线地带、南疆铁路沿线地带和沿边开放地带的城镇化发展格局。

北疆铁路沿线地带主要是指以克拉玛依、奎—独—乌、石河子、伊宁等城市沿交通干线所形成的串珠线状城镇分布形态，以及以上城市为基础所形成的天山北坡带状城镇分布形态。南疆铁路沿线地带主要是指以哈密、吐鲁番、库尔勒、阿克苏、喀什等城市沿交通干线所形成的串珠线状城镇分布形态，以及以上城市为基础所形成的天山南坡带状城镇分布形态。沿边开放地带主要是指以17个口岸为触角，以阿勒泰市、塔城市、博乐市、伊宁市、阿克苏市、阿图什市和喀什市为基础所形成的沿边带状城镇分布形态。同时，沿塔里木盆地和准噶尔盆地外缘还形成了网络

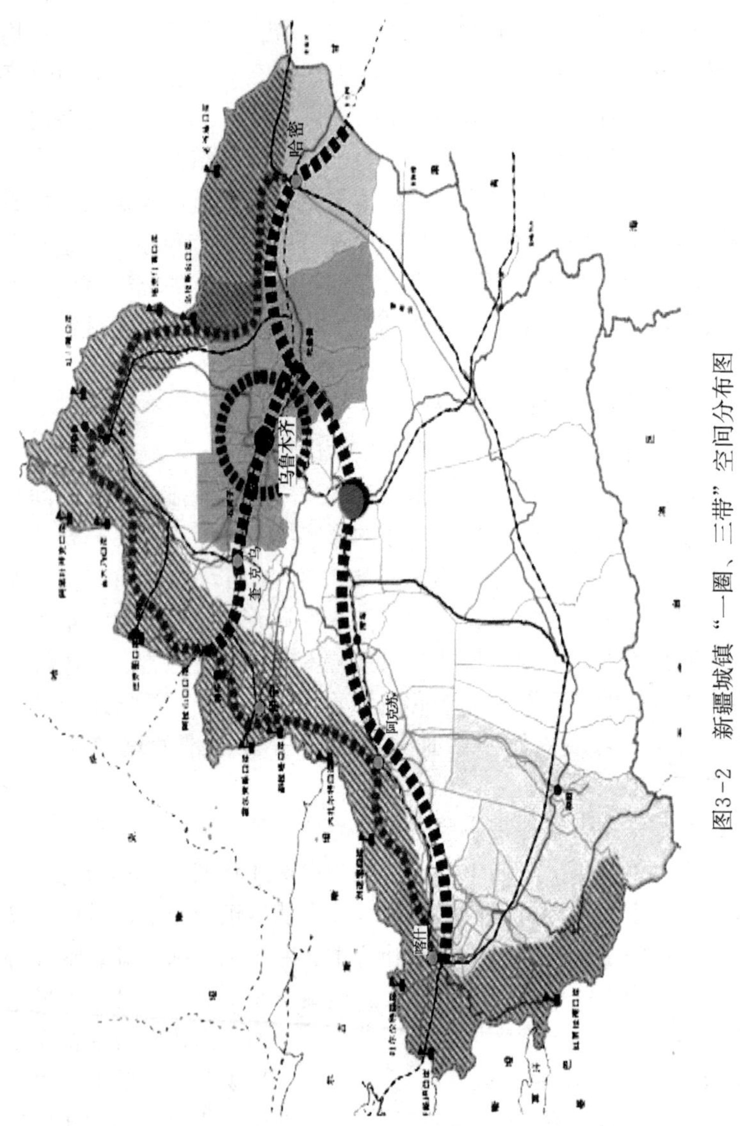

图3-2 新疆城镇“一圈、三带”空间分布图

状的城镇分布形态。新疆城镇空间布局主要呈圈状环形、串珠线状和带状的圈面集中、点轴发展形态，也有点面结合和点线面结合的网络状发展形态。

习惯上将新疆分为北疆、南疆和东疆，其中南北疆人口与地域相当，北疆地区经济发展水平较高，其次是东疆，南疆经济发展水平最低。2009 年新疆城镇在北疆、南疆和东疆的布局及所占比重如表 3－5 所示。可见北疆集中了新疆大部分的城市和独立建制镇，南疆县城所占份额较多，区域城镇等级设置不尽合理。

表 3－5　新疆城镇分布情况（2009 年）

地区	北疆	南疆	东疆
城市	乌鲁木齐、克拉玛依、石河子市、昌吉市、伊宁市、阜康市、五家渠市、奎屯市；塔城市、乌苏市、阿勒泰市、博乐市（共 12 个）	库尔勒市、阿克苏市、喀什市、和田市、阿图什市、阿拉尔市、图木舒克市（共 7 个）	哈密市、吐鲁番市（共 2 个）
城市所占比重	57.14%	33.33%	9.52%
县城	精河县、温泉县、呼图壁县、玛纳斯县、奇台县、吉木萨尔县、木垒哈萨克自治县、乌鲁木齐县、伊宁县、察布查尔锡伯自治县、霍城县、巩留县、新源县、昭苏县、特克斯县、尼勒克县、额敏县、沙湾县、托里县、裕民县、和布克赛尔蒙古自治县、布尔津县、富蕴县、福海县、哈巴河县、青河县、吉木乃县（共 27 个）	轮台县、尉犁县、若羌县、且末县、焉耆回族自治县、和静县、和硕县、博湖县、温宿县、库车县、沙雅县、新和县、拜城县、乌什县、阿瓦提县、柯坪县、阿克陶县、阿合奇县、乌恰县、疏附县、疏勒县、英吉沙县、泽普县、莎车县、叶城县、麦盖提县、岳普湖县、伽师县、巴楚县、塔什库尔干塔吉克自治县、和田县、墨玉县、皮山县、洛浦县、策勒县、于田县、民丰县（共 37 个）	巴里坤哈萨克自治县、伊吾县、鄯善县、托克逊县（共 4 个）

（续）

地区	北疆	南疆	东疆
县城所占比重	39.71%	54.41%	5.88%
独立建制镇	84 个	61 个	16 个
独立建制镇所占比重	52.17%	37.89%	9.94%

资料来源：根据《新疆统计年鉴 2010》整理而得。

3.1.2.4 城镇经济发展水平

新疆城镇化发展水平滞后不仅仅表现在城镇数量和城镇人口上，而且在城镇经济发展能力、城镇基础设施建设水平和城镇居民生活水平上也与中部、东部地区存在差距。由表 3－6 可知，人均 GDP 除克拉玛依和库尔勒这两个石油城之外，其他城市的人均 GDP 都低于 42 000 元，最低的阿图什市仅达 64 10 元，比全国人均 GDP 低的城市占 60%以上。工业化率除克拉玛依（83.97%）、库尔勒（66.98%）和阜康（56.95%）这三个资源依托型城市和奎屯（47.38%）之外，其他城市的工业化率都低于 40%，最低的阿图什市仅为 5.66%，有 76%的城市工业化率低于全国平均水平 39.7%。城市基础设施建设水平和公共设施建设水平和中部、东部相比差别更大。2009 年在岗职工平均工资除乌鲁木齐和克拉玛依两市外，其他城市都低于全国平均水平。

新疆中小城镇经济实力不足，与设市城市存在较大差距。中等城市的功能定位模糊，发展模式趋同，除个别资源型城市外，大多是以纺织服装和食品饮料为主的轻工业，工业产品多以低加工度和低附加值的初级产品加工为主，这大大限制了城市经济的发展。独立建制镇主要是以农村型经济，非农业人口多为乡或镇级行政人员，作为城镇集聚所需要的非农产业还处在次要地位，小城镇的功能仅仅是镇政府的办公地和周围农村地区的集贸市场，对农村剩余人口的吸纳能力有限，城镇建设缺乏系统

表 3-6 新疆城市经济发展情况(2009 年)

城市名称	年底总人口(万人)	人均 GDP(元)	工业化率(%)	第二产业总产值(万元)	第二产业比重(%)	地方财政收支余额(万元)	社会销售品零售总额(万元)	在岗职工平均工资(元)
乌鲁木齐	241.19	38 249	35.91	4 668 849	42.93	−176 938	4 499 764	37 161
克拉玛依	27.60	87 000	83.97	4 162 998	86.68	−94 390	295 683	36 248
吐鲁番市	27.45	15 081	26.89	137 256	33.33	−45 929	116 545	25 377
哈密市	44.33	23 988	28.51	424 659	40.09	−36 879	317 831	32 120
昌吉市	38.32	31 544	31.60	635 056	42.47	−51 812	421 839	28 551
阜康市	16.80	40 047	56.95	412 043	62.93	−24 850	138 943	25 777
伊宁市	45.92	17 422	19.02	227 679	28.81	−81 914	308 336	25 802
奎屯市	30.96	39 476	47.36	336 524	56.01	−28 724	119 042	26 485
塔城市	16.72	20 334	13.36	75 761	22.28	−52 924	83 510	24 689
乌苏市	22.35	22 655	26.37	305 287	37.93	−53 526	79 049	16 611
阿勒泰市	23.28	16 660	13.95	58 115	18.90	−79 213	99 648	21 872

（续）

城市名称	年底总人口(万人)	人均 GDP（元）	工业化率（%）	第二产业总产值（万元）	第二产业比重（%）	地方财政收支余额（万元）	社会销售品零售总额(万元)	在岗职工平均工资（元）
博乐市	26.10	26 751	11.25	135 164	19.30	—50 883	122 175	22 351
库尔勒市	51.37	174 114	66.98	2 763 699	77.70	—35 573	343 089	30 447
阿克苏市	47.64	20 458	21.60	298 265	30.97	—56 879	292 568	25 644
阿图什市	24.06	6 410	5.66	22 188	14.51	—81 128	44 196	26 146
喀什市	45.89	19 926	26.49	256 600	35.18	—174 154	321 800	26 190
和田市	29.51	7 219	12.42	64 327	30.21	—76 357	113 414	27 750
石河子市	34.44	34 421	40.84	554 260	51.15	—37 590	395 000	26 512
阿拉尔市	17.69	23 954	15.64	92 216	21.87	—5 257	73 793	24 408
图木舒克	15.28	11 112	11.34	31 400	21.58	—7 380	31 984	20 452
五家渠市	9.03	41 754	32.93	185 200	46.30	—5 509	134 600	21 678
全国平均	—	25 575	39.70	—	46.30	—	—	32 736

注：其阿拉尔、图木舒克是兵团城市，其人口包括团场人口。

资料来源：根据《新疆统计年鉴 2010》和《新疆年鉴 2010》整理而成。

规划[①]。截至2009年年底，新疆县城和独立建制镇分别占到全国的5%和1%，但由于新疆地广人稀城镇的集聚能力非常有限。城镇人口规模偏小，使得城市基础设施和公共设施的营运成本过高，城市经济发展不足限制了城市建设资金的来源，尤其是在南疆三地州等经济欠发达地区，城镇基本的公用设施都不健全，城镇的公共服务功能相当薄弱，城镇居民的生活质量与东部地区同规模的城镇居民的生活质量相去甚远。

3.1.2.5　各地州市及兵团城镇化发展概况

（1）乌鲁木齐市是新疆首府，2009年全市下辖七区一县两个国家级开发区和一个出口加工区，总人口241.19万人，其中少数民族66.26万人，占全市总人口的27.47%。依托全疆政治、经济、文化中心的优势，乌鲁木齐非农产业较为发达，第二产业产业门类齐全，产业结构日趋合理，是我国西部最重要的制造业基地之一；服务业占GDP的比重高达60%，出口加工贸易基地和中亚国际物流港的建设使其成为内联外引、沟通欧亚大陆的桥头堡。经济的快速发展推动城市建设加速，2009年建成区面积261.88公里^2，城镇人口215.68万人，城镇化水平达到89.42%，成为疆内唯一的特大城市。

（2）克拉玛依市因石油而诞生，全市总面积9 500多公里^2，下辖克拉玛依、独山子、白碱滩、乌尔禾四个行政区，共有12个街道办事处，小拐、乌尔禾两个乡和三个牧场。2009年总人口39.35万人，其中少数民族约占总人口的24.73%。第二产业占GDP的比重高达90%左右，在石油、石化工业快速发展的有力推动下，城镇基础设施建设和生活水平都是全疆最高的。城镇化建设方面，市政府立足本地实际，按照高起点规划、高标准建设、高水平管理的要求，逐年加大对城市基础设施建设的投入，不断完善城市功能，城镇化水平达到99.11%。

① 张沛，等．中国城镇化的理论与实践［M］．南京：东南大学出版社，2009：70.

（3）吐鲁番地区位于天山东部山间盆地，是内地连接新疆、中亚地区及南北疆的交通枢纽。全地区总面积 7 万公里^2，辖吐鲁番市、鄯善县、托克逊县，共有 31 个乡（镇）、街道、场，2009 年总人口 61.46 万人，其中以维吾尔族为主的回、蒙、哈等少数民族人口约占 77.58%，吐鲁番地区依托其光热资源、矿产资源和旅游资源推动城镇化发展，城镇化水平达到 38.19%。

（4）哈密是新疆的东大门，是新疆连接内地的交通要道，与蒙古国接壤，设有国家一类口岸——老爷庙口岸。辖哈密市、巴里坤哈萨克自治县和伊吾县，总面积 15.3 万公里^2。2009 年总人口 56.78 万人，其中少数民族人口占 31.78%，城镇人口占 58.33%。哈密矿产资源种类多、品位高、储量大，优势矿藏有煤、石油、天然气、铜、镍、铁、等。哈密依托优势资源，全面推进新型工业化进程，形成了能源、黑色及有色金属加工、化工、轻纺、建材、特色农产品及有机食品加工、石油工业和高新技术产业等八大产业。推进了其城镇化进程，2009 年城市（县城）建成区面积达 42.7 公里^2，人均城市道路面积 15.47 米^2，排水管网密度达 8.57 公里/公里^2，用水普及率达 98.89%。

（5）昌吉回族自治州（以下简称昌吉州），是以回族为自治民族的多民族聚居区，下辖昌吉市、阜康市、玛纳斯县、呼图壁县、吉木萨尔县、奇台县和木垒哈萨克自治县，拥有昌吉国家农业科技园区，州域总面积 9 万公里^2。2009 年总人口 157.2 万人，其中少数民族占 25.87%。昌吉区位优势突出，州府昌吉市距乌鲁木齐市中心 35 公里，交通、通讯等基础设施完善。资源优势明显，其中煤炭、石油、石灰石、芒硝、铁等储量丰富。正在形成以煤电煤化工、石油石化下游产品精深加工、有色金属冶炼、高新技术及制造业、农产品精深加工等优势支柱的产业体系。昌吉州以“支点城市”和“精品县城”为抓手，加速城镇化进程，2009 年城镇率达到 52.48%。

（6）博尔塔拉蒙古自治州（以下简称博州）位于新疆西北

部，与哈萨克斯坦接壤，全州面积 2.7 万公里^2，辖博乐市、精河县、温泉县、阿拉山口口岸和赛里木湖风景名胜区。阿拉山口口岸是新亚欧大陆桥联结亚太地区和欧洲之间的咽喉，担负着国家向西开放，同中亚、西亚及欧洲国家贸易发展的重要枢纽。2009 年全州总人口 47.84 万人（含兵团农五师），其中少数民族占 33.79%。博州立足阿拉山口口岸进出口加工业和优势资源转换加工业两大主要领域，围绕石油天然气、金属冶炼、农副产品、矿产、盐化、棉纺、建材、木材、皮毛等九个重点行业带动劳动力的转移，但城镇化建设相对滞后。博州正在积极推进博乐、精河、阿拉山口进出口贸易加工区建设，2009 年城镇化水平达到 34.91%。

（7）巴音郭楞蒙古自治州（以下简称巴州）地处新疆东南部，全州行政区划 47 万公里^2。下辖库尔勒市、轮台县、尉犁县、若羌县、且末县、焉耆县、和静县、和硕县、博湖县共 8 县 1 市。2009 年，全州总人口 129.32 万人，少数民族人口 56.52 万人，占全州总人口的 43.7%。依托优势资源，巴州已形成石油石化、矿业、电力、特色农产品加工和棉花系列加工等五大支柱产业。伴随着经济社会的快速发展，巴州城镇化水平不断提高，各级城镇建设取得明显成就，2009 年城镇化水平达到 48.66%。

（8）阿克苏位于天山南麓、塔里木盆地北缘，总面积 13.13 万公里^2。与哈萨克斯坦、吉尔吉斯斯坦接壤，全地区边境线长 235 公里。全地区辖阿克苏、阿瓦提、拜城、柯坪、库车、沙雅、温宿、乌什、新和 8 县 1 市。2009 年总人口 230.5 万，其中少数民族占 78.77%。阿克苏以“六大支柱产业”石油石化、煤电能源、煤化工盐化工、钢铁冶炼、矿产开发、棉纺织、农林产品精深加工为支撑，以阿克苏市、库车县两座“龙头城市”为增长极，大力推进城镇化建设，2009 年城镇化水平已达 31.12%。

（9）克孜勒苏柯尔克孜自治州（以下简称克州），地处祖国最西端，国土总面积 7.24 万公里^2，其中山地面积占 90%以上，有“万山之州”之称。克州与吉尔吉斯斯坦、塔吉克斯坦、阿富汗、巴基斯坦等 8 国相邻，有伊尔克什坦、吐尔尕特、红其拉甫、卡拉苏四个国家级一类陆路口岸。克州辖阿图什市和阿克陶、乌恰、阿合奇 3 县（市），是一个以农牧业为主的人口小州、经济穷州、边防大州、战略重州。2009 年全州总人口 53.02 万人，其中少数民族占 92.51%，在“以农奠基、以边启动、以游搞活、以矿腾飞”发展战略的统领下，2009 年城镇人口占 28.46%。

（10）喀什地区西部与塔吉克斯坦相连、西南与阿富汗、巴基斯坦、吉尔吉斯斯坦接壤。喀什地区总面积 11.18 万公里^2，下辖喀什市、疏附、疏勒、英吉沙、岳普湖、伽师、莎车、泽普、叶城、麦盖提、巴楚和塔什库尔干塔吉克自治县，共 1 市 11 县。2009 年总人口 380.48 万人，其中少数民族占 92.81%。喀什地区紧紧围绕纺织、冶金、石油化工、特色农副产品精深加工、出口组装加工制造、清真食品生产供应、建材、商贸物流、国际旅游以及节能环保的高新技术等产业推进城镇化建设。2009 年城市建成区面积已达 30.20 公里^2，城镇人口 86.55 万人，城镇化水平已达 22.35%。

（11）和田地区位于新疆最南端，西南与印度、巴基斯坦在克什米尔的实际控制区毗邻，总面积 24.78 万公里^2，其中山地占 33.3%，沙漠戈壁占 63%，绿洲仅占 3.7%，且被沙漠和戈壁分割成大小不等的 300 多块。全地区辖和田市、皮山、墨玉、和田、洛浦、策勒、于田、民丰 7 县 1 市。2009 年总人口 195.58 万，其中少数民族占 96.53%。由于生态环境脆弱、基础设施建设滞后，和田经济发展十分缓慢。虽然“十一五”期间全地区城乡基础设施得到了完善，城镇环境明显有所改善，但是，经济产业基础薄弱，城镇建设标准低，基础设施滞后，城市综合服务功能不健全，2009 年和田地区城镇化水平仅为 16.75%。

（12）伊犁哈萨克自治州（以下简称伊犁州）位于新疆西北部，原则管辖塔城、阿勒泰两个地区，直辖伊宁市、奎屯市、伊宁县、霍城县、察布查尔锡伯自治县、巩留县、新源县、昭苏县、特克斯县、尼勒克县等 8 县 2 市。首府设在伊宁市，州直属县市总面积 5.64 万公里^2。2009 年，州直总人口 276.3 万人，少数民族人口 170.29 万人，占州直总人口的 61.63%。伊犁州煤炭和水资源丰富，具有优越的交通区位。近期内，伊犁州积极培育煤电、煤化工、水电、有色金属等产业，依托霍尔果斯口岸发展外向型经济，重点建设奎屯—独山子工业园区、清水河江苏工业园、伊东工业园等 7 大园区。经济的快速发展推动了城镇化进程，2009 年城市建成区面积 355.23 公里^2，城镇人口 118.34 万人，城镇化水平达 42.83%。

（13）塔城地区位于新疆西北部，塔城市巴克图口岸与哈萨克斯坦相连。下辖塔城市、额敏县、裕民县、托里县、乌苏市、沙湾县、和布克赛尔蒙古自治县，总面积 10.45 万公里^2。塔城地区是自治区的粮、棉、油、糖基地，乌苏市、沙湾县具有交通优势。2009 年，全地区总人口 94.30 万人，其中少数民族占 42.42%，塔城以农产品加工、石油下游产品加工、煤电能源、金属非金属矿业开发加工、出口商品加工储运五大产业为基础，加快以乌苏、沙湾、铁厂沟、和什托洛盖和塔城市边境经济合作区为重点的工业园区建设，工业经济快速发展，城镇化水平已达 36.77%。

（14）阿勒泰地区位于新疆北部，与蒙古国、哈萨克斯坦、俄罗斯接壤，下辖阿勒泰市、布尔津县、哈巴河县、吉木乃县、福海县、富蕴县、青河县 1 市 6 县，13 个镇，3 个国营农牧场。2009 年年末，全区总人口 65.77 万人，其中少数民族占 58.36%。阿勒泰依托矿产资源和旅游资源推动城镇化发展，2009 年城镇化水平已达 49.78%。

（15）新疆生产建设兵团，承担着国家赋予的屯垦戍边的职责，是在自己所辖的垦区内，依照国家和新疆维吾尔自治区的法律、法规，自行管理内部的行政、司法事务，在国家实行计划单列的特殊社会组织，受中央政府和新疆维吾尔自治区人民政府双重领导。兵团现有 14 个师（垦区），174 个农牧团场（图 3－3）。

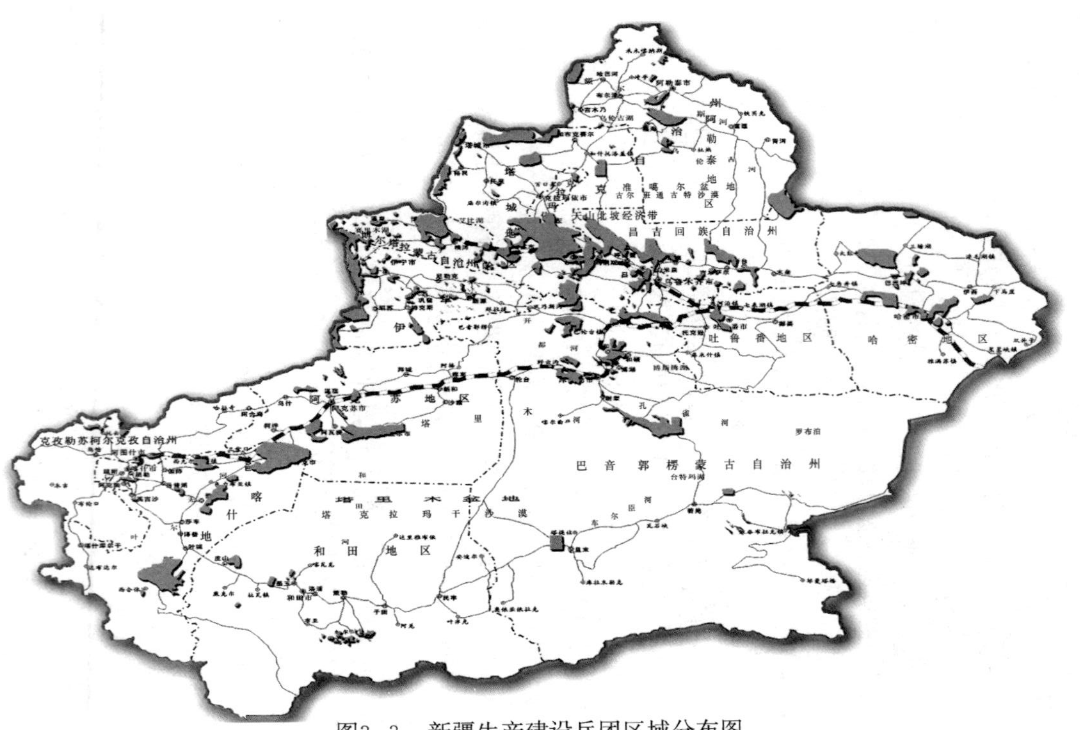

图3－3　新疆生产建设兵团区域分布图

资料来源：《新疆生产建设兵团城镇体系规划修编（2007—2020年）说明书》第2页。

2009 年兵团实现生产总值 610.69 亿元，产业结构进一步调整优化。在经济快速发展的同时，不断推进城镇化进程，加快了军垦新城石河子建设步伐，在戈壁荒漠上新建了五家渠、阿拉尔、图木舒克 3 个县级市，石河子市北泉镇一个建制镇，以较大中心团场团部为基础建设了 69 个非建制小城镇。2009 年总人口 257.31 万人，其中城镇人口 123.50 万人，城镇化率达 48%，高于全国和西北五省区城镇化水平。

3.2　新疆城镇化的发展特征

3.2.1　城镇布局依托绿洲分布

新疆地形的特点是“三山夹两盆”，在阿尔泰山、天山和昆仑山中，水源比较充足，被称为新疆的三个“湿岛”；但缺少平坦的土地和充足的光热资源，只宜放牧，不宜种植。而塔里木盆地和准噶尔盆地中央，地势低平，光热资源充足，但缺少水源，也不利于农业的发展。因此，新疆的绿洲大都分布在这两个盆地周围的近山地区；在绿洲基础上形成的城镇也是如此。或者更确切地说，新疆的绿洲和城镇基本分布在这两个盆地的南、西、北三面的边缘上；和盆地中央一样，两个盆地的东缘，由于缺少水源，也很少有绿洲和城镇[①]（图 3-4）。全疆现有的 250 个城镇和兵团 174 个农牧团部，除少数工矿城镇外，绝大部分分散在 50 多个较大的绿洲中心或其边缘交通干线上。其中天山北麓奇台至乌苏的绿洲，已形成全疆最大的城镇密集带。叶尔羌河、喀什噶尔河的绿洲密集区，孕育了喀什城市组团，形成南疆塔里木盆地西北缘的城镇密集区。

① 于溶春．关于新疆城镇城市化问题的探讨［J］．新疆社会科学，1998(5)：32-38.

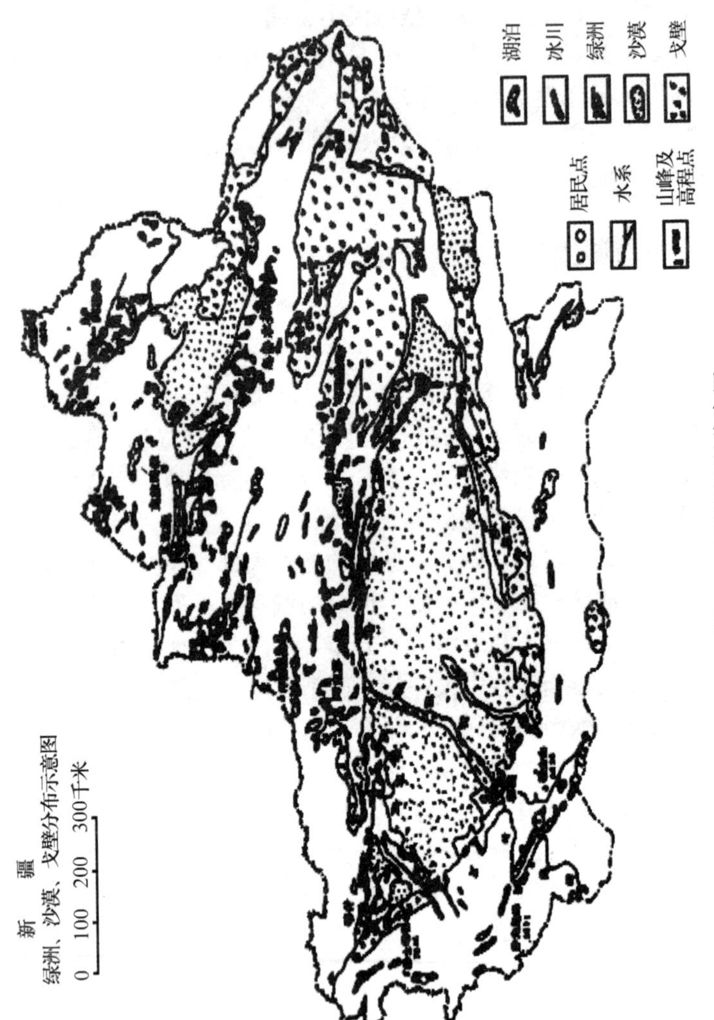

图3-4 新疆绿洲分布图

3.2.2 城镇化多种模式并存

城镇化模式是在特定的地域和历史条件下，对具有特色的发展方法、发展路径和机制的抽象概括。城镇化发展模式就是对一定区域有特色的城镇化发展方式的研究，是社会、经济结构转换过程中的城镇化发展的状况及由城镇化动态演进所表现出的相对静止稳态的系统结构、动力、机制、内容特征的总和。在新疆城镇化进程中，存在着多种城镇化的模式，如屯垦戍边型城镇化模式、资源开发型城镇化模式、政策推动型城镇化模式、市场驱动型城镇化模式等，这些不同的城镇化模式相互补充，共同促进新疆城镇化的发展。屯垦戍边型城镇化模式主要是指兵团城镇化的发展模式，如石河子、五家渠、图木舒克、阿拉尔、北屯以及兵团 38 个重点建设的小城镇都属于这种模式。资源开发型城镇化模式是指由于当地丰富的资源优势而在此基础上设立城镇，进而带动城镇化发展的模式，如克拉玛依、库尔勒、哈密、阿勒泰、阜康、库车、鄯善等，都属于这种模式。政策推动型城镇化模式是指新疆的很多城镇的设置大多得益于中央支持新疆发展的特殊政策，如塔城、阿勒泰、博乐、和田、阿图什、吐鲁番等属于这种模式。市场驱动型城镇化模式是指市场机制在城镇化发展过程中起到主导作用，如乌鲁木齐、昌吉、乌苏、喀什、阿克苏以及区域的集贸型小城镇等就属于这种模式。

3.2.3 城镇化区域差异大

新疆城镇化不仅在发展水平和发展速度上都低于全国平均水平，尤其近 10 年来，这种差距有进一步扩大的趋势；同时在区域内各地区间城镇化水平也存在着巨大的差距。表 3 - 7 给出了新疆 14 个地州市和 4 个自治区直辖市 2009 年的人口城镇化水平。由表 3 - 7 可知，2009 年新疆区位条件和经济发展较好的地区乌鲁木齐、克拉玛依、石河子等城镇化水平都在 90%左右，远远高于自治区39.85%的平均水平；而闭塞和经济落后的南疆和田地区和图木舒克市城镇化水平仅为16.75%，相差极为悬殊。

表3-7　2009年新疆各地州市城镇化水平

地州市	城镇化水平（%）	地州市	城镇化水平（%）
乌鲁木齐市	89.42	和田地区	16.75
克拉玛依市	99.11	伊犁哈萨克自治州	42.83
吐鲁番地区	38.19	伊犁哈萨克自治州州直属	36.77
哈密地区	58.33	塔城地区	49.78
昌吉州	52.48	阿勒泰地区	48.00
博州	34.91	石河子市	53.84
巴州	48.66	阿拉尔市	48.03
阿克苏地区	31.12	图木舒克市	27.48
克州	28.46	五家渠市	48.08
喀什地区	22.35	全区	39.85

资料来源：根据《新疆年鉴2010》整理而成。

从大的区域来看，北疆城镇化水平依次高于东疆和南疆，天山北坡经济带更是比南疆三地州高出75.59个百分点，表3-8列出了新疆各区域2009年的城镇化水平情况。巨大的城镇化水平的差距，导致各地工业化、经济发展水平和民生存在差距，为社会稳定埋下隐患。

表3-8　新疆各区域2009年城镇化水平

地区	全疆	北疆	南疆	东疆	南疆三地州	北坡经济带	兵团
总人口（万人）	2 158.63	921.95	995.70	118.24	635.88	501.04	257.31
城镇人口（万人）	860.21	539.63	269.06	56.59	134.39	482.84	123.50
农村人口（万人）	1 298.42	382.32	726.64	61.65	501.49	18.20	133.81
城镇化水平（%）	39.85	58.53	27.02	47.86	21.13	96.37	48.00

资料来源：根据《新疆年鉴2010》及《新疆统计年鉴》整理而成。

3.2.4　城镇化进程中存在利益分化

由于地域辽阔、区域内区位差异较大、民族成分众多，新疆在城镇化进程中表现出严重的利益分化。图 3－5 给出了新疆 89 个城镇城镇化水平与城镇民族人口比重的散点图，从图中可以清晰地看到城镇化水平与民族人口比重存在负相关，也就是说，民族人口所占比重越大的地区城镇化水平越低。这种城镇化进程中利益分化表现出的民族特征，不利于多民族的和谐相处。

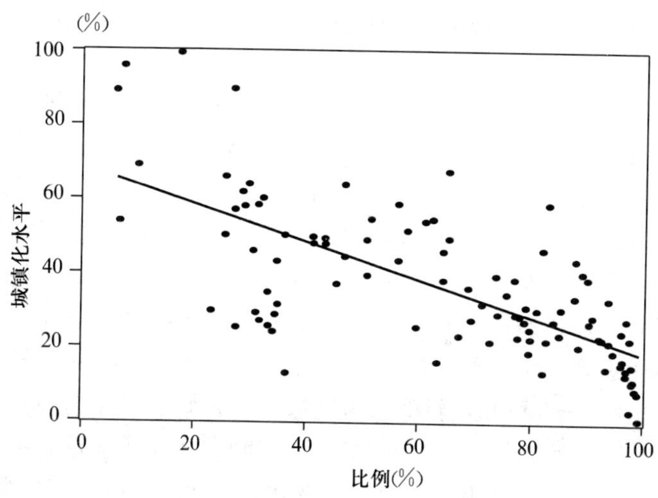

图 3－5　新疆 89 个城镇城镇化水平与民族人口比重散点图

二元经济结构强度是描述区域经济的二元性，城乡之间、区域之间发展不平衡的主要指标。目前衡量二元经济结构的指标主要有：比较劳动生产率、二元对比系数、二元反差指数、城乡居民收入差异系数、城乡恩格尔系数等。我们利用二元对比系数、二元反差指数和城乡居民收入差异系数三个指标来分析新疆的二元经济结构强度。令 G 为总产值，L 为劳动力总数，G_1 为农业部门产值，G_2 为非农业部门产值，L_1 为农业部门劳动力数，L_2

为非农业部门劳动力数；N 为农村居民人均纯收入，C 为城镇居民人均可支配收入。则二元对比系数 R_1、二元反差指数 R_2 和城乡居民收入差异系数 S 的计算公式分别为：

$$R_1=\frac{G_1/G}{G_2/G}\times\frac{L_1/L}{L_2/L} \qquad \text{（式 3-1）}$$

$$R_2=\frac{1}{2}\times\left(\left|\frac{G_1}{G}-\frac{L_1}{L}\right|+\left|\frac{G_2}{G}-\frac{L_2}{L}\right|\right) \qquad \text{（式 3-2）}$$

$$S=1-\frac{N}{C} \qquad \text{（式 3-3）}$$

一般来说，发展中国家的二元对比系数通常为 0.31～0.45，发达国家一般为 0.52～0.86。二元反差指数是指工业或非农业产值比重与劳动力比重之差的绝对数的平均值。如果反差指数越小，则反差程度越小，二元经济结构就越不明显，从理论上说反差指数的最小值是 0，意味着二元经济转化为一元经济[①]。城乡居民收入差异系数的变动区间为 $0<S<1$，当 $S\geqslant 0.5$ 时，即农村居民人均纯收入不到城镇居民人均可支配收入一半时，处于城乡二元结构状态；当 $0.2\leqslant S\leqslant 0.5$ 时，处于由二元结构向城乡一体化过渡时期；当 $S<0.2$ 时，基本上完成了城乡一体化。

由图 3-6 可知，新疆城镇化进程中，城乡二元结构强度有进一步加大的趋势。如二元对比系数为 0.22 远低于发展中国家的正常值，10 年来基本没有发生变化。二元反差指数变化缓慢，从 2003 年以来，基本稳定在 0.33，这说明新疆城乡二元结构在城镇化进程中并未发生实质性的变化。城乡居民收入差异系数一直维持在 0.70 左右的高位，即农村居民人均纯收入不到城镇居民人均可支配收入的一半，新疆城镇化进程中表现出的利益分化，对社会稳定产生一定的影响，不利于经济社会的和谐发展。

① 李勋来，李国平．我国二元经济结构刚性及其软化与消解 [J]. 西安交通大学学报（社会科学版），2006(1)．

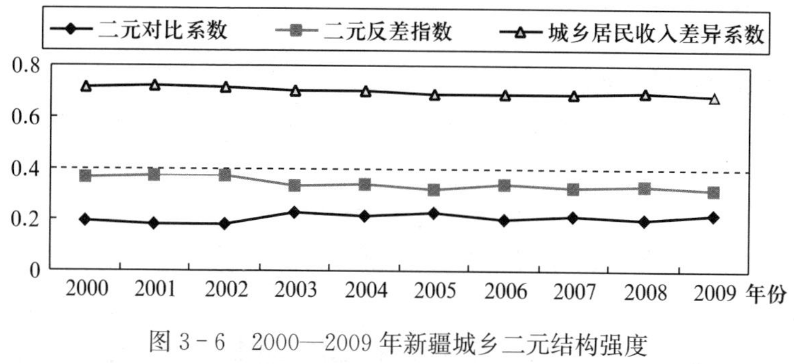

图 3-6　2000—2009 年新疆城乡二元结构强度

3.3　新疆城镇化的特殊性与功能定位

3.3.1　新疆城镇化的特殊性

3.3.1.1　地理环境具有特殊性

自然地理特征和生态环境决定着新疆城镇化的特殊性，新疆地处欧亚大陆腹地，远离海洋，气候干燥，决定了新疆是干旱、半干旱地区，在这种条件下形成特有的自然景观——绿洲及建立在其上的绿洲经济。由于荒漠化以及水资源分布的不平衡，人类活动基本上集中在孤立的绿洲里，全区总面积 166.04 万公里^2，其中天然绿洲面积仅为 8.65 万公里^2，人工绿洲 6.19 万公里^2，绿洲总面积合计为 14.84 万公里^2，绿洲面积也不到全疆总面积的 9%①。新疆城镇的形成、发展、布局与绿洲的分布紧密相关。绿洲的分布和大小取决于水资源的分布、数量，它们呈点状或带状分布，相互之间往往被山脉、戈壁、沙漠所分割，距离较远，各自形成相对独立的经济区域。这种独特的绿洲经济，是促进和制约新疆城镇发展的重要因素②。绿洲的分散性、唯水性、封闭

① 韩德林．新疆人工绿洲［M］．北京：中国环境科学出版社，2001.

② 陈汝国．新疆城镇发展的战略问题［J］．城市问题，1986(1)：27-31.

性和脆弱性决定了绿洲经济是典型的生态经济，其生态脆弱性远远高于其他地区。城镇化的进程伴随着大规模的人口集中和产业结构的演变，如何处理好产业优化、经济发展、城镇化进程和生态环境的关系，在新疆这一特殊的生态脆弱地区尤其显得重要。因此绿洲经济的特征决定了新疆城镇化的特殊性。

3.3.1.2 人文社会环境具有特殊性

多民族聚居决定着新疆城镇化的特殊性，新疆是一个多民族聚居的地区，共有47个民族成分，其中世居民族有维吾尔、汉、哈萨克、回、柯尔克孜、蒙古、塔吉克、锡伯、满、乌孜别克、俄罗斯、塔塔尔等13个。2009年末新疆总人口为2158.63万人，其中少数民族1316.94万人，占全疆人口的61%。基于这种多民族的聚居，新疆还表现为多宗教、多语言、多文化共存，维吾尔、哈萨克、回族等少数民族的宗教信仰和生活习惯同汉族差异较大。多民族共生、多宗教交汇、多语言共存、多文化交融，是新疆城镇化进程中的显著特征。城镇化进程会推动人口高度聚集和利益的分化，如果人口结构、民族结构、宗教信仰结构不合理，或收入分配在民族间的失衡，则很容易产生民族问题，处理不及时就可能引发社会动乱。因此，新疆的城镇化既具有一般城镇化的特征，同时体现出鲜明的特殊性。这是新疆在城镇化过程中必须面对的新问题、新挑战。

3.3.1.3 地缘政治具有特殊性

新疆地处我国西北边陲，周边与俄罗斯、哈萨克斯坦、吉尔吉斯斯坦、塔吉克斯坦、巴基斯坦、蒙古国、印度、阿富汗等8个国家接壤；陆地边境线长达5600多公里，占全国陆地边境的1/4，是中国毗邻国家最多的省区。苏联解体后，中亚五国独立，使欧亚地缘政治格局发生了显著的变化，作为连接欧亚大陆和中东的枢纽，中亚五国是大国势力东进西出、南下北上的必经要地，战略地位十分重要。同时，中亚地区丰富的资源优势和独特的文化景观，使其在国际政治格局中成为大国角力的重要场所。

大国敌对势力处心积虑向中亚五国和我国新疆地区渗透，与“三股势力”内外勾结，遥相呼应，将新疆从我国分割出去的图谋从未停止。中亚地区的地缘战略意义经过近一个世纪的沉寂之后再度凸显出来。中央新疆工作会议指出：“新疆地域辽阔、资源丰富，是我国西北的战略屏障和对外开放的门户，是我国西部大开发的重点地区和战略资源的重要基地。新疆的发展和稳定，事关全国改革发展稳定的大局，事关国家统一和安全，事关中华民族伟大复兴。”所以，新疆的城镇化动力既有内地城镇化的一般特征，也要考虑如何发挥向西开放的桥头堡作用，还要考虑如何发挥保卫西北边疆的战略屏障、切实保障西北边疆长治久安的作用。因此，新疆的城镇化动力机制不同于内地任何一个省市。

3.3.1.4 行政体制具有特殊性

新疆城镇化的行政背景具有特殊性。新疆有两个省级单位，自治区和新疆生产建设兵团共同管理新疆内部行政事务，自治区政府是中央政府按照《民族区域自治法》在新疆设立的自治机关，兵团是党政军企合一的特殊组织，担负着国家赋予的屯垦戍边光荣使命，在新疆发挥着“推动改革发展、促进社会进步的建设大军作用，增进民族团结、确保社会稳定的中流砥柱作用，巩固西北边防、维护祖国统一的铜墙铁壁作用”（胡锦涛，2009）。兵团的管理体制中国唯一、世界仅有。新疆地区的行政管理体制显著不同于其他省。因此，新疆的城镇化，离不开兵团的城镇化，新疆的城镇化，是基于特殊行政管理体制下的城镇化。比如，兵团的174个团场，特别是58个边境团场为我国边疆安全做出了卓越贡献，巩固和发展兵团团场，特别是边境团场是屯垦戍边的战略需要。因此，兵团的新型团场建设是新疆城镇化的重要组成部分。如何把新疆城镇化建设同兵团的新型团场建设有机地结合起来，在特殊行政管理体制下，更好的发挥屯垦戍边、保障边疆安全的作用，是一个急需解决的重大问题。同时，中央直属大企业也是新疆城镇化发展中不可忽视的另一重要组成部分。

因此，新疆的城镇化动力机制具有特殊性。

3.3.2 新疆特色城镇化的功能定位

功能是事物作用于他物的能力，即系统作用于环境的能力。城镇化功能就是城镇化作用于外围经济地域系统的能力，是城镇化内部关系和外部关系中所表现出来的特性和能力，是城镇化对外联系的作用能力。新疆城镇化的特殊背景决定了其城镇化的功能。

3.3.2.1 促进经济发展的功能

新疆城镇化具有推动经济发展的一般功能，城镇化与经济发展之间具有极为密切的关系，从世界各国经济发展和城镇化发展的状况来看，通常经济发展水平高的国家，城镇化水平也较高；经济发展水平低的国家，其城镇化水平也较低，可以说，经济发展的历史也就是城镇化实现的历史。在20世纪70年代，日本的一项投资研究表明，同样的资本投入在第一、二、三产业中所创造的价值大约为1∶100∶1 000；可见第二、三产业发达的城市，其生产效率得以大大提高，从而推动了经济增长的速度。因此，新疆城镇化发展有利于破除城乡二元经济结构，缩小城乡差距，有利于推动产业结构的优化升级，促进工业化和服务业的发展，有利于调整区内需求结构，为扩大内需提供有力的支持，有利于培育区域增长极，进而促进区域经济的发展。城镇作为区域经济的增长极，城镇经济在整个国民经济中占有十分重要的地位。新疆城镇化的一般性还表现在以下两个方面：首先，城镇化是经济发展的伴生现象，是区域经济增长的必由之路，是区域现代化水平和经济发展水平的重要标志；其次，区域城镇化的发展又是区域经济的进一步发展的基础，新疆城镇化的发展为新疆经济的发展奠定基础。

3.3.2.2 保障西北边疆安全的功能

新疆是我国的生态涵养区、资源富集区、边境保护区、多民族聚集区、民族文化复杂区、边贸前沿区、发展落后地区。这使新疆成为我国重要的能源资源战略基地，西部地区经济增长的重要支点，我国向西开放的重要门户，我国西北边疆的战略屏障。随着经济全球化和信息化的快速发展，我国经济社会的改革的不断深化，不可避免地会产生地区发展不平衡问题和社会不同群体利益的分化问题，在新疆，这些问题易被“三股势力”和“东突主义”所利用，成为他们制造事端分裂祖国的借口。这些矛盾和问题逐渐上升为保障边疆安全和经济社会快速稳定发展的关键矛盾，加快新疆的发展步伐成为保障边疆安全、稳定社会秩序、构建和谐民族关系的重要战略环节。而通过城镇化的发展，带来人口的聚集，商业的繁荣，经济的发展，必将有利于各民族的团结与民族融合。

因此，新疆城镇化的发展必须具有维护新疆稳定和确保边疆安全的功能，在此基础上推动新疆经济社会快速发展。城镇化进程伴随着大规模的人口迁移和利益分化，如果人口结构、民族结构、宗教信仰结构不合理，或者利益分化表现出过强的民族特征，则容易引发动乱。所以，新疆城镇化发展首要功能是要促进少数民族同胞生活水平的提高和思想意识的提高，观念的更新，从而有利于他们在发展中促进各民族团结，在团结中寻求新的发展。民族融合是各民族在共同的生活中不断相互影响，进而促进民族间不断改变和调整的长期过程①。通过新疆城镇的聚集作用，各民族间在城镇中共同生活，各方面的交流增多，交往加强，在日益深入与密切联系中不断地融合发展。另外，新疆的城镇布局依绿洲分布，散布于沙漠和戈壁中的绿洲对水的依赖性远高于其他地区，生态脆弱性是新疆城镇化进程中不可回避的问题。妥善的处理城镇化进程中的产业布局、城镇布局、城镇规

① 闫新勇，等．试析加快新疆民族产业调整，推动民族融合发展［J］．社科纵横，2007(12)：147－148.

模、资源开发、经济社会发展和生态环境之间的矛盾。构建生态和谐环境美好的城镇是新疆城镇化发展的又一重要功能。

3.3.3 新疆特色城镇化的动力机制

传统理论认为，城镇化的驱动力主要来源于“市场机制”这一“看不见的手”，这是一般地区城镇化的普遍规律。但在新疆这一特殊地区的特殊时期推进具有特殊功能和特殊目标导向的城镇化，其动力机制同样具有相应的特殊性，即新疆特色。首先，新疆城镇化建设的地理生态环境是干旱区绿洲，绿洲的高度分散性决定了城镇化建设过程中生产要素的流动成本远高于一般的“连续性域面”地区，同时削弱了城镇对周边地域的扩散和辐射功能，进而弱化了城镇化的一般动力机制，因此要加快新疆城镇化建设必须要构建新疆特色城镇化动力机制；其次，新疆多民族、多文化、多宗教、多语言的人文社会背景，决定了城镇化进程中劳动力的配置单纯依靠“市场机制”进行配置极易导致民族间的利益分化，产生不利于社会稳定的因素；再次，新疆作为我国西北的战略屏障其城镇化建设承担着保障边疆安全的功能，这就导致在城镇布局方面除了考虑经济性还要考虑维护祖国统一和新疆的长治久安，这就致使新疆城镇化动力机制不同于一般地区；最后，新疆特殊的行政背景造成的行政、体制分割以及各投入主体缺乏统一协调，对城镇化发展产生了一系列不利影响和制约因素。分散削弱了新疆城镇化发展的推动力，因此其城镇化动力机制具有特殊性。

可见，按照城镇化的一般规律，世界各国，包括中国内地的城镇化过程，大都以市场机制为动力，先有“市”后有“城”，市场力量在城市的形成和发展中发挥了主导作用。但就新疆情况而言，完全依靠市场力量来推动城镇化发展，难以兼顾新疆地区经济社会发展和边疆安全的双重目标，城镇的布局难以服务于我国领土的完整和统一，同时也会大大延缓新疆城镇化的进程。因此，新疆城镇化在充分发挥市场动力机制的同时，更加注重政府行政力量的强力推动。换句话说，新疆城镇化的动力机制应该是在政府行政力量强有力推动确保西北边疆安全的前提下，通过市场机制拉动最大限度推动新疆经济社会的快速发展，必须更多的依靠政府的引导，先建设“城”，后发展“市”。本书结合新疆的特殊性，将深入探讨“市场机制”这一“看不见的手”和“政府推动”这一“看得见的手”在特殊地区城镇化中的各自作用，充分论证“政府推动”在特殊地区城镇化中的重要地位，说明特殊地区城镇化的动力机制具有相应的特殊性，构建新疆特色城镇化动力机制。

第四章　新疆城镇化动力机制分析

城镇化动力机制就是要回答，是什么导致了城镇化的发生发展？这些因素是如何导致城镇化发生发展的？这些因素之间存在怎样的关系？它们推动城镇化发展的机理是什么？由学者们的研究可知，地理、开放和制度这些深层因素决定了一个国家或地区的地理区位、自然资源、资本积累、劳动投入、科技水平、人力资本和企业家才能等状况，进而决定了其经济发展的水平，也就决定了城镇化水平（图 4－1 所示）。因此是地理、开放和制度这些深层因素通过一系列的中间环节作用，确定了一个国家或地区的城镇化发展情况。保罗·诺克斯也指出推动和塑造城镇化的核心动力是经济变化①。结合世界城镇化发展历程，参考以往学者们（费孝通，1993；宁越敏等，1998；Henderson，2007；欧向

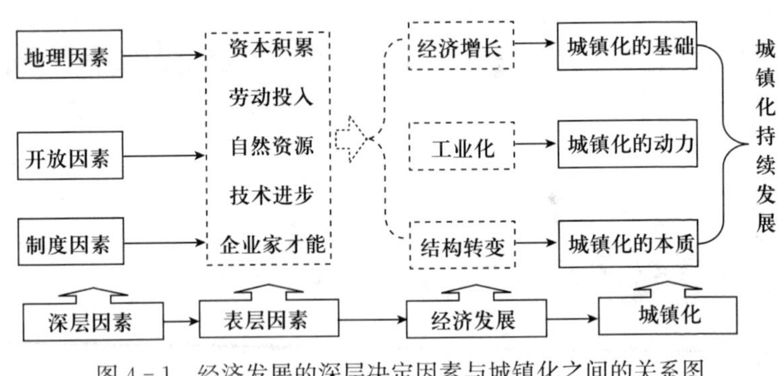

图 4－1　经济发展的深层决定因素与城镇化之间的关系图

① 保罗·诺克斯，琳达·迈克卡西．城市化［M］．顾朝林，汤培源，杨兴柱，译．北京：科学出版社，2009：9.

军等，2008）对城镇化动力机制的研究，本书将人类难以改变的地理因素对城镇化的作用机理称为内源动力机制，开放因素对城镇化的作用机理称为外向动力机制，制度因素对城镇化的作用机理分为市场动力机制和政府动力机制。下面将结合新疆的实际情况分析四种动力机制。

4.1　新疆城镇化动力机制的演变

4.1.1　古代城镇的形成机理

考古资料显示距今 4 000 年前西域人已进入定居生活，考古发现的石锄、石镰、羊骨、皮革等说明在公元前 2000—前 1000 年间，新疆已进入农业经济与畜牧经济并存的青铜时代①。伴随青铜文化出现的专业的战士、复杂的社群、资源分配不均、资源集中等现象，标志着国家的形成与发展②，同时也是城镇形成时期。由于受地理条件的限制，在塔里木盆地和吐鲁番盆地及其周围的山前台地上逐渐形成绿洲城郭“西域三十六国”。至唐代龟兹和北庭等已出现街巷、工业、手工业，城池规模庞大，新疆古代城镇已发展到鼎盛时期。形成了南疆环塔里木盆地的：龟兹、疏勒、莎车、于阗等城镇，北疆东部以北庭为中心的昌吉、玛纳斯、奇台等，西部以伊利河谷为中心的阿里马里城、赤木儿城、亦里八里城等，新疆城镇体系初步形成。

古代新疆城镇的形成主要是政治、军事的需要，当然在陆上“丝绸之路”繁荣时期，东西方经济、贸易、文化交流对城镇的形成和发展影响也十分巨大，另一方面历代移民屯垦对新疆城镇的形成和发展有很大的促进作用。随着“丝绸之路”的开通使得新疆成为连接亚欧两大洲的贸易和信息大通道，绿洲城镇成为使

① 马大正，等．新疆史鉴［M］．乌鲁木齐：新疆人民出版社，2006：295.

② 许倬云．万古江河［M］．上海：上海文艺出版社，2006：41.

者、商贾、僧侣的补给场所、贸易集散地和文化交流中心。如高昌（吐鲁番）、鄯善（楼兰）、于阗（和田）、龟兹（库车）等城镇就是“丝绸之路”上的重要节点。宋元以后，随着陆上“丝绸之路”逐渐被海上“丝绸之路”所替代，新疆绿洲城镇所扮演的东西方经贸文化交流的职能逐渐丧失，城镇的发展仅受来自于中国内地的影响，发展相对缓慢。

4.1.2 近代城镇的发展机制

清政府在平定准噶尔部和大小和卓统一新疆后，为了防范沙俄对新疆的蚕食活动，在北疆聚集了大量的边防军队，为了解决军饷问题进行大量的屯田，北疆城镇正是从这一时期开始孕育、发展，为新疆的城镇体系奠定了基础①。同时清政府实行的兴修水利和休养生息的政策，以及保护道路畅通促进贸易发展政策，都使新疆经济有了长足的进步，城镇得到一定的发展。1884 年新疆建省，实行了和内地相同的行政体制道、府、厅、州、县制。新疆与其他地区的经贸往来也有所发展，现代工业初现端倪，手工业和工商业的发展推动了城镇发展和城镇化进程。这一时期推动新疆城镇发展的动力主要是传统的农牧业经济和对外贸易，当时新疆基本上没有什么近代工业，由于地理位置的原因，新疆对外贸易主要是以初级农产品、牲畜、初级畜产品为主的对俄贸易，新疆的日常生活用品依赖于从俄进口，自身不能生产。

可见这一时期新疆城镇发展动力主要来源于政府和边防的需要，内源动力是支撑南疆城镇发展的主要力量，主要以传统城市经济和区域经济发展为主要的推动力，自道光朝起边疆政策的调整，推动了南疆城镇的经济发展；由于地理因素的影响，城镇分散、交通不便，市场因素对城镇发展的推动十分有限。北疆城镇

---

① 李春华．新疆绿洲城镇空间结构的系统研究［D］．南京：南京师范大学，2006：41.

主要受政府动力的驱动，边疆政策的制定、实施和不断地调整，尤其是对北疆农业的大规模开发推动了北疆城镇的发展。整体而言新疆建省是清代边疆政策的重大变革，以与内地相同的省州县政治体制代替了军府体制①，这对于新疆城镇的发展具有重要的推动作用。

4.1.3　现代城镇化的动力机制

新中国成立后，我国实行的是计划经济体制，行政权力支撑着整个经济的运转，企业和居民都成为行政部门的附属物，企业生产、居民消费、劳动就业全都由国家（政府）安排。因此经济发展和城镇化建设主要受政府和矿产资源开发的驱动，新中国成立初期，实施平衡生产力布局，扶持少数民族地区经济发展，随后实行的“三线”建设决策，强调各地区建立独立的工业体系。这一期间实施的重点项目，如兰新铁路的建成和克拉玛依油田的开发，初步奠定了新疆的工业基础，促进了新疆经济的快速发展，至 1965 年新疆已形成 4 个设市城市 84 个县城的城镇体系，城镇化水平达 16.95%。但由于信息不对称导致的政府决策失误，加之指令性计划束缚了企业的手脚，直接导致了供求脱节及宏观经济比例重大失调，经济发展缓慢，至改革前新疆城镇化发展进入停滞期。

改革开放后，新疆城镇化发展的动力逐渐多元化。市场化改革是变政府主导的经济为市场主导的经济，政府的职能应从以经济建设为中心转变为以提供公共产品和服务为主。对外开放使商品、劳务、资源、资本跨越国界，区域经济将在更大范围的市场内进行资源配置。同时，依托于新疆的资源优势，经济发展的资源支撑作用逐渐发挥，第二亚欧大陆桥的贯通，沿边开放战略的

---

①　吴铁群．清代新疆边境地区城市对比研究［D］．上海：复旦大学，2007：236.

实施使这一时期新疆经济得到了前所未有的发展，经济结构逐步优化，非农产业产值和就业比重分别由 1978 年的 64.2%和 27.94%增加为 2009 年的 82.2%和 50.65%。伴随着经济的快速发展，新疆城镇化建设取得了令人瞩目的成就，这一期间共增设城市 16 个、增设建制镇 106 个，分别占新疆设市城市和建制镇总数的 76%和 63%，城镇固定资产投资由 1978 年的 13 亿元增长为 2009 年的 2 535.87 亿元，人口城镇化水平由 1978 年的 19.94%发展为 2009 年的 39.85%。新疆城镇化发展逐渐由一元“自上而下”的政府动力机制转变为多元的政府、市场、外向、内源协同作用的动力机制。

4.2 新疆城镇化内源动力机制

内源动力机制主要是指地理因素对城镇化发展的作用。地理因素，如地理位置、地形、气候、土壤、水文、矿藏、植物、动物，等等，提供了社会生活和人类生活资料的物质来源。地理环境的优劣通过对生产的影响，加速或延缓经济社会的发展。内源动力包括区域的气候环境、区位条件、资源禀赋、人文社会等与地理密切相关不易改变的因素对城镇化的推动。具体来说，优越的气候环境和区位条件可使一个国家或地区承载较多的人口，为产业发展提供较大的市场，从而使该地区获得较高的劳动生产率，加快经济结构转变速度促进城镇化发展；资源禀赋和人文社会状况决定其产业选择和布局，如矿产资源丰富的地区可以通过资源开发建设资源型城镇，不同文化的人文社会可以通过文化融合加速经济发展，促进城镇化。内源动力难以改变，但不同生产力水平下其对城镇化发展的作用机理不同，技术进步会改变其对城镇化发展的影响力。

4.2.1 区位条件和优势资源对城镇化的推动作用

在经济全球化的世界经济格局中，新疆以新欧亚大陆桥中国西出桥头堡的优势，作为中国向西开放通往中亚、西亚、南亚及欧洲国际市场的战略省区，以其特有的地缘区位优势和新疆丰富的资源优势决定了其战略地位。新疆与 8 个国家接壤，拥有 17 个国家一类口岸；与周边国家开通出入境公路 105 条，与 22 个国家开通国际航线 32 条。优越的区位条件直接促进了口岸城镇发展，通过东联西出为腹心城镇发展提供了经济基础。新疆拥有独特的水土光热资源和丰富的矿产资源，据统计在全国发现的 168 种矿种中新疆有 138 种，占全国的 82.16%，石油、天然气、煤炭分别占到全国陆上资源的 30%、34%、40%，农业资源和旅游资源也为城镇发展奠定了坚实的资源基础。一些资源型城镇的建设直接促进了新疆城镇化进程，如克拉玛依、库尔勒、库车、阜康、哈密等，资源开发不仅支撑了城镇自身的建设也带动了周边城镇的发展，同时新疆实施的优势资源转换战略通过对资源的开发和深加工带动了当地城镇化进程。

区域基础设施建设，一方面增加了当地的经济收入，另一方面，完善的基础设施将加快新疆同我国经济核心区的联系，降低信息和物资的流动成本，有利于经济要素的流动和经济的发展。2008 年年底，新疆公路通车总里程达到 14.7 万公里，铁路营运里程达 3 000 多公里，航空通航里程达到 16 万多公里，基本形成以乌鲁木齐为中心，横贯天山、连接南北疆的干支线公路运输网络和沟通东西横跨亚欧的陆空交通网络。邮电通信业快速发展，基本形成程控交换、光纤通信、数字微波、卫星通信、移动通信等完整的现代化通信体系，光缆、数字微波和卫星通信等现代化传输网络已覆盖全疆①，水利、电力等基础设施也日渐完备，2010 年年底新疆 750 千伏电网与西北主网联网工程的运行，

① 新疆的发展与进步（白皮书）［EB/OL］. http：//www.xinjiang.gov.cn/10013/10031/10015/2009/58644_1.htm.

结束了新疆电网“孤网运行”的历史，为新疆优势资源转换和“疆电东输”提供了通道，为加速新疆优势资源转换战略的实施，进而促进城镇化发展奠定了坚实的基础。

4.2.2 人文社会文化对城镇化的引领作用

新疆有 47 个民族，是全国少数民族最多的省区之一，其中世居民族有维吾尔、汉、哈萨克、回、柯尔克孜、蒙古、塔吉克等 13 个。2009 年，新疆总人口为 2 158.63 万人，其中少数民族 1 316.94 万人，占全疆人口的 61%。群众信仰的主要宗教有伊斯兰教、佛教、基督教、天主教、道教等，现有 10 个少数民族 1 130 多万的群众信仰伊斯兰教。语言文字方面，使用少数民族语言文字的人口 1 200 多万，占总人口的 60%以上。世居民族中，维吾尔、哈萨克、蒙古、柯尔克孜、锡伯、俄罗斯等少数民族各有其语言文字；塔吉克、乌孜别克、塔塔尔、达斡尔等少数民族有语言无文字，回族和满族使用汉语言文字。维吾尔、汉语言文字是全疆通用语言文字，是政府的工作语言[①]。由于新疆地处欧亚大陆交汇处，自古就是东西方文化交流的通道，加之众多的民族在此繁衍生息，不同生活方式的长期共存，不同宗教信仰的交汇，多元文化共存、交融、互补、相互激发形成了新疆文化的显著特色。这种文化在促进新疆民族融合和经济发展方面起到了引领的作用，同时为城镇化建设提供了文化基础。

人文社会文化决定区域物质生产过程效率的高低，影响区域城镇化发展状况及趋势、城镇经济体制、城镇市场规模，甚至城镇产业结构、就业结构、消费结构等；南疆的喀什、和田、阿克苏等城市形成的民族特色的旅游产业，在推动城镇发展方面起到

① 逯新华．新疆语言文字工作现状和发展目标［J］．语言与翻译（汉文），2008(4)：3－6．

了一定的作用。人文社会文化是城镇社会和经济发展的人文基础和动力源泉，它塑造了城镇的商业传统、价值观念、风俗习惯、道德准则、城镇的个性魅力和文明程度；首府乌鲁木齐就是一个多民族融合的西部商贸中心。人文社会文化孕育城镇的技术进步和科技创新，创新是区域城镇发展的关键，通过技术创新提高城镇竞争力实现城镇产业结构的优化升级，进而集聚经济要素加速城镇化的发展。三种作用相辅相成构成了新疆城镇化发展的人文社会文化基础。

4.2.3　城镇建设资金支撑城镇化发展的基础

城镇经济发展是城镇化的直接动力，城镇经济发展与城镇化之间存在“双向互促共进”关系。城镇经济的发展为地方政府扩大了税源和税基，使地方政府可以有更多的财政收入，进而地方政府加大对城镇基础设施的建设，增强城镇的集聚功能、完善城镇体系，改善本地区城镇的投资环境，吸引更多的企业到城镇投资更多的劳动力在城镇聚集，这形成了城镇化的内在动力，加快区域城镇化的步伐；随着区域发展水平的提高，非农产业就业比重提高，非农产业就业人口及其家属向城镇迁移并引起城镇人口比重提高，为工业发展提供良好的外部环境，吸引工业企业进一步集中，工业化进程诱导城镇化进程，使城镇日益显示出强大的综合经济功能和社会功能，从而又成为推动和促进区域工业化的动力中心。因此，城镇政府城镇建设维护费用的收支与城镇化发展密切相关。

新疆城镇建设的资金来源主要包括四个方面，中央财政拨款、省级财政拨款、市（县）财政资金和其他财政资金。其中市（县）财政资金包括，市（县）财政拨款、城市建设维护税、城镇公用事业附加、市政公用设施配套费、市政公用设施有偿使用费、土地出让转让收入、水资源费、资产置换收入和其他收入，市（县）财政资金占到城镇建设资金的 90%左右，是决定城镇建设和城镇化发展的主要因素。2008 年新疆设市城市维护建设资金收入为 417 766 万元，县城维护建设资金收入为 229 903 万元，具体收入情况如表 4－1 所示。

表 4－1　2008 年新疆城市（县城）维护建设资金收入情况（万元）

项　　目	设市城市		县城	
	金额	比重（%）	金额	比重（%）
中央财政拨款	5 764	1.38	29 115	12.66
省级财政拨款	2 564	0.61	11 003	4.79
市县财政资金	403 646	96.62	171 268	74.50
市财政拨款	78 093	18.69	72 829	31.68
城市维护建设税	135 903	32.53	55 524	24.15
城镇公用事业附加	5 620	1.35	2 167	0.94
市政公用设施配套费	30 890	7.39	7 132	3.10
市政公用设施有偿使用费	50 245	12.03	6 129	2.67
土地出让转让收入	63 346	15.16	12 897	5.61
水资源费	1 097	0.26	1 172	0.51
资产置换收入	705	0.17	0	0
其他收入	37 747	9.04	13 418	5.84
其他财政资金	5 792	1.39	18 517	8.05
合计	417 766	100.00	229 903	100.00

资料来源：根据《新疆建设厅城市、县城建设统计年报 2008》整理而成。

这些资金主要用于城镇公用设施的建设和维护，包括城镇的供水、燃气、集中供热、公共交通、道路桥梁、排水、防洪、园林绿化、市容环境卫生等的建设和维护。为城镇系统的运行和城镇化的发展奠定坚实的基础。2008 年新疆设市城市维护建设资金支出为 453 608 万元，县城支出为 212 467 万元。具体建设资金支出情况如表 4－2 所示。

表 4－2　2008 年新疆城市（县城）维护建设资金支出情况（万元）

项目		设市城市		县城	
		金额	比重（%）	金额	比重（%）
按构成分	维护支出	85 655	18.88	36 330	17.10
	固定资产投资支出	28 3733	62.55	149 229	70.24
	其他支出	84 220	18.57	26 908	12.66
按行业分	供水	14 975	3.30	13 110	6.17
	燃气	10 338	2.28	16 447	7.74
	集中供热	41 855	9.23	21 720	10.22
	公共交通	10 220	2.25	1 995	0.94
	道路桥梁	116 875	25.77	53 400	25.13
	排水	26 622	5.87	19 538	9.20
	防洪	1 788	0.39	1 840	0.87
	园林绿化	50 608	11.16	18 747	8.82
	市容环境卫生	21 798	4.81	9 726	4.58
	其他	158 529	34.95	55 944	26.33
合计		453 608	100.00	212 467	100.00

资料来源：根据《新疆建设厅城市、县城建设统计年报 2008》整理而成。

4.3　新疆城镇化外向动力机制

外向动力机制主要是指对外开放、对外经济贸易通过促进经济发展推动城镇化的作用机理。这里必然牵涉到边界效应问题，边界效应是指在两个经济地域系统的分界线两侧，由于语言、文化的差异、关税和非关税贸易壁垒、海关规制的不同、基础设施的不匹配、信息传输的障碍等，限制了跨边界商品、服务、生产要素的自由流动，称之为屏蔽效应；同时边界也是两经济系统间经贸交往的接触面，由边界所带来的机会，使边界两侧区域经济合作和贸易交流具有天然优势，称之为中介效应。外向动力机制就是边界效应中屏蔽效应向中介效应的转化，边界由经济“分隔线”向经济“接触带”的演变，这种转化和演变促进边界两侧经济的发展带动城镇化进程。外向动力的直接机制是随着边界两侧贸易量的加大和经济合作的深化，口岸城镇的过货量将会显著上升，由此带动对劳动力的需求、基础设施的需求和所属地方财政税收的增加，口岸城镇将会得到快速的发展。外向动力的间接机制是利用边界两侧区域经济互补性和梯度差，通过对外贸易和次区域经济合作带动腹心地区经济发展，从而使腹心地区在更大区域内进行资源配置，促进腹心城镇发展。

4.3.1 利用外资促进城镇化发展

通过引进外资，改善本地资本形成的条件，同时带动技术、贸易、产业结构和就业结构的变化，提高技术和管理水平[①]，促进了区域经济的增长和城镇化水平的提高，而全球产业结构重组与转移又为区域制造业的发展提供了良好的机遇，进一步推动了区域的工业化和城镇化进程。2000—2009 年，新疆实际利用外资总额从 2 035 万美元增加到 21 570 万美元[②]，利用外资的数额和在全国所占的比重均大幅度上升（如图 4 - 2 所示），这些外资的进入不仅带来了资本投入，而且使新疆接触到世界先进的管理和技术，本地企业通过学习与竞争，提高自我发展能力，促进区域经济发展。东部沿海地区的发展经验表明，外资成为影响我国城市化进程的重要外部因素[③]。发达国家的城镇化是在相对比较封闭的环境下发生的，但随着经济全球化的不断发展和新疆两个

① 陆大道．中国区域发展的新因素与新格局［J］．地理研究，2003(3)：261 - 271.

② 新疆统计年鉴 2010［M］．北京：中国统计出版社，2010.

③ 吴莉娅，顾朝林．全球化、外资与发展中国家城市化：江苏个案研究［J］．城市规划，2005(7)：28 - 33.

经济特区的建立，外资对新疆城镇化发展的推动作用会进一步加强。

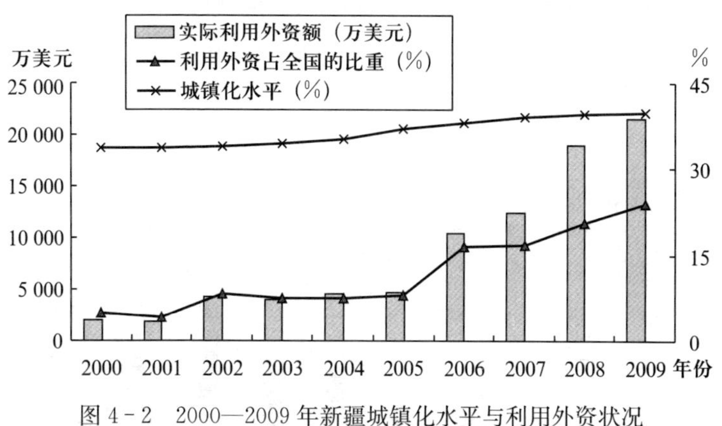

图 4-2　2000—2009 年新疆城镇化水平与利用外资状况

新疆引进的外资已进入农业、制造业、建筑业、交通邮电业、批发零售贸易业、房地产业、公共事业、居民服务业等各个行业，推动了新疆开发区、口岸城镇的建设。由于新疆基础设施水平、交通物流体系、经济环境、法律环境等的欠缺，整体引进外资较少；且外资多集中在条件较好的乌鲁木齐、石河子、伊犁州等地区。这些外资的进入使本地企业和地方工业得到一定的发展，在就业、进出口贸易、技术进步与生产率增长等方面发挥了积极作用。外资企业在新疆投资建厂，创造了就业机会，农村剩余劳动力以不同形式转移到城镇务工，引起当地城镇化的发展。

4.3.2　对外贸易拉动城镇发展

出口贸易可以加强本地区在全球生产中的分工和专业化，通过发展本地区的专业化部门，吸引大量农村劳动力进入城镇，从而使城镇化快速发展。2000—2009 年，新疆外贸依存度从 11.6%上升到 22.1%，外贸总额由 22.64 亿美元增加至 138.28 亿美元（图 4-3），并于 2008 年达到 36.9%和 222.17 亿美元的极大值，增长了近 10 倍，其中出口额由 12.04 亿美元增加至 108.23 亿美元，十年间增长了 16 倍。对外贸易的快速发展间接拉动了新疆一、二产业平衡增长，同时带动交通运输、物流仓储、金融通讯、餐饮住宿等第三产业蓬勃发展，这些行业的快速发展有力地促进了新疆城镇化的建设。

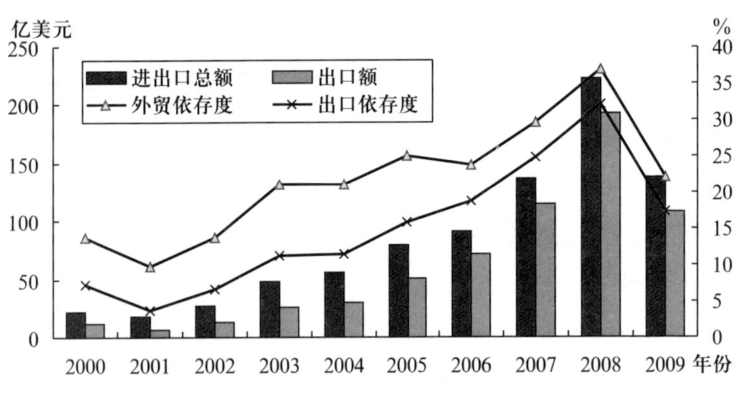

图 4-3　2000—2009 年新疆对外贸易发展情况

对外贸易的发展使口岸过境需求增大，为边境地区的经济发展带来空前活跃的要素流动，同时促进了次区域经济合作，2008 年中哈霍尔果斯自由贸易区封关运行，立即吸引了众多企业前来入驻，霍尔果斯将成为中亚地区重要的贸易中心和商品集散地，并带动其城市建设。对外贸易的发展直接带动了新疆口岸城镇的建设，到 2009 年年底，经国家批准新疆对外开放的一类口岸 17 个、二类口岸 12 个。为了减轻口岸一线的压力，提高一类口岸的集散能力，经自治区人民政府批准，在疆内对外开放了乌鲁木齐客运公司、自治区外运公司仓库、奎屯火车站、伊犁州客运公司、喀什机场仓库等 12 个腹地转关运输货物查验监管点。从 1983—2006 年，国家、自治区及有关部门用于口岸建设的投资为 24 亿元。其中国家投资 1.5 亿元，自治区投资 2.5 亿元，银行贷款 5 亿元，有关部门及企业投资 15 亿元，完成口岸查验、管理部门房屋建设面积20多万米^2，仓储设施53多万米^2[①]。对外贸易的增长，为口岸城镇建设扩展了建设资金的来源，加速了口岸城镇的聚集能力，带动了腹地城镇的发展，提高了整个区域的城镇化水平。

4.3.3　旅游业发展与城镇化建设

旅游资源的勘探开发导致旅游资源地开发，形成旅游景观和旅游产品，通过旅游目的地营销和旅游企业的产品营销，吸引大量游客前往，形成一个消费市场的移入产生引致需求，促使城镇化要素在空间上集聚[②]。旅游城镇化是以旅游业的发展为动力，通过旅游业的发展推动旅游目的地人口和产业的集聚及城镇在空间上扩张和重构的过程[③]。新疆作为旅游资源大区，拥有独特的民族文化风情、丝绸之路上的人文历史景观、草原、沙漠、冰峰、湖泊等自然风光，具有发展旅游业的独特优势。旅游业作为第三产业的重要组成部分，其产业关联度较大，能有力的带动交通运输、餐饮住宿、购物消费等产业的发展，聚集要素促进城镇化发展。因此民族地区的城镇化也以其独特的方式推进，以典型的旅游业为主导第三产业为拉动力的城镇化推进方式，形成一种全新的城镇化推进途径[④]。如新疆的乌鲁木齐、喀什、库车、吐鲁番、那拉提、喀纳斯等城镇的发展，旅游业起到不可忽视的作用。

---

① 新疆发改委经济研究所［EB/OL］. http：//www. xjdrc. gov. cn/1＄001/1＄001＄042/1＄001＄042＄004/317. jsp? articleid=2008-9-11-0005.

② 邱云志．少数民族区域旅游城镇化研究［J］. 西南民族大学学报·人文社科版，2005(10)：26-28.

③ 黄震方，等．关于旅游城市化问题的初步探讨——以长江三角洲都市连绵区为例［J］. 长江流域资源与环境，2000(2)：160-165.

④ 刘晓鹰，杨建翠．欠发达地区旅游推进型城镇化对增长极理论的贡献——民族地区候鸟型“飞地”性旅游推进型城镇化模式探索［J］. 西南民族大学学报·人文社科版，2005(4)：114-117.

新疆旅游业的大力发展也促进区域城镇化的进程，旅游业的发展相当于出口了本区域的服务产品，进而增加区域收入，拓宽了区域经济增长的空间，促进区域城镇化的发展。凭借外来动力的城镇化不仅包括了当地农民的转化，往往还吸引了大量外来人口成为城镇人口的一部分。新疆国内旅游收入由 2000 年的 62.67 亿元，增长为 2009 年的 176.75 亿元，增长了两倍多，国际旅游收入由 9494 万美元增长为 13 663 万美元，根据王燕等（2009）的计算，到 2006 年旅游收入已占到新疆 GDP 的 6%左右，旅游业的就业人数占到新疆就业总人数的 15%以上，占到第三产业的 40%以上[①]。旅游收入的增加为旅游资源丰富的地区城镇化发展奠定了一定的经济基础。2008 年年底新疆 10 家旅游强县：布尔津县、库车县、新源县、霍城县、沙湾县、巴里坤县、吉木萨尔县、鄯善县、巩留县、哈巴河县等，有 8 个县的城镇化水平高于新疆县城平均城镇化水平 25%。

4.4 新疆城镇化市场动力机制

市场动力机制是指市场运行以及其中的价格机制的作用使各种资源向城镇聚集，进而促进城镇化发展的机理。市场动力通过价格机制和竞争机制促进城镇化发展，市场是人们在自愿基础上对商品、劳务、要素进行交换的场所，通过契约交易私人产权使这类产权获得了积极地运用。市场价格体系是现代人类社会中人们在资源配置上交流和沟通信息的一种主要的且非常有效率的市场机制。价格体系将会引导生产要素进行流动，要素所有者出于自利原则会使要素流向收益较高的产业和区域，由于城镇相对于乡村有更大的市场和更高的要素回报率，就导致要素尤其是劳动力从农村流向城镇。竞争机制，即市场中买方和卖方之间的互动

① 王燕，等．新疆旅游产业经济贡献综合影响分析［J］．干旱区资源与环境，2009(4)：165－169.

过程，一方面会鼓励人们投入信息成本，并推动人们去寻找和发现有价值的知识，从而推动整个经济的技术创新；另一方面经济体会对变化了的条件做出灵活的反应，这包括生产要素的所有者对相对价格的变化所具有的高度敏感性，即高度的要素流动性[①]。这都会推动经济持续发展，进而推动城镇化。

4.4.1　要素市场发展加速城镇化

从固定资产投资的融资市场来看，改革开放初期，固定资产投资数量少，国家预算内资金占到总值的80%左右，随着市场化改革的深化，固定资产投资资金通过市场机制融资方式所占份额逐渐增大。1978—2009年间国家预算内资金占全社会固定资产投资的比重由78.99%降低为19.16%，而自筹资金和其他资金占全社会固定资产投资的比重由21.01%增长到63.01%（图4-4所示）。从固定资产投资来源结构的变化可以看出，新疆固定资产投资投资主体逐渐多元化，金融市场的发展和完善为经济建设提供了良好的资本运行机制。固定资产投资数量的增加和结构的优化直接促进了城镇基础设施建设，如新疆城镇固定资产投资由1978年的13亿元增长为2009年的2 535.87亿元，城镇道路、供水、电力、通讯、交通、供暖、绿化等基础设施逐渐完善，为城镇发展提供基础保障。另一方面，固定资产投资数量的增加和结构的优化，优化了投资结构激活了区域经济发展，如西部大开发十年来新疆GDP以年均10%左右的速度增长，间接促进了新疆城镇化发展。

从劳动力市场来看，随着市场化改革的进一步推进，劳动力的流动性逐渐加大，就业结构逐渐多元化。计划经济时期基本上所有劳动者都在国有单位或集团单位就业，劳动力的流动十分困

① 柯武刚，史漫飞．制度经济学——社会秩序与公共政策［M］．北京：商务印书馆，2004.

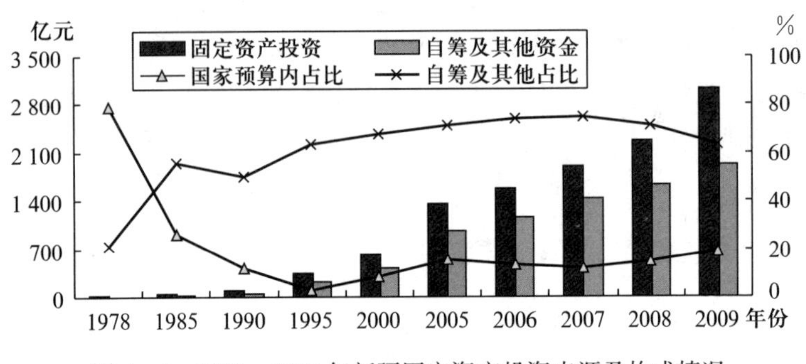

图 4-4 1978—2009 年新疆固定资产投资来源及构成情况

难，尤其是农村户口的人们只能通过考学等有限的途径进入城镇，这大大制约了城镇化的发展。改革开放后，户籍制度逐渐放宽，劳动力通过市场机制由农村流向城镇逐渐增多，2000—2009 年新疆国有单位和城镇集体单位占全社会从业人员的比重分别由 33.2%和 2.3%下降到 20.9%和 0.4%，而城镇私营企业、城镇个体和其他单位从业人员占全社会从业人员的比重分别由 2.6%、6.1%和 3.1%上升到 7.5%、7.4%和 6.7%。这“一降一升”表明城镇为劳动力转移创造就业机会的主体越来越多元化，非公有制经济在吸纳劳动力转移方面发挥越来越重要的作用。可见劳动力市场的发育逐步完善，劳动力的自由流动和市场配置机制加速了新疆城镇化的进程。

4.4.2 非公有制经济发展推动城镇化

区域市场经济的发育和活跃程度也可以通过商品的购买和销售状况进行观察，2000—2008 年新疆全社会商品零售额由 374.50 亿元增长到 1 025.72 亿元，增长了 2.7 倍。但新疆的人口占全国总人口的 1.6%，而全社会商品零售额占全国的比重为 0.95%，表明新疆的区域市场发育水平较低，市场化进程对新疆城镇化的推动作用有限。从代表市场经济主体的私营和个体经济发展情况来看，2000 年新疆有私营企业 18 989 户，从业人员 22.4 万人，注册资金 154.3 亿元，总产值 61.5 亿元，销售总额 98.8 亿元。个体工商户 40.07 万户，从业人员 60.8 万人，注册资金 54 亿元、总产值 14.4 亿元，销售总额 146.5 亿元。2000 年个体私营经济国内生产总值 321.2 亿元，占新疆国内生产总值的 23.5%[①]。

到 2008 年年底，新疆有私营企业 7.5 万户，从业人员 81.65 万人，注册资金 1 424 亿元，分别是 2000 年的 3.95 倍、3.65 倍和 9.23 倍。2008 年个体工商户 49.02 万户，从业人员 82 万人，注册资金 108.7 亿元。全年个体私营经济上缴各种税金 80.09 亿元，占到全区财政收入的 16.7%。私营企业占据自治区外贸进出口的主导地位，完成进出口总额 162.7 亿美元，占自治区进出口总值的 73.2%[②]。由此可见，私营和个体经济已在新疆经济中占有重要的地位，对城镇建设的间接推动作用也逐渐在加强。中小企业是促进就业、加快城镇化进程等方面重要的力量，据统计，目前新疆中小企业创造的产值已占新疆 GDP 的 30%左右，中小企业纳税额 159.76 亿元，占 35.9%；就业人数 89.96 万人，占 73.2%[③]。因此，非公有制经济比重的上升，中小企业的发展在创造就业岗位，吸纳农村劳动力方面扮演着重要的角色，直接促进了新疆城镇化的发展。

4.5 新疆城镇化政府动力机制

政府动力机制是指国家（政府）通过直接投资、行政区划调整和提供制度变迁等手段影响城镇化发展的作用机理。张永亮和

① 新疆年鉴 2001 [M]. 乌鲁木齐：新疆人民出版社，2001.

② 新疆年鉴 2009 [M]. 乌鲁木齐：新疆人民出版社，2009.

③ 新疆电视台今日访谈：招商引资：栽好“梧桐树”网站（2010-10-26）[EB/OL]. http://www.xjtvs.com.cn/news/newslist.aspx? id=106469&classid=50.

刘峰指出在我国的城镇化进程中，政府起着决定性的作用，我国的城镇化就是在政府强有力的推动下一步一步向前发展的①。政府动力机制就是政府作为国家的公共组织在执行其职能过程中对城镇化的推动机理。新制度经济学认为国家是一种在某个特定地区内对合法使用强制性手段具有垄断权的制度安排，它的主要功能是提供法律和秩序，这种法律和秩序的提供依赖于国家的强制力。政府作为国家实体组织，由它提供各种制度、履行契约并实施国家职能。首先，政府通过决定产权结构、保护产权、维护社会“公平”，降低交易成本促进经济发展，促进城镇化；其次政府通过为社会提供公共品带动经济发展，如大型基础设施建设将会增加就业，并为经济发展打下坚实基础，城镇基础设施建设将增强城镇的聚集能力，通过对城镇教育科技、医疗卫生的投入提高城镇公共服务水平，促进城镇发展。最后政府建立的司法机关、行政机关、经济管理机关、公共职能部门和公共事业机关绝大部分都在城镇，这直接促进了城镇的发展。由于政府拥有自然垄断的公法权力，可以调动组织巨大的资源用于经济社会公共建设，这使得它在城镇化建设方面具有极大的影响力。

4.5.1 政府直接投资促进城镇化发展

政府有计划的直接投资建设新城镇或扩建旧城镇以实现城镇化的发展，支配了中国计划经济时代的城镇化进程，至今仍在起作用。政府拥有着许多社会经济发展的重要资源，而国家和省级政府的宏观政策是一种特殊的工具性“资源”，本身就包含着一种特定的先发权，特别是政府的直接投入更表明其行政行为的取向，对于一个地区的城镇化发展进程影响重大。谷荣认为政府主导是中国城镇化的一个重要特征，政府行为在城镇化进程中起着

① 张永亮，刘峰．论政府在城市化中的职能转变［J］．湖南社会科学，2005(1)：116－118.

关键性的作用①。在新疆政府直接投资促进城镇化建设主要体现在两个方面，首先是政府对区域内城镇基础设施的投资建设和全自治区基础设施的投资建设，这会直接推动城镇化的发展；其次是政府对区域产业和大型项目的直接投资，将会对区域经济的发展和产业及城镇的聚集功能产生推动作用，进而推动城镇化的发展。如中央财政拨款在新疆城镇建设维护费中所占比重在6%左右，最高的2000年占到了18%，另外兵团师部、团部城镇建设的经费大多来自中央拨款，这些资金直接促进了新疆的城镇建设。另一方面，国家产业布局和大型项目建设会推动当地城镇化发展，如我国对新疆吐哈、塔里木、准噶尔盆地大规模的油气开发，煤电煤化工项目以及风电项目建设，使新疆部分城镇得到迅速发展的机会。

从中央财政拨款对城镇建设维护的投资来看，2000—2008年新疆城镇基础设施维护建设费由370 159万元增长至647 667万元，其中中央直接投资（中央财政拨款）年均为3.71亿元，中央直接投资所占总投资的年均比重为6.34%（图4-5）。这些直接投资对于自我发展能力较弱的新疆城镇建设来说无疑是雪中送炭，为新疆城市和县城道路硬化、给排水、垃圾和污水处理、绿化、电力、通讯等基础设施建设提供了资金来源，城镇基础设施建设能力有了很大提高，市政基础设施服务功能进一步增强，城镇环境明显改善，有力地促进了新疆城镇经济发展和社会全面进步，为新疆招商引资和城镇化建设打下了坚实基础。城镇的公共服务功能和聚集产业的能力迅速提高，招商引资能力显著上升，如从2005年起，自治区的招商引资每年以20%以上的增长速度增长，引进区外（不含兵团）到位资金由2005年的429.5

---

① 谷荣．中国城市化的政府主导因素分析［J］．现代城市研究，2006(3)：51-55.

亿元增长到2009年的960亿元[①]，产业的聚集带动人口的集聚，促进了当地城镇化进程。

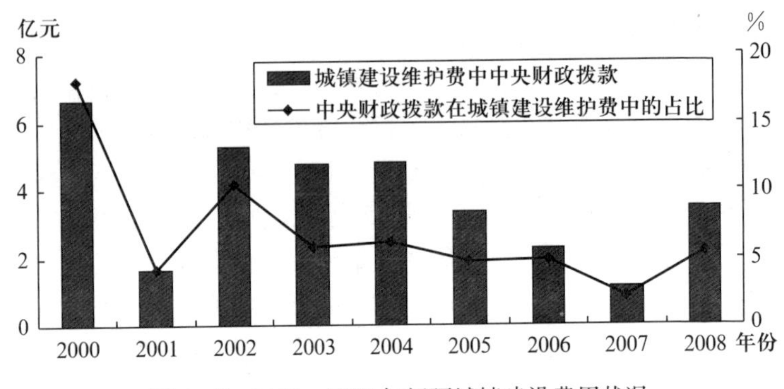

图4-5　2000—2008年新疆城镇建设费用状况

从国家对区域产业和大型项目的直接投资促进城镇化建设的角度来看，仅塔里木油田分公司支付给新疆各类劳务、工程、采购及税赋约占其同期总投资的42%，石油部门帮助地方建设城市污水处理厂、大型农贸市场、供电供水工程等，与地方大规模地合修公路，其中522公里贯通塔克拉玛干的沙漠公路的建设，彻底改变了新疆传统绿洲城镇多封闭、少联系的空间格局特征。新疆三大盆地的油气开采及加工业年产值占新疆工业总产值的40%以上，已经成为名副其实的支柱产业。国家对油气资源的大投入，对包括城镇、交通在内的基础设施建设起了巨大的带动作用[②]，已经成为促进新疆城镇化发展的最重要因素。在石油开发的带动下，该区域城镇发展速度明显加快。油气资源的开发不仅直接增加了城镇的财政收入，而且通过石化产业的建设和石油生

---

① 新疆电视台今日访谈：特别节目《新机遇 新思路 新跨越》：招商引资：栽好“梧桐树”网站（2010-10-26）[EB/OL]. http://www.xjtvs.com.cn/news/newslist.aspx? id=106469&classid=50.

② 新华每日电讯[N]. 2001-10-22(8).

活基地建设对城市扩展和市政设施建设产生极大地影响，例如先后投资近20亿元建设的沙漠公路、油地共用公路、和田河供气工程、南疆铁路、城市液化气站为代表的一批基础性建设工程极大地改善了区域基础设施状况。

4.5.2　行政区划调整推进城镇化建设

由于城镇的行政级别与财政、投资、土地以及项目审批等权力紧密相关，随着城镇经济实力的增强、城镇基础设施建设与发展的空间逐步饱和，行政级别所决定的权力以及行政界线成为城市规划建设深入开展的障碍性因素。因此可以通过行政区划调整，增大地方政府的行政权力，促进城镇化发展。行政区划的动态调整，一是通过提高行政级别增强其发展经济的决策自主权，促使城市规划和建设向深度发展；二是采取新建（比如切块设市）、合并等手段扩大中心城市（或城镇）的行政范围，以使城市规划和建设可以在更广阔的范围内整合经济资源，促进社会经济发展[①]。具体来说行政区划调整变更的内容可分为：建制变更、行政区域界线变更、行政机关驻地迁移、隶属关系变更、行政等级变更、更名和命名6类[②]。这些行政区划的调整一直伴随着新疆经济的发展，推进了区域的城镇化进程。

从行政级别的提高来看，改革开放前共增设了5个城市，1978—1990年间增设城市11个。到1990年底新疆有16个城市、71个县城（其中乌鲁木齐县和和田县无独立县城），独立建制镇57个，集镇745个；到2000年，新疆19个设市城市，68个县城，独立建制镇123个，集镇699个。这十年间，政府通过

① 李红锦．珠江三角洲城市化过程中的制度创新研究［J］．兰州学刊，2005(6)：111－118.

② 范今朝．1979年以来浙江省行政区划调整变更的过程及作用［J］．经济地理，2004(4)：449－453.

提高行政级别，将一部分集镇设置为独立建制镇，使独立建制镇增加了66个，将阜康县（1992年）、米泉县和乌苏县（1994年）升级为县级市。2000—2009年的十年间，为增强南疆经济的自我发展能力，促进兵地交流和民族团结，又在兵团农一师、农二师和农六师增设了阿拉尔、图木舒克和五家渠（2003年）3个县级市，撤销96个集镇（乡），增设39个独立建制镇。这种行政设置的变更，增大了城镇地方政府的管理权和经济决策权，城镇政府通过进行基础设施建设创造良好的投资环境来吸引国内外资金，增强了城镇对人口和产业的集聚能力，加快了城镇化的发展。

从合并扩大中心城市的行政范围来看，由于新疆大多城市都是“切块设市”，在发展过程中都面临着市域过小的问题，调整较为频繁。1998年喀什市将疏附县1乡8村、疏勒县1小组划入喀什管辖，2004年又将疏附县的2个乡划入喀什管辖；2002年将乌鲁木齐市天山区的乌拉泊街道和乌鲁木齐县的达坂城镇、东沟乡、西沟乡、阿克苏乡、柴窝堡乡划归乌鲁木齐市南泉区管辖，南泉区更名为乌鲁木齐市达坂城区；伊宁市在2004年通过行政区划调整划入了伊宁县的2个乡；2006年洛浦县吉亚乡、玉龙喀什镇与和田县吐沙拉乡划归和田市管辖；2007年，米泉市并入乌鲁木齐成为乌鲁木齐米东新区，撤市设区。这种调整正是切块设市模式导致的对城市发展的制约作用的直接反映，通过调整使中心城市对周边地区的控制力度加大，有利于扩大中心城市的发展空间和规模[①]，增强城市竞争力和对经济要素的聚集能力，加速区域的城镇化进程。

4.5.3 相关制度安排促进城镇化发展

制度是社会历史发展的产物，它泛指协调人们经济关系和经

---

① 罗震东．中国当前的行政区划改革及其机制［J］．城市规划，2005(8)：29-35.

济活动的组织结构和行为规范。林毅夫认为我国制度变迁“是由政府命令和法律引入实行的”自上而下制度变迁①，因此政府是制度供给最主要的主体。叶裕民指出户籍制度、土地制度、社会保障制度、就业制度、行政管理制度、城镇建设和投融资体制、市镇建设的有关法律等制度对城镇化产生直接影响；民间资本积累与投资的激励机制、企业制度、投融资体制、财税等制度通过工业化的作用而间接地对城镇化发生作用和影响②。制度通过减少城镇化进程中经济运行的不确定性和交易费用，从而促进城镇化发展。随着新疆经济体制改革的不断深化，促进城镇化发展的制度不断完善，与推动城镇化发展的其他因素相结合有力地推动了新疆的城镇化进程。

户籍制度不断松动，计划经济时代的户籍制度直接导致了城乡二元户籍管理、区别对待的模式，客观上造成了公民在法律地位和现实利益方面的不平等；过于严格的户口迁移政策，难以满足劳动力迁移的实际需要，在一定程度上阻碍了人力资源的合理有序流动。1998 年新疆进行小城镇户籍管理制度改革，规定在小城镇落户的人员，与当地原有居民享有同等待遇，对他们的入学、就业、参军、粮油供应、社会保障等一视同仁。这一改革放宽了劳动力流动的限制，促进了城镇化进程。土地制度方面，随着社会主义市场经济体制的逐步建立，土地使用制度改革在新疆城镇逐步展开。1988 年，开始向外资企业收取场地使用费；1990 年，在乌鲁木齐等 11 个城市进行国有土地有偿使用综合试点，1994 年，石河子市率先以拍卖方式出让土地使用权；到 2000 年，城镇国有土地全部实行了有偿使用，有 10 个地、州、

① 林毅夫．关于制度变迁的经济学理论：诱致性变迁与强制性变迁［M］．上海人民出版社，1994：384.

② 叶裕民．中国城市化之路——经济支持与制度创新［M］．北京：商务印书馆，2001：104－109.

市开展了土地“招拍挂”出让工作。一系列的制度变迁激活了城镇土地市场和土地的市场配置机制，推动了城镇化的发展。

社保制度不断完善，截至 2009 年年底，全区参加基本养老保险、基本医疗保险和失业保险人数已达 232.07 万、535.99 万和 169.6 万人，分别比 2000 年增长了 65.37%、500% 和 38.9%。社保的覆盖面不断加大，对社会成员基本经济生活安全的保护，增强了他们工作与创业的积极性，促进了城镇化发展。农村社会保障方面，2009 年年底新疆启动新型农村社会养老保险（简称“新农保”）试点工作，13 个县市列入全国首批新型农村社会养老保险试点县市，其中农业人口 173 万人，已参保人数 69.37 万人（含符合条件领取待遇人数），占已确认应参保人数的 64.8%，发放基础养老金 4426.08 万元，发放率 100%。预计在 2012 年年底以前“新农保”实现全区全覆盖的目标[①]。这对农村社会经济系统的稳定运行起到积极作用，同时对保障社会稳定和农村劳动力向城镇流动奠定坚实基础。

4.6 新疆城镇化动力机制系统

城镇化的发生发展并不是一种单独机制的作用，是多种动力机制的协同作用。城镇化是被一系列紧密联系的变化过程所推动的，这些变化过程包括经济、人口、政治、文化、科技、环境和社会等的变更，推动和塑造城镇化的核心动力是经济变化[②]。城镇化的核心推动力经济发展是一个内涵丰富的概念，影响它的深层因素制度、地理、开放之间也都密切关联。比如，当地理环境较优越使经济回报较高时，有利于经济发展的制度就更可能建

① 天山网．新疆扩大新农保试点范围覆盖至 56 个县市［EB/OL］. http://www.tianshannet.com.cn/news/content/2010—06/19/content_5047769.htm.

② 保罗·诺克斯，琳达·迈克卡西．城市化［M］. 顾朝林，汤培源，杨兴柱，译．北京：科学出版社，2009：9.

立；反之，便不大可能演化出来。开放既与政府的政策有关，也与地理位置有关，比如地处交通要塞的岛国，显然比一个远离国际市场的内陆国家在开放上更有利。另一方面，开放使得制度变化更有可能朝国际化的方向发展。开放的实际效果又受到国内制度的制约，同样实行开放政策的国家，有的就能吸引外资，有的就不能，其原因在很大程度上是国内的制度环境的不同[①]。这些因素通过不同的机制共同推进经济发展，经济结构的变化使得城镇化得以持续发展。

4.6.1　内源动力是城镇化的重要支撑

内源动力包括区域的气候环境、区位条件、资源禀赋、人文社会等与地理密切相关不易改变的因素对城镇化的推动。内源动力就是区域本身所固有的，对该区域城镇化发展的性质、方向和特征以及城镇功能、规模等起决定性作用的各种自然地理、人文社会和经济因素，主要包括区域资源条件、区位条件、基础设施、社会文化、经济发展水平、区域内的地方政府、本地企业和居民等，这些因素对区域城镇化发展的作用机理称为内源动力机制。优越的气候环境和区位条件可使一个国家或地区承载较多的人口，为产业发展提供较大的市场，从而使该地区获得较高的劳动生产率，加快经济结构转变速度促进城镇化发展；资源禀赋和人文社会状况决定其产业选择和布局，如矿产资源丰富的地区可以通过资源开发建设资源型城镇，不同文化的人文社会可以通过文化融合加速经济发展，促进城镇化。

由于新疆干旱少雨，水资源短缺，且时空分布严重不均；植被稀少，土地沙化、盐渍化严重，环境容量小，易于受到风沙的侵蚀和人为造成的污染等。这些特征决定了新疆城镇外部生态环境的脆弱性和不稳定性，一旦遭到破坏，则难以恢复，只能在绿

---

① 钱颖一．政府与法治［N］．文汇报，2003－06－29(006)．

洲承载范围内发展工业化。新疆依托资源优势，围绕石油化工、天然气开采、煤炭开采与加工、有色金属冶炼、农产品加工等优势产业，工业化发展迅猛。工业化水平从2000年的30.7%增长为2008年的42.6%，由于受“7·5事件”影响，2009年降为36.4%。新疆工业的发展一方面直接推动了城镇化发展，另一方面带动了技术进步和企业的规模化发展。这有力地促进以劳动密集和技术密集为特征的第三产业的发展，包括直接为教育、研发、金融、房地产、物流等现代生产性服务业提供充分的市场，以及通过提高劳动者收入水平，为生活服务业市场提供广泛而持久的需求拉力。第三产业的发展提供了广阔的就业空间，进一步吸引乡村人口进入城镇，推进新疆的城镇化进程。

4.6.2 外向动力对城镇化的拉动作用

新疆作为连接亚欧大陆的纽带，14个地州市中有10个地州、32个县市、30个集镇、16个边境口岸和58个边境团场与8国接壤，具有发展外向型经济的独特优势。除地缘优势外，多个跨境民族在语言、文字、文化习俗上具有很大的相似性，具有无法阻碍的同族血缘关系，可以大大降低同周边国家的经济合作成本。新疆周边国家与我国在资源要素禀赋上差异大、经济互补性强、发展水平存在一定的梯度。另外与中亚的哈萨克斯坦、塔吉克斯坦和吉尔吉斯斯坦等石油国家直接接壤，与里海乌兹别克、土库曼斯坦等石油富国亦相距不远。新疆本身拥有丰富的石油天然气资源，广阔的陆上面积，建设大型石油石化聚集基地的土地使用成本相对较低。因此新疆应将自身优势、地缘优势、国家战略结合起来，加快发展外向型经济，促进自身发展能力，带动城镇化快速发展。

首先，边境城镇发展为边境贸易提供基础和条件，实施向西开放战略加强与周边国家的经济合作，必须以边境城镇为载体，腹心城镇为依托，只有城镇化的快速发展才能促进对外开放水平的提升；其次，外向型经济的发展为边境城镇带的分工拓展了空间，边境地州对外贸易的快速增长直接推动了边境地区在新疆对外开放格局中的地位，不仅加速了边境地区城镇发展的动力，也增强了其在全疆的地位，促进了城镇化的均衡发展；最后，通过平台建设激发城镇化与外向型经济互促发展，通过国际边境合作中心、国际物流中心、工业园区、城市中心商务区的建设，使新疆尽快形成城镇化与外向型经济相互促进的新格局。通过城镇化建设为新疆对外开放、发展外向型经济打下坚实基础，进而通过外向型经济带动城镇化发展。这不仅可以通过城镇带动以农牧民和少数民族为主的边境市县的发展，加快扶贫开发、脱贫致富、民族团结和社会进步的步伐；而且可以带动腹心城镇产业结构的升级，从根本上维护边疆社会稳定，巩固国防安全。

4.6.3 市场动力在城镇化发展中的资源配置作用

市场最基本的功能是在区域经济发展过程中对资源配置起基础性调节作用，要求区域各生产要素以及地域合理规模按照市场经济规律进行有效配置。市场对区域城镇化的推动作用，主要表现为资本、劳动力、技术和管理等生产要素因为比较利益向城镇和非农产业集聚与转移，从而推进了城镇数量的增加和城镇质量的提高。随着市场经济体制在新疆的确立，生产要素的市场机制配置作用逐渐显现，市场动力在新疆城镇化建设中的作用逐渐加大。从农村劳动力转移方式来看，从最初的干部领着农民四处找活、到现在的由劳务中介组织牵线搭桥实现转移，新疆农村劳动力转移正逐步向以中介组织为主体、以政府服务为引导的劳务市场化运作机制迈进。市政公用事业建设及管理方面，逐步采取独资、合资、合作、BOT 等多种形式，实现投资主体多元化。开始运用 TOT 等方式，将现有市政公用企业的国有存量资产进行部分或整体转让，提高存量资产的运行效率。城镇基础设施建设也逐步放宽市场准入，引入竞争机制，实现资源的市场配置。

但由于商品经济和乡镇企业在新疆的萌芽时间晚、程度低，人们的市场意识淡薄，资本、技术、劳动力等生产要素市场发育较弱，市场动力对新疆城镇化的推动作用还十分有限。市场动力对新疆城镇化的作用已初步显现，但由于新疆远离我国核心经济区，处于相对封闭的状态，加之周边邻国都是经济不太发达的国家，总体来看新疆市场发育程度不足，市场自身发展的动力也不强。市场对城镇化的推动作用还主要是间接的作用，市场主体直接参与城镇建设的情况还比较少。城镇化的发展需要健全完善的市场机制。在推进城镇化过程中，经济要素的流动是必要的前提条件，私营经济是最活跃的经济成分。为此，必须打破城乡之间、区域之间、行业之间的隔绝，让土地、技术、劳动力、资本充分流动起来，在空间上自由流动，在城乡间进行资源的合理配置。在市场对城镇化建设作用的完善上，不仅有赖于经济体制改革的深化，也有赖于地方政府的努力。

4.6.4 政府动力在城镇化发展中的宏观调控作用

新疆城镇化的动力机制是在政府行政力量强有力推动确保西北边疆安全的前提下，通过市场机制、内源机制和外向机制推动的城镇化，其发展更多的依靠政府的引导，先建设“城”，后发展“市”。新疆城镇的设立和发展深受国家安全等政策的影响，多数城镇的建立得益于政府对西部的倾斜政策，在较短的时间内形成了政治中心和经济中心二位一体的城镇体系。尤其是兵团城镇的建立、布局更多的是出于“屯垦戍边”的要求，而不是在工业化或经济发展的基础上逐渐推进的传统或一般的城镇化。在城镇规划、建设和管理中，既要尊重不同民族的生活习惯，也要促进不同文化的交融，还要特别保护民族、宗教、语言、文化的多样性，切实维护民族团结。新疆城镇的这种以行政指令方式的形成和发展，与我国东部发达地区城市的发展过程相比，较多的是依靠外部力量发展起来的，而这种城镇化过程过多地体现政府实现自身目标，在本质上主要是政治性和社会性的，而非经济性的。对于新疆这样地处边疆经济欠发达的少数民族地区，政府在城镇化发展中的影响力更大，但随着市场经济在我国的确立，城镇化进程中的政府动力机制正在发生变化，政府由直接投资逐渐地转变为制度创新和宏观调控，政府主要是扮演公共物品供应者的角色，通过规划等手段对城镇化进程进行宏观调控。

总之，动力机制系统推进区域经济结构的优化，使城镇产业与经济在区域中所占份额和地位逐步加强。城镇是现代区域社会经济要素及产业的核心空间载体。现代经济学理论认为，城镇发展的主体动因是新兴产业对夕阳产业的不断替代，即，产业结构的调整与优化是推动城镇发展的核心动力，城镇化发展的过程就是产业结构持续优化与升级的动态变化过程。产业结构的升级促进城镇化模式、城镇地域形态的有序变化，产业结构的优化升级也需要城镇空间扩展、城镇新区开发、城镇职能体系变化等城镇化诸多方面的空间支撑和需求拉动。产业结构升级变化与城镇化之间存在着相互作用的内在关联①。从产业发展的角度来看，城镇化的发生与发展受到三大力量的推动作用：即农业发展、工业化和第三产业崛起。并且随着城镇化进程的深入，这三种力量依次处于主导地位。由此导致的产业结构、消费结构、就业结构等经济结构的变化，是城镇化发展的本质。

新疆城镇设置虽然主要受地理区位和政治因素影响，但在城镇发展过程中区域经济结构的优化依然起着关键作用，动力机制系统正是通过优化经济结构推动城镇化发展。新疆城镇化水平由2000 年的 33.75％增长为 2009 年的 39.95％，支撑城镇化发展的是产业结构的优化调整，2000 年新疆三次产业产值结构为21.1∶39.4∶39.5，显然第一产业所占比重较大，第二产业比重

① 陈柳钦．基于产业发展的城市化动力机理分析［J］．重庆社会科学，2005（5）：9－15.

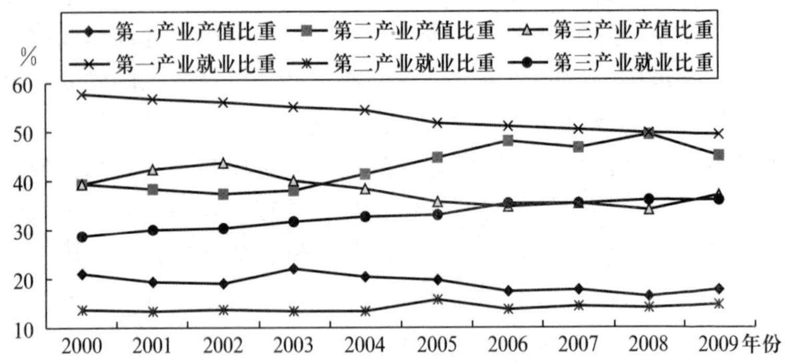

图 4-6　2000—2009 年新疆产业结构、就业结构变化与城镇化发展图

不足 40%，到 2009 年三次产业结构调整为 17.8∶45.1∶37.1（图 4-6），虽然第一产业比重依然高于全国平均水平 7.5 个百分点，但产业结构的优化调整成果显著。从就业结构来看，2000 年三次产业的就业结构为 57.68∶13.78∶28.54，第一产业就业人口占到总劳动人口的近 60%，非农产业就业人口占到 40%多一点；到 2009 年就业结构为 49.35∶14.7∶35.95（图 4-6），就业结构已逐渐趋于合理，非农产业就业人口已过半。伴随产业结构和就业结构的调整，消费结构、投资结构、城乡关系也在逐渐优化，正是这些经济结构的变动，使城镇建设得以进行，使劳动力从农村流向城镇得以发生，因此可以说经济结构的优化是城镇化发展的本质。

第五章　新疆城镇化动力机制的绩效评价

基于上一章的定性分析本章将利用面板数据计量方法对新疆 14 个地州市及兵团城镇化动力机制的绩效进行定量分析。首先根据以往文献构建出城镇化动力机制的计量分析模型，然后通过理论分析对城镇化四种动力的指标进行选取，并利用层次分析法对各个动力进行加权综合处理，作为回归分析的自变量。各地州市及兵团城镇化水平作为因变量，利用计量分析软件 Eviews5.1 进行回归分析。通过对回归结果的分析找出新疆城镇化四种动力的结构关系，四种动力对城镇化发展推动作用的大小，并构建动力绩效指标对各动力的绩效进行评价分析；最后探索了动力系统对城镇化功能的支撑作用。

5.1　计量模型和方法

5.1.1　计量模型的构建

城镇化作为区域现代化的重要组成部分（威廉姆森，1987），其核心推动力是聚集经济，即产业结构的非农化所导致的生产要素在空间的聚集。H. 钱纳里等（1975）经济学家认为，在一个连续均衡的国民经济中，城镇化表现为因果链条上的各类事件的最后结果：以导致工业化的贸易和需求的变化为开端，以农村劳动力向城镇就业的平缓转移为结果[①]。也就是说，经济发展是促

① H. 钱纳里，M. 赛尔昆．发展的格局：1950—1970［M］. 中国财政经济出版社．1989：56.

进城镇化进程的基本力量，城镇化是区域经济发展的一种复杂伴生现象，需要区域经济发展支撑[①]。刘易斯（1954）构建的二元经济模型认为，落后农业部门剩余劳动力转移到现代城市部门产生经济发展，推动了城镇化的进程（兰尼斯和费景汉，1961；哈里斯和托达罗，1970）。凯利和威廉姆森[②]（1984）将二元经济增长模型内生化，指出发展中国家的经济发展是城镇化的直接推动力。克鲁格曼（1991）的“中心—外围”理论指出，城镇化发展动力来源于经济发展所引起的工业部门劳动力从“外围”流向“中心”，鲍尔温等[③]（2000）认为这源于外生的技术变迁，即交通科技水平的提升（藤田等，2002）。内生增长理论认为，伴随着经济增长城镇化直接由技术进步驱动，而经济增长表现为人力资本的存量和形态（卢卡斯[④]，2002）。实证研究方面，1975 年，H. 钱纳里提出城镇化与经济发展关系模型：

$$Urb=a+b\ln(PGDP)+\varepsilon \qquad (式 5-1)$$

其中，Urb 表示城镇化率，$\ln(PGDP)$ 表示人均地区生产总值取对数值。大量学者在世界范围内进行实证检验表明，经济增长是城镇化发展的主要推动力（周一星，1982；亨德森，2000；赵民等，2009，等等）。

经济发展是一个经济增长和结构变化可分离的过程（索罗，1977），是伴随经济增长的一系列相互关联的结构转型过程（赛尔昆，1988）。诸多因素影响经济发展，学者们的研究表明：政治经济制度、地理区位和人力资本是决定区域经济发展的三大核

① 胡际权．中国新型城镇化发展研究［D］．重庆：西南农业大学，2005：28.

② Kelley，A. C.，Williamson，J. G. What Drives Third World City Growth? A Dynamic General Equilibrium Approach［M］. NJ：Princeton University Press，1984.

③ Baldwin，R. E.，Forslid，R. The Core - periphery Model and Endogenous Growth：Stabilizing and Destabilizing Integration［M］. Economica，2000(67)：307 - 342.

④ Lucas，R. E. Life Earnings and Urban - Rural Migration［M］. Mimeo：University of Chicago，2002.

心因素。阿西莫格鲁等①（2001）研究了不同国家政治和经济制度对经济发展的影响，他们利用以下回归方程：

$$\ln(PGDP)=\mu+\alpha R_i+X_i\gamma+\varepsilon_i \qquad (式 5-2)$$

其中，$PGDP$ 表示人均地区生产总值，R_i 为制度变量的向量，表示一系列的政治和经济制度变量，X_i 为其他相关变量的垂直向量。回归结果表明：社会政治的稳定性和经济的市场化可以提高经济发展水平。迈克阿瑟和萨克斯②（2001）强调地理区位因素如：气候、经纬度、海拔高度、区位、资源、出生率、死亡率等，对经济发展的作用同制度同样重要，他们在阿西莫格鲁的回归方程中加入地理区位变量，将其修改为：

$$\ln(PGDP)=\alpha+\beta(EXROP)+\gamma G+\varepsilon \qquad (式 5-3)$$

其中，$EXROP$ 代表制度对财产的保护变量，G 表示地理区位因素，实证结果表明地理区位对经济发展有着重要的影响。格莱泽等③（2004）在上述研究的基础上，在回归方程中加入用受教育年限来代表人力资本变量，回归显示人力资本对经济发展有着显著的影响。为了解释经济增长，Sala-i-Martin 等④（2004）将 67 个变量放入一个计量经济模型，利用古典贝叶斯平均估计方法（BACE）找出了影响经济增长的 18 个因素。这些因素包括：地理区位、政治经济制度、预期寿命、人力资本、对外开放水平等。

---

① Acemoglu，D，S. Johnson and J. Robinson. The Colonial Origins of Comparative Development：An Empirical Investigation [J]. American Economic Review，2001 (12)：1369-1401.

② McArthur，J. and J. Sachs. Institutions and Geography：Comment on Acemoglu，Johnson，and Robinson，(2001) NBER Working Paper，No. 8114.

③ Glaeser，E.，R. La Porta，F. Lopez-de-Silanes，and A. Schleifer. Do Institutions Cause Growth [M]. Mimeo，2004.

④ Xavier Sala-I-Martin，Gernot Doppelhofer，and Ronald I. Miller. Determinants of Long-Term Growth [J]. The American Economic Review，2004，94(4)：813-835.

根据上述理论模型及前期研究，我们发现城镇化水平取决于经济发展水平，经济发展水平取决于地理区位、政治经济制度、人均固定资产投资、人力资本投资等要素，以及市场化程度和对外开放水平等因素的作用。因此，区域的地理区位包括自然、人文、社会等方面的因素和区域的对外开放程度包括对外贸易、利用外资等对城镇化的发展均有显著的推动作用。同时，市场机制和政府行为等制度因素在实际的要素流动及空间分布过程中发挥着重要作用①，成为城镇化的重要推动力。基于以上分析，我们构建用于计量检验城镇化动力机制的模型如下：

$$Urb=\alpha+\beta_1 Inner+\beta_2 Openness+\beta_3 Market+\beta_4 Gov+\varepsilon \quad \text{(式 5-4)}$$

其中，*Urb* 表示城镇化率，*Inner* 表示区域的地理区位、资源禀赋、人力资本等变量，我们将其定义为城镇化的内源动力；*Openness* 表示对外贸易、利用外资等变量，定义为外向动力；*Market* 表示推动城镇化的市场变量，即在城镇化进程中市场机制对资源配置发挥的作用，称之为市场动力；*Gov* 表示影响城镇化的政府变量，如政府对行政区划的调整、直接投资、相关制度的提供等，称之为政府动力。

5.1.2 指标的选取及处理

5.1.2.1 指标的选取

（1）内源动力指标。内源动力主要是指区域内的自然地理、人文社会和经济基础，主要包括区域区位条件、资源禀赋、基础设施、文化观念、经济发展水平等，这些因素对区域城镇化的发展起到基础性的作用。新疆作为我国比较偏远的省区，其经济具有相对的独立性，整体区位条件是不具有优势的，但新疆与 8 个国家接壤，第二亚欧大陆桥横穿新疆，这样的地缘优势使新疆成

① 汪冬梅．中国城市化问题研究［D］．济南：山东农业大学，2003.

为我国向西开放的桥头堡。另外，丰富的自然资源，为城镇化发展提供重要的资源支撑机制；多元的文化和不同的宗教信仰，为新疆城镇化提供丰富的文化支持。但在新疆内部由于受自然地理环境的影响，各地的区位条件、资源禀赋、文化观念和经济发展水平相差很大。如第二亚欧大陆桥经过的北疆地区，经济发展水平较高，城镇化较为发达。石油、煤炭等资源较丰富的克拉玛依、库尔勒、哈密、阜康等地城镇化发展较快。而其他地区城镇化发展动力不足。

因此，在区位条件、资源禀赋、基础设施、经济发展水平方面选取以下变量作为内源动力的指标：①各地州市到首府乌鲁木齐的距离（X_1），指各地州市中心城市到乌鲁木齐的公路里程，反映不同地区的区位条件，距离越小表示区位条件越好，反之则越差，该指标从乌鲁木齐经济辐射能力方面反映不同地州市的区位条件。②自然资源储量的潜在价值（X_2），主要指石油、天然气、煤炭等资源的储量，反映区域资源禀赋，一个地区自然资源储量越丰富，则在城镇化发展过程中的资源支撑机制就越强。③人均固定资产投资（X_3），指区域内全社会固定资产投资总额与区域总人口的比值，反映区域人均投资水平，该指标越大表示区域经济发展的基础设施愈完善，各产业发展的基础条件越好。④人均国民生产总值（X_4），指国内生产总值的人均水平，反映了一个地区经济发展水平。一个地区人均地区生产总值越高，说明该地区经济发展越好，进一步说明该地区城镇化发展的动力越大。⑤工业化率（X_5），指地区生产总值中工业生产总值所占的比重，反映一个地区产业经济结构；一个地区工业总产值占GDP比重越高，说明工业在区域经济发展中的主导作用越强，进一步说明对区域城镇化发展推动越大。⑥城镇就业人口比重（X_6），指城镇就业人口占地区就业总人口的比重，反映一个地区的就业结构，该指标越大说明城镇对乡村劳动力的吸纳能力越强。⑦人均城镇建设资金地方收入（X_7），指区域城镇建设维护费用中来自区域地方政府的那部分资金的人均值，主要包括城镇维护建设税、城镇财政专项拨款、市政公用设施配套费、市政公用设施有偿使用费和土地出让转让收入等；城镇基础设施建设投资是区域城镇化发展的物质基础，该指标反映区域内城镇自我发展的能力和区域城镇化发展的内源动力。将以上 7 个指标标准化处理后，然后利用层次分析法进行加权求和，计算出综合的内源动力指标。

(2) 外向动力指标。外向动力主要是指促进一个国家或地区城镇化发展的外部因素，具体包括外部需求、国外投资与贷款、国际市场等因素。资本投入是促进区域城镇化发展的关键要素，当区域内资本形成对城镇化发展的促进作用不足时，外部资金的投入将会弥补区域城镇化发展内源动力的不足，改善区域城镇化发展对资金的需求状况，所以外部投资和从区域外的贷款将会促进区域城镇化的发展。另一方面，经济学家们早就指出分工和贸易将会大大促进城镇化的发展（亚当·斯密，1768；杨小凯，1994），城镇的出现就是分工的结果，贸易的发生和发展则使分工进一步的深化；在经济全球化背景下，对外贸易和旅游业已成为加速区域城镇化发展的重要动力，这些动力通过内源动力发生作用，共同促进区域城镇化的发展。

因此，主要选取以下变量作为外向动力的指标：①人均实际利用外资额（X_8），指某地区在一年内和外商签订合同后，所有外资企业的外方注册资本实际到达的款项与地区总人口的比值，外资是加快区域城镇化发展的催化剂，该指标反映了一个地区外资利用水平，利用外资越多说明该地区基础设施和招商引资环境越好，进而更快地促进城镇化的发展。②全社会固定资产投资中利用外资额（X_9），指全社会固定资产投资按照来源分的利用外资部分，反映了建造和购置固定资产活动的工作量中，利用外部资金的多少。③人均进出口总额（X_{10}），指一个地区一年内对外贸易实际进出口货物，来料加工装配等进口额和出口额的人均值，反映一个地区对外贸易的水平。④人均出口总额（X_{11}），指一个地区一年内对外贸易实际进出口货物，来料加工装配等的出口额，反映一个地区在世界市场上的分工深化程度，人均出口总额越大，说明这一地区在世界市场上的分工和专业化程度越强，经济发展越快。⑤外贸依存度（X_{12}），指一个地区进出口总额与国民生产总值之比，反映一个地区的对外贸易活动对该地区经济发展的影响和依赖程度。从最终需求拉动经济增长的角度看，该指标还可以反映一个地区的外向程度。⑥人均国际旅游收入（X_{13}），旅游收入是指一个地区在一年内通过向入境旅游者销售旅游商品而获取的全部货币收入的人均值。将以上六个指标标准化处理后，然后利用层次分析法进行加权求和，计算出综合的外向动力指标。

(3) 市场动力指标。市场动力主要是指资本、劳动力、土地、技术和管理等生产要素因为比较利益向非农产业转移、向城镇集聚，在这一过程中市场机制在资源配置中起基础性作用，要素的流动是通过价格机制来实现的。所以市场对城镇化的推动作用主要取决于区域市场的规模和市场化程度，即市场在区域资源配置中发挥作用的强弱。一个地区市场规模越大，则需求门槛越高，对区域增长极——城镇功能的要求就越高，越有利于城镇的发展；同时，一个地区资本市场、劳动力市场、技术市场和土地市场的市场化程度越高，市场机制在资源配置中越占据主导地位，资源配置的效率就愈合理，生产力水平就越高，这将直接促进区域经济的发展，加快区域城镇化的步伐。

因此，主要选取以下变量作为市场动力指标：①社会消费品零售总额（X_{14}），指一个地区一年内各种经济类型的批发零售贸易业、餐饮业、制造业和其他行业对城乡居民和社会集团的消费品零售额和农民对非农业居民零售额的总和；反映一个地区社会商品购买力的实现程度和地区市场的规模状况。②市场分配经济资源的比重（X_{15}），利用地方财政支出占 GDP 的比重表示，比值越高意味着市场配置资源的比重就低，是一个逆向指标。③固定资产投资的非公有制经济比重（X_{16}），指非公有制经济投资在全社会固定资产投资中所占的比重，反映地区投资的市场化程度，比重越高说明区域经济活动越活跃。④城镇非公有经济就业比重（X_{17}），指一个地区城镇非国有经济部门就业人数占城镇总就业人数的比重，反映了地区非公有制经济吸纳劳动力的能力。⑤非国有经济在工业总产值中的比重（X_{18}），指一个地区除了公有制经济形式以外的所有经济结构形式，主要包括个体经济、私营经济、外资经济等在整个工业总产值中所占的比重，反映一个地区市场化程度的高低。将以上五个指标标准化处理后，然后利用层次分析法进行加权求和，计算出综合的市场动力指标。

（4）政府动力指标。政府动力主要是指由中央政府通过投资建设、行政区划调整、推动制度变迁而促使区域城镇化发展。政府拥有着许多社会和经济资源，政府作为投资主体对某一区域的资金投入，无疑会加快该区域经济的发展和城镇化的进程，同时政府作为公共物品的提供者，公共物品的合理供给将会对区域城镇化产生重要的推动作用，政府作为制度变迁的主体，加速户籍制度、土地制度、社会保障制度和促进城镇化发展的相关制度的变革将会促进城镇化的进程。因此，城镇化的政府动力主要包括：政府投资、行政设置变革和制度变迁。

结合以上分析，主要选取以下变量作为政府动力指标：①国家预算内资金在全社会固定资产投资中占的比重（X_{19}），指全社会固定资产投资按来源分的国家预算内资金所占比重，反映中央政府对地方经济发展的支持力度，该指标越高表示政府对地方经济发展的支持力度越大。②城镇维护建设收入中中央财政拨款部分（X_{20}），指一个地区城镇建设维护费用中中央政府的财政拨款，反映中央政府对区域城镇化发展的直接投资额度，对区域城镇化发展产生直接推动作用。③社会养老保险覆盖率（X_{21}），表示一个地区参加养老保险的总人数占地区总人口的比重，比重越高说明该地区的社会保障制度越完善，对城镇化的推动作用也越大。④失业保险覆盖率（X_{22}），失业保险是指国家通过立法强制实行的，由社会集中建立基金，对因失业而暂时中断生活来源的劳动者提供物质帮助的制度，它是社会保障体系的重要组成部分，失业保险覆盖率越高说明社会保障体系越完善。⑤医疗保险覆盖率（X_{23}），医疗保险就是当人们生病或受到伤害后，由国家或社会给予的一种物质帮助，即提供医疗服务或经济补偿的一种社会保障制度，它是国家社会保障制度的重要组成部分，也是社会保险的重要项目之一。将以上五个指标标准化处理后，然后利用层次分析法进行加权求和，计算出综合的政府动力指标。

（5）城镇化水平指标。城镇化水平指标，是定量的反映一个国家或地区某个时段的城镇化发展水平。我们利用城镇人口占总人口的百分比，即城镇化水平的人口比重指标，其计算公式为：

$$Urb=\frac{UP}{P}\times 100\% \qquad \text{（式 5-5）}$$

其中，Urb 为城镇化水平，UP 为城镇人口数，P 为总人口数。城镇化率是反映城镇化最主要的指标，该指标既反映了人口在城镇的集聚程度，又在相当的程度上反映了劳动力的转移程度，因而该指标在世界上得到广泛采用，通用性强。本书利用人口城镇化率作为被解释变量，代表一个地区的城镇化发展水平。

5.1.2.2　数据的收集及处理

本书所用数据均来源于历年《新疆统计年鉴》、新疆各《地州市统计年鉴》、《兵团统计年鉴》和《新疆年鉴》(2001—2009)，其中新疆城镇维护建设资金来源于《新疆城市、县城建设统计年报》(2000—2008)。根据上述四种动力指标分析，整理出所需 23 个子指标的相关数据，由于不同指标往往具有不同的单位和量纲，其数值变异可能差别很大，会对指标的综合结果产生影响，因此先用极差标准化法对数据指标作无量纲化处理，然后利用层次分析法合成四种动力的综合指标。极差标准化法处理数据的公式分别如下，其中正指标计算公式：

$$x_{ij}=\frac{x_{ij}-\min\{x_{ij}\}}{\max\{x_{ij}\}-\min\{x_{ij}\}}\quad(i=1,2,\ \cdots,\ m;\ j=1,2,\ \cdots,\ n)$$

（式 5-6）

逆指标计算公式：

$$x_{ij}=\frac{x_{ij}-\max\{x_{ij}\}}{\min\{x_{ij}\}-\max\{x_{ij}\}}\quad(i=1,2,\ \cdots,\ m;\ j=1,2,\ \cdots,\ n)$$

（式 5-7）

利用上述公式对新疆 14 个地州市及兵团的 23 个子指标进行标准化无量纲化处理。

下面简要介绍一下层次分析法，层次分析法（Analytic Hierarchy Process 简称 AHP）是美国运筹学家萨蒂[①]（T. L. Saaty，1977）教授于 20 世纪 70 年代初期提出的，层次分析法是对定性问题进行定量分析的一种简便、灵活而又实用的多准则决策方法。它的特点是把复杂问题中的各种因素通过划分为相互联系的有序层次，使之条理化，根据对一定客观现实的主观判断结构（主要是两两比较）把专家意见和分析者的客观判断结果直接而有效地结合起来，将一层次元素两两比较的重要性进行定量描述。这种方法的基本思想是根据系统工程对各要素排列的原理，将一个复杂问题划分为多层次结构，使每一层次和下一层次保持一定联系，并在同一层次各要素之间进行简单比较、判断和计算，得出不同要素重要程度[②]。通过所有层次之间的总排序计算所有元素的相对权重并进行合成。

用层次分析法对城镇化各动力指标进行综合评价，首先要根据四种动力的各个子指标对城镇化发展的影响，对各层因素进行

---

① T. L. Saaty. A Scaling Method for Priorities in Hierarchical Structures [J]. Journal of Mathematical Psychology，1977(15)：234-281.

② 陈鸿彬，孙涛，侯守礼．农村城镇化建设及管理研究 [M]. 北京：中国环境科学出版社，2005(2)：174-177.

对比分析，引入 1～9 比率标度方法构造出判断矩阵，用求解判断矩阵最大特征值及对应的正交化特征向量的方法，求得同一层次上各元素对上一层次元素的相对优先权重；为了使各判断之间协调一致，不出现相互矛盾的结果，必须对判断矩阵进行一致性检验；最后用加权求和的方法，计算出各层子指标对于动力指标的组合权重，计算出各动力指标的综合值。具体的计算步骤为：

第一步，建立递阶层次结构，确定目标层（动力指标）、准则层（子指标）和措施层（新疆各地州市和兵团）如图 5－1 所示。

第二步，构造判断矩阵并赋值，通过比较每一动力指标的各子指标相对上一层动力的重要性，使用数量化的相对重要性 a_{ij} 来描述；a_{ij} 按下述标度进行赋值：

$a_{ij}=1$，表示子指标 i 和子指标 j 对上一层动力指标同样重要；

$a_{ij}=3$，表示子指标 i 比子指标 j 略重要；

$a_{ij}=5$，表示子指标 i 比子指标 j 重要；

$a_{ij}=7$，表示子指标 i 比子指标 j 重要得多；

$a_{ij}=9$，表示子指标 i 比子指标 j 极其重要；

$a_{ij}=2,4,6,8$，表示重要性介于上述标准之间；

$a_{ji}=1/a_{ij}$。

如果有 n 个子指标参与比较，那么就会形成 $n\times n$ 的判断矩阵 $A=(a_{ij})_{n\times n}$，再求判断矩阵的最大正特征根 $\lambda_{\max}$，归一化后用方根法求解就可得到各子指标的权重。

第三步，进行一致性判断。首先计算一致性指标 $C.I.$ (Consistency Index)：

$$C.I.=\frac{\lambda_{\max}-n}{n-1} \quad (式 5-8)$$

然后查表确定相应的平均随机一致性指标 $C.R.$（Random Index)，最后根据公式：

$$C.R.=\frac{C.I.}{R.I.} \tag{式 5-9}$$

计算得到的值判断矩阵是否是一致的。当 $C.R.\leqslant 0.10$ 时，认为判断矩阵的一致性是可以接受的，当 $C.R.>0.10$ 时，认为判断矩阵不符合一致性要求，需要对该判断矩阵进行重新修正。

第四步，确定各动力综合指标。计算出各子指标单排序权重后，通过公式，

$$F=\sum_{i,j=1}^{m,n}X_{ij}W_j=\begin{bmatrix}X_{11} & X_{12} & \cdots & X_{1j}\\X_{21} & X_{22} & \cdots & X_{2j}\\\vdots & \vdots & \vdots & \vdots\\X_{i1} & X_{i2} & \cdots & X_{ij}\end{bmatrix}\begin{bmatrix}W_1\\W_2\\\vdots\\W_j\end{bmatrix}(i=1,2,\cdots,m;\ j=1,2,\cdots,n)$$

（式 5-10）

用各动力子指标的标准化值分别乘以各子指标的权重，就可以得到四种动力综合指标的值。

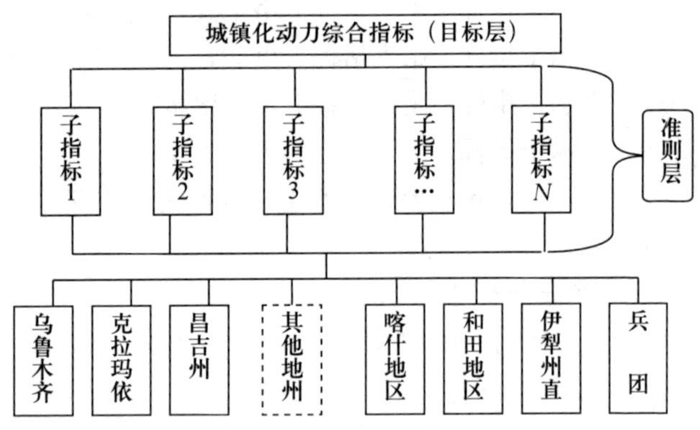

图 5-1　四种动力综合指标层次分析递阶结构图

（1）内源动力指标的合成。将内源动力的 7 个子指标各地州市到首府乌鲁木齐的距离（X_1）、自然资源的储量价值（X_2）、人均固定资产投资（X_3）、人均国民生产总值（X_4）、工业化率（X_5）、城镇就业人口比重（X_6）和人均城镇建设资金地方收入

（X_7）两两比较得到其判断矩阵如下：

$$A_{inner}=\begin{pmatrix} 1 & 1/2 & 5 & 3 & 2 & 3 & 1/5 \\ 2 & 1 & 4 & 3 & 2 & 2 & 1/5 \\ 1/5 & 1/4 & 1 & 1/2 & 1/3 & 1/3 & 1/7 \\ 1/3 & 1/3 & 2 & 1 & 1/5 & 1/3 & 1/7 \\ 1/2 & 1/2 & 3 & 5 & 1 & 1/2 & 1/4 \\ 1/3 & 1/2 & 3 & 3 & 2 & 1 & 1/3 \\ 5 & 5 & 7 & 7 & 4 & 3 & 1 \end{pmatrix}$$

利用和积法求出上述矩阵的特征向量，即内源动力的 7 个子指标所占的权重。

$$W_{inner}=(0.1512\quad 0.1555\quad 0.0342\quad 0.0449\quad 0.1005\quad 0.1009\quad 0.4037)$$

求出判断矩阵的最大特征根，根据最大特征根计算一致性指标 $C.I.=0.0941$，查找平均随机一致性指标 $R.I.(7)=1.32$，计算出一致性比例 $C.R.=0.0713\leqslant 0.10$，通过一致性检验，所以矩阵 $Ainner$ 具有满意的一致性，内源动力各子指标权重 $Winner$ 是科学可信的。根据内源动力各子指标标准化处理的数据分别乘以相应的权重，得到内源动力综合指标如表 5－1。

表 5－1　新疆各地州市及兵团 2000—2008 年城镇化内源动力综合指标

地州市	2000	2001	2002	2003	2004	2005	2006	2007	2008
乌鲁木齐	0.307 3	0.311 1	0.313 2	0.337 3	0.329 7	0.318 6	0.381 6	0.380 8	0.384 1
克拉玛依	0.547 6	0.561 2	0.494 8	0.593 6	0.600 1	0.582 4	0.787 2	0.952 2	0.880 4
吐鲁番	0.333 1	0.322 6	0.339 9	0.322 6	0.337 2	0.332 9	0.373 4	0.407 5	0.388 5
哈密	0.297 6	0.292 2	0.295 6	0.300 7	0.304 0	0.299 6	0.325 7	0.333 7	0.379 4
昌吉州	0.218 9	0.222 3	0.224 8	0.215 6	0.231 1	0.229 4	0.287 8	0.277 5	0.263 0
博州	0.163 8	0.166 1	0.169 2	0.175 1	0.176 9	0.162 6	0.180 3	0.186 1	0.209 9
巴州	0.395 6	0.373 2	0.368 2	0.372 7	0.381 0	0.397 6	0.452 5	0.463 0	0.487 9
阿克苏	0.204 9	0.207 9	0.208 7	0.213 6	0.215 2	0.212 2	0.253 1	0.258 3	0.258 1

（续）

地州市	2000	2001	2002	2003	2004	2005	2006	2007	2008
克州	0.030 0	0.030 9	0.034 0	0.040 3	0.042 8	0.037 0	0.043 5	0.049 2	0.060 7
喀什	0.047 6	0.048 6	0.047 1	0.088 4	0.049 0	0.048 9	0.062 8	0.066 9	0.067 6
和田	0.026 3	0.027 0	0.025 7	0.028 8	0.030 8	0.028 9	0.030 6	0.033 6	0.032 5
伊犁州直	0.130 5	0.133 7	0.134 9	0.128 8	0.139 0	0.138 5	0.153 4	0.161 1	0.170 2
塔城	0.163 8	0.164 0	0.160 9	0.155 5	0.159 3	0.158 4	0.186 0	0.206 9	0.212 0
阿勒泰	0.166 5	0.166 6	0.167 7	0.159 4	0.170 0	0.172 3	0.199 6	0.207 9	0.227 5
兵团	0.179 3	0.181 0	0.183 5	0.182 0	0.182 1	0.180 3	0.193 5	0.201 2	0.210 0

（2）外向动力指标的合成。将外向动力的六个子指标人均实际利用外资额（X_8）、全社会固定资产投资中人均利用外资额（X_9）、人均进出口总额（X_{10}）、人均出口总额（X_{11}）、外贸依存度（X_{12}）和人均国际旅游收入（X_{13}）两两比较得到其判断矩阵如下：

$$A_{openness}=\begin{pmatrix} 1 & 3 & 2 & 1 & 2 & 5 \\ 1/3 & 1 & 1/3 & 1/5 & 1/2 & 2 \\ 1/2 & 3 & 1 & 1/3 & 1 & 3 \\ 1 & 5 & 3 & 1 & 2 & 2 \\ 1/2 & 2 & 1 & 1/2 & 1 & 2 \\ 1/5 & 1/2 & 1/3 & 1/2 & 1/2 & 1 \end{pmatrix}$$

利用和积法求出上述矩阵的特征向量，即外向动力的 6 个子指标所占的权重。

$$W_{openness}=(0.275\,5 \quad 0.078\,0 \quad 0.152\,7 \quad 0.286\,9 \quad 0.137\,9 \quad 0.069\,0)$$

求出判断矩阵的最大特征根，根据最大特征根计算一致性指标 $C.I.=0.053\,6$，查找平均随机一致性指标 $R.I.(6)=1.24$，计算出一致性比例 $C.R.=0.043\,2\leqslant 0.10$，通过一致性检验，所以矩阵 $A_{openness}$ 具有满意的一致性，内源动力各子指标权重

$W_{openness}$是科学可信的。根据外向动力各子指标标准化处理的数据分别乘以相应的权重，得到外向动力综合指标如表5-2。

表5-2　新疆各地州市及兵团2000—2008年城镇化外向动力综合指标

地区	2000	2001	2002	2003	2004	2005	2006	2007	2008
乌鲁木齐	0.188 0	0.176 8	0.186 5	0.145 6	0.192 2	0.270 7	0.412 3	0.564 9	0.386 1
克拉玛依	0.011 0	0.011 7	0.011 6	0.038 2	0.015 8	0.024 6	0.018 8	0.026 3	0.028 2
吐鲁番	0.023 2	0.021 7	0.020 7	0.015 0	0.032 7	0.068 6	0.030 9	0.070 5	0.036 2
哈密	0.022 0	0.017 5	0.035 7	0.013 8	0.031 5	0.026 2	0.051 7	0.104 3	0.181 2
昌吉州	0.048 7	0.030 9	0.033 0	0.088 8	0.085 5	0.089 7	0.139 3	0.232 5	0.500 4
博州	0.134 0	0.101 3	0.189 5	0.250 9	0.343 7	0.352 4	0.336 8	0.278 7	0.454 7
巴州	0.023 3	0.032 1	0.042 9	0.074 3	0.051 3	0.036 1	0.042 7	0.040 0	0.068 4
阿克苏	0.009 4	0.010 4	0.011 8	0.036 4	0.027 5	0.024 4	0.016 9	0.017 7	0.011 0
克州	0.031 4	0.027 9	0.025 0	0.037 7	0.022 3	0.027 6	0.045 2	0.111 1	0.436 3
喀什	0.011 1	0.006 6	0.004 2	0.007 7	0.014 6	0.008 6	0.038 9	0.069 8	0.089 8
和田	0.005 1	0.005 5	0.002 5	0.000 2	0.003 5	0.005 9	0.001 7	0.002 3	0.018 9
伊犁州直	0.026 8	0.014 4	0.031 9	0.121 6	0.080 1	0.178 1	0.177 4	0.172 4	0.356 3
塔城	0.018 1	0.028 7	0.035 4	0.068 1	0.062 3	0.105 6	0.099 0	0.181 2	0.212 2
阿勒泰	0.016 4	0.010 8	0.027 3	0.096 8	0.042 5	0.017 1	0.008 3	0.014 2	0.192 5
兵团	0.059 3	0.070 8	0.156 2	0.179 5	0.198 7	0.221 3	0.309 0	0.428 4	0.630 6

（3）市场动力指标的合成。将市场动力的5个子指标社会消费品零售总额（X_{14}）、市场分配经济资源的比重（X_{15}）、固定资产投资的非公有制经济比重（X_{16}）、城镇非公有经济就业比重（X_{17}）和非国有经济在工业总产值中的比重（X_{18}）两两比较得到其判断矩阵如下：

$$A_{market}=\begin{pmatrix}1 & 1/9 & 1/7 & 1/3 & 1/5\\ 9 & 1 & 3 & 5 & 4\\ 7 & 1/3 & 1 & 6 & 2\\ 3 & 1/5 & 1/6 & 1 & 1/3\\ 5 & 1/4 & 1/2 & 3 & 1\end{pmatrix}$$

利用和积法求出上述矩阵的特征向量，即市场动力的 5 个子指标所占的权重。

$$W_{market}=(0.0353\quad 0.4737\quad 0.2641\quad 0.0739\quad 0.1529)$$

求出判断矩阵的最大特征根，根据最大特征根计算一致性指标 $C.I.=0.0576$，查找平均随机一致性指标 $R.I.(5)=1.12$，计算出一致性比例 $C.R.=0.0514\leqslant 0.10$，通过一致性检验，所以矩阵 A_{market} 具有满意的一致性，市场动力各子指标权重 W_{market} 是科学可信的。根据市场动力各子指标标准化处理的数据分别乘以相应的权重，得到市场动力综合指标如表 5-3。

表 5-3　新疆各地州市及兵团 2000—2008 年城镇化市场动力综合指标

地区	2000	2001	2002	2003	2004	2005	2006	2007	2008
乌鲁木齐	0.662 2	0.902 8	0.741 5	0.771 6	0.799 8	0.830 9	0.825 5	0.865 6	0.875 1
克拉玛依	0.654 8	0.685 0	0.647 3	0.674 6	0.695 1	0.679 8	0.778 7	0.780 3	0.816 8
吐鲁番	0.656 2	0.655 6	0.653 0	0.687 0	0.672 8	0.683 5	0.676 8	0.838 5	0.854 2
哈密	0.584 2	0.640 0	0.660 3	0.651 5	0.659 0	0.663 9	0.666 5	0.727 5	0.733 2
昌吉州	0.777 0	0.778 0	0.804 4	0.803 7	0.801 0	0.806 4	0.814 6	0.820 8	0.817 4
博州	0.583 0	0.565 8	0.566 5	0.607 3	0.606 4	0.611 4	0.596 0	0.630 6	0.622 1
巴州	0.674 5	0.667 8	0.653 1	0.697 7	0.705 4	0.700 8	0.729 2	0.747 5	0.755 6
阿克苏	0.666 7	0.668 7	0.645 8	0.671 3	0.677 9	0.684 3	0.676 2	0.701 3	0.675 2
克州	0.330 4	0.300 0	0.239 7	0.318 2	0.432 4	0.381 7	0.362 6	0.407 9	0.343 5
喀什	0.609 6	0.587 9	0.599 4	0.612 9	0.633 1	0.630 3	0.619 6	0.647 8	0.598 2
和田	0.414 0	0.377 7	0.347 4	0.335 2	0.379 7	0.409 6	0.344 2	0.341 9	0.263 6
伊犁州直	0.652 2	0.646 4	0.618 3	0.630 9	0.653 4	0.657 2	0.648 0	0.664 0	0.652 3
塔城	0.641 6	0.671 2	0.674 7	0.653 4	0.675 0	0.690 5	0.727 5	0.695 8	0.725 1
阿勒泰	0.492 8	0.494 0	0.505 3	0.576 0	0.555 6	0.588 1	0.623 4	0.622 7	0.606 5
兵团	0.441 1	0.483 1	0.516 5	0.541 7	0.580 0	0.605 8	0.634 3	0.549 8	0.617 5

（4）政府动力指标的合成。将政府动力指标的 5 个子指标国家预算内资金在全社会固定资产投资中占的比重（X_{19}）、人均城

镇维护建设收入中中央财政拨款部分（X_{20}）、社会养老保险覆盖率（X_{21}）、失业保险覆盖率（X_{22}）和医疗保险覆盖率（X_{23}）两两比较得到其判断矩阵如下：

$$A_{gov}=\begin{pmatrix}1 & 1/7 & 1/5 & 1/4 & 1/3\\ 7 & 1 & 6 & 3 & 4\\ 5 & 1/6 & 1 & 2 & 2\\ 4 & 1/3 & 1/2 & 1 & 2\\ 3 & 1/4 & 1/2 & 1/2 & 1\end{pmatrix}$$

利用和积法求出上述矩阵的特征向量，即政府动力的 5 个子指标所占的权重。

$$W_{gov}=(0.0451\quad 0.4998\quad 0.1900\quad 0.1578\quad 0.1073)$$

求出判断矩阵的最大特征根，根据最大特征根计算一致性指标 $C.I.=0.0621$，查找平均随机一致性指标 $R.I.(5)=1.12$，计算出一致性比例 $C.R.=0.0554\leqslant 0.10$，通过一致性检验，所以矩阵 A_{gov} 具有满意的一致性，政府动力各子指标权重 W_{gov} 是科学可信的。根据政府动力各子指标标准化处理的数据分别乘以相应的权重，得到政府动力综合指标如表 5-4。

表 5-4　新疆各地州市及兵团 2000—2008 年城镇化政府动力综合指标

地区	2000	2001	2002	2003	2004	2005	2006	2007	2008
乌鲁木齐	0.2180	0.2289	0.2425	0.2545	0.2688	0.2769	0.2955	0.3015	0.3044
克拉玛依	0.6379	0.6966	0.7563	0.8021	0.8691	0.9557	0.9320	0.8922	0.8809
吐鲁番	0.0551	0.0486	0.0670	0.0714	0.0758	0.0921	0.0792	0.0977	0.1038
哈密	0.1342	0.1495	0.1552	0.1663	0.1875	0.1997	0.2083	0.2381	0.2429
昌吉州	0.0985	0.1103	0.1233	0.1336	0.1550	0.1655	0.1770	0.1970	0.2672
博州	0.1358	0.1474	0.1616	0.1660	0.1811	0.2029	0.2140	0.2237	0.2400
巴州	0.2733	0.3024	0.3484	0.3773	0.4074	0.4359	0.4661	0.4913	0.5107
阿克苏	0.0368	0.0359	0.0441	0.0500	0.0530	0.0591	0.0610	0.0659	0.0720
克州	0.0530	0.0581	0.0709	0.0550	0.0777	0.0683	0.1541	0.0729	0.0807

（续）

地区	2000	2001	2002	2003	2004	2005	2006	2007	2008
喀什	0.088 8	0.091 8	0.113 4	0.136 5	0.140 7	0.142 7	0.159 1	0.155 3	0.176 8
和田	0.073 4	0.077 2	0.094 4	0.096 9	0.113 5	0.109 3	0.112 5	0.118 0	0.125 7
伊犁州直	0.100 1	0.097 6	0.124 2	0.142 4	0.145 5	0.164 1	0.172 1	0.184 6	0.201 8
塔城	0.212 0	0.242 6	0.269 1	0.293 4	0.325 0	0.354 2	0.375 6	0.397 8	0.415 1
阿勒泰	0.121 6	0.132 2	0.176 7	0.185 5	0.203 6	0.211 9	0.228 1	0.241 2	0.248 3
兵团	0.304 8	0.316 6	0.324 4	0.345 6	0.364 3	0.373 8	0.377 6	0.385 0	0.395 4

（5）城镇化水平指标。根据城镇化水平的计算公式5－5，本书从《新疆年鉴》(2000—2009）获取数据，之所以不用《新疆统计年鉴》的数据是因为其各地州市城镇化水平过高，不太符合实际；对于偏差较大的年份和缺失的数据采用内插法和外推法进行补充。由上述数据计算出的新疆各地州市及兵团城镇化水平如表5－5所示。

表5－5　2000—2008年新疆各地州市及兵团城镇化率（%）

地区	2000	2001	2002	2003	2004	2005	2006	2007	2008
乌鲁木齐	81.37	80.98	80.25	78.74	78.65	78.00	78.65	93.24	89.49
克拉玛依	99.21	99.12	98.99	98.90	99.02	99.01	98.88	98.79	99.17
吐鲁番	38.83	39.16	39.76	39.36	39.60	39.24	39.00	38.53	38.49
哈密	49.97	50.57	50.68	49.25	57.76	59.53	57.29	57.43	58.24
昌吉州	52.76	53.95	39.68	40.54	40.41	52.51	52.36	50.35	50.03
博州	31.93	32.11	27.34	31.07	30.75	30.95	31.54	34.40	34.69
巴州	39.45	39.58	39.90	39.96	40.17	49.79	50.03	49.60	49.39
阿克苏	41.44	30.20	33.06	62.30	26.84	31.85	48.47	30.95	31.08
克州	21.45	21.97	22.79	23.93	24.79	26.59	27.15	28.12	28.28
喀什	19.87	16.54	19.55	23.41	23.07	24.91	24.88	25.33	22.38
和田	13.28	13.26	13.09	13.76	14.24	14.54	16.21	16.50	16.69
伊犁州直	34.03	47.41	48.00	47.39	49.54	49.25	51.42	42.55	53.95
塔城	55.95	57.14	57.83	57.86	58.01	37.37	36.39	50.22	37.07
阿勒泰	41.09	42.05	42.97	44.19	44.82	49.87	50.05	49.98	49.94
兵团	43.16	45.96	45.80	45.82	44.88	48.15	49.10	49.06	49.70

资料来源：根据《新疆年鉴》(2000—2009）整理而成。

5.1.3 计量方法

5.1.3.1 面板数据

面板数据（Panel Data）也称作时间序列与截面混合数据（Pooled Time Series and Cross Section Data），是同时在时间序列和截面上取得的二维数据，是截面上个体在不同时间点的重复观测数据。面板数据从横截面（Cross Section）看，是由若干个体（Unit，Entity，Individual）在某一时点构成的截面观测值，从纵剖面（Longitudinal Section）看每个个体都是一个时间序列。利用面板数据建立模型的优点是：①由于观测值的增多，可以增加估计量的抽样精度。②对于固定效应模型能得到参数的一致估计量，甚至有效估计量。③面板数据建模比单独的截面数据或时间序列数据建模可以获得更多的动态信息。

面板数据用双下标变量表示。例如

$$x_{it}，i=1,2，\cdots，N；t=1,2，\cdots，T \qquad （式 5-11）$$

i 对应面板数据中不同个体，N 表示面板数据中含有 N 个个体。t 对应面板数据中不同时点。T 表示时间序列的最大长度。若固定 t 不变，$x_{i.}$（$i=1,2，\cdots，N$），是横截面上的 N 个随机变量；若固定 i 不变，$x_{.t}$（$i=1,2，\cdots，T$），是纵剖面上的一个时间序列（个体）。如果每个个体在相同的时期内都有观测值记录，则称此面板数据为平衡面板数据（Balanced Panel Data）。若面板数据中的个体在相同时期内缺失若干个观测值，则称此面板数据为非平衡面板数据（Unbalanced Panel Data）。

5.1.3.2 面板数据模型

通常用面板数据建立的模型有 3 种，即混合模型、固定效应模型和随机效应模型。

（1）混合模型（Pooled Model）。如果一个面板数据模型定义为：

$$y_{it}=\alpha+X_{it}'\beta+\varepsilon_{it}, \quad i=1,2, \cdots, N; \ t=1,2, \cdots, T$$
（式 5-12）

其中 y_{it} 为被回归变量（标量），α 表示截距项，X_{it} 为 $k\times 1$ 阶回归变量列向量（包括 k 个回归量），β 为 $k\times 1$ 阶回归系数列向量，ε_{it} 为误差项（标量），则称此模型为混合模型。其特点是无论对任何个体和截面，截距项 α 和回归系数 β 都相同。

（2）固定效应模型（Fixed Effects Regression Model）可分为 3 种类型，即个体固定效应模型、时点固定效应模型和个体时点双固定效应模型。

① 个体固定效应模型（Entity Fixed Effects Model）。如果一个面板数据模型定义为：

$$y_{it}=\alpha_i+X_{it}'\beta+\varepsilon_{it}, \quad i=1,2, \cdots, N; \ t=1,2, \cdots, T$$
（式 5-13）

其中，α_i 是随机变量，表示对于 N 个个体有 N 个不同的截距项，且其变化取决于 X_{it}；X_{it} 为 $k\times 1$ 阶回归变量列向量（包括 k 个回归量），β 为 $k\times 1$ 阶回归系数列向量，对于不同个体回归系数相同，截距项 α_i 不同，y_{it} 是被回归变量（标量），ε_{it} 为误差项（标量），则称此模型为个体固定效应模型。

② 时点固定效应模型（Time Fixed Effects Model）。如果一个面板数据模型定义为：

$$y_{it}=\gamma_t+X_{it}'\beta+\varepsilon_{it}, \quad i=1,2, \cdots, N$$
（式 5-14）

其中 γ_t 是模型截距项，随机变量，表示对于 T 个截面有 T 个不同的截距项，且其变取决于 X_{it}；y_{it} 为被回归变量（标量），ε_{it} 为误差项（标量），满足通常假定条件。X_{it} 为 $k\times 1$ 阶回归变量列向量（包括 k 个回归量），β 为 $k\times 1$ 阶回归系数列向量，则称此模型为时点固定效应模型。

③ 个体时点固定效应模型（Time and Entity Fixed Effects Model）。如果一个面板数据模型定义为：

$$y_{it}=\alpha_0+\alpha_i+\gamma_t+X_{it}'\beta+\varepsilon_{it}，i=1,2,\cdots,N；t=1,2,\cdots,T$$

（式 5 - 15）

其中，y_{it} 为被回归变量（标量）；α_i 与 γ_t 均为随机变量，分别表示对于 N 个个体有 N 个不同的截距项和对于 T 个截面（时点）有 T 个不同的截距项，且其变化取决于 X_{it}；X_{it} 为 $k\times1$ 阶回归变量列向量（包括 k 个回归量）；β 为 $k\times1$ 阶回归系数列向量；ε_{it} 为误差项（标量）满足通常假定（$\varepsilon_{it}\mid X_{it}，\alpha_i，\gamma_t$）$=0$；则称此模型为个体时点固定效应模型。

（3）随机效应模型（Random Effects Regression Model）。如果一个面板数据模型定义为：

$$y_{it}=\alpha_i+X_{it}'\beta+\varepsilon_{it}，i=1,2,\cdots,N；t=1,2,\cdots,T$$

（式 5 - 16）

如果 α_i 为随机变量，其分布与 X_{it} 无关；X_{it} 为 $k\times1$ 阶回归变量列向量（包括 k 个回归量）；β 为 $k\times1$ 阶回归系数列向量，对于不同个体回归系数相同，y_{it} 为被回归变量（标量），ε_{it} 为误差项（标量），这种模型称为个体随机效应模型（随机截距模型、随机分量模型）。

5.2　新疆城镇化动力机制的回归检验

5.2.1　回归检验

5.2.1.1　混合模型回归检验

首先从新疆整体来分析四种动力对城镇化的推动作用，即不区分 15 个个体作混合模型回归检验。根据上述收集处理的数据建立面板数据库，利用 Eviews5.1 计量软件，对新疆城镇化四种动力推动城镇化发展的方程：

$$Urb_{it}=\alpha_{it}+\beta_1 Inner_{it}+\beta_2 Openness_{it}+\beta_3 Market_{it}+\beta_4 Gov_{it}+\varepsilon_{it}$$

（式 5 - 17）

使用混合最小二乘（Pooled OLS）估计法进行回归，结果如下：

$$Urb_{it}=-3.53+43.41Inner_{it}+6.67Openness_{it}+43.92Market_{it}+77.15Gov_{it} \quad \text{（式 5-18）}$$

（−0.71）（4.52）　（0.83）　（4.64）　（7.71）

$R^2=0.77$　$SSE=14\,418.72$　$D.W.=0.62$

F 统计值=107.05（$P=0$）

鉴于回归截距项 α_{it} 不显著（$t=-0.71$，$P=0.48$），故对不含截距项的上述方程进行回归，结果如下：

$$Urb_{it}=46.89Inner_{it}+7.67Openness_{it}+37.60Market_{it}+74.56Gov_{it} \quad \text{（式 5-19）}$$

（5.66）　（1.00）　（11.29）　（8.01）

$R^2=0.77$　$SSE=14475.42$　$D.W.=0.60$

对于上述两个回归方程，除外向动力（$Openness_{it}$）的系数不显著之外，其他三种动力对城镇化发展的回归系数都是显著可信的。

5.2.1.2　固定效应模型回归检验

为了更详细的分析四种动力对城镇化作用的大小，我们对上述方程进行面板数据的固定效应模型检验。为了确定应该建立那一种固定效应模型，应分别作个体固定效应模型、时点固定效应模型和个体时点双固定模型的检验，检验结果如表 5-6 所示，由检验结果可知，对于个体固定效应模型的检验，因为 F 统计量对应的 P 值小于 0.05（近似为零），所以推翻原假设（混合模型），即应该建立个体固定效应模型。但对于时点固定效应模型的检验，因为 F 统计量对应的 P 值小于 0.05（为 0.5294），所以不能推翻原假设（混合模型），即不应该建立时点固定效应模型。对于个体时点双固定效应模型的检验，因为 F 统计量对应的 P 值小于 0.05（近似为零），所以建立个体时点双固定效应模型也比混合模型好。基于检验结果综合分析，建立个体固定效应模型更好。

那么，是建立个体随机效应模型还是个体固定效应模型更适合，需要进行相关随机效应 Hausman 检验。在 Eviews 随机效应模型估计窗口中进行检验，结果如表 5-7。

表 5-6 个体、时点固定模型回归检验结果

类型	Effects Test	Statistic	d. f.	Prob.
个体	Cross-isection F	29. 801 994	(14，116)	0
	Cross-isection Chi-isquare	205. 923 431	14	0
时点	Period F	0. 887 242	(8，122)	0. 529 4
	Period Chi-isquare	7. 634 288	8	0. 470 0
个体时点双固定	Cross-isection F	26. 921 842	(14，108)	0
	Cross-isection Chi-isquare	202. 746 159	14	0
	Period F	0. 453 141	(8，108)	0. 886 1
	Period Chi-isquare	4. 457 016	8	0. 813 7
	Cross-iSection/Period F	18. 414 433	(22，108)	0
	Cross-iSection/Period Chi-isquare	210. 380 447	22	0

表 5-7 相关随机效应 Hausman 检验结果

Test Summary	Chi-Sq. Statistic	Chi-Sq. d. f.	Prob.	
Cross-section random	30. 566 4	4	0	
Cross-section random effects test comparisons				
Variable	Fixed	Random	Var(Diff.)	Prob.
INNER?	6. 253 669	33. 657 258	44. 383 368	0
OPENNESS?	9. 750 984	5. 132 682	2. 092 404	0. 001 4
MARKET?	5. 334 252	10. 591 478	27. 983 455	0. 320 3
GOV?	1. 941 748	24. 895 694	21. 501 082	0

因为 Hausman 统计量等于 30. 57 对应的 P 值小于 0. 05（近似为零），所以推翻原假设（个体随机效应模型），即应该建立个体固定效应模型。

基于以上检验，该面板数据适宜建立个体固定效应模型。因此，按照个体固定效应模型进行回归，计量结果及各地区固定效应如表 5-8 所示。

表 5-8 个体固定效应回归结果

	Variable	Coefficient	Std. Error	t-Statistic	Prob.
回归系数及统计量	截距项	39.793 08	6.822 386	5.832 721	0
	内源动力	6.253 669	12.048 1	0.519 058	0.604 7
	外向动力	9.750 984	5.489 978	1.776 143	0.078 3
	市场动力	5.334 252	12.223 36	0.436 398	0.663 4
	政府动力	1.941 748	9.888 573	0.196 363	0.844 7
各地区固定效应	乌鲁木齐	32.736 91	克州		−17.858 92
	克拉玛依	50.101 44	喀什		−21.181 3
	吐鲁番	−7.122 994	和田		−27.429 41
	哈密	8.460 875	伊犁州直		1.518 438
	昌吉州	0.948 922	塔城		4.104 561
	博州	−15.285 19	阿勒泰		1.504 823
	巴州	−2.645 001	兵团		−0.133 979
	阿克苏	−7.719 16			
回归参数	R-squared	0.949 337	Mean dependent var		45.874 07
	Adjusted R-squared	0.941 476	S. D. dependent var		21.495 08
	S. E. of regression	5.200 042	Akaike info criterion		6.265 007
	Sum squared resid	3 136.691	Schwarz criterion		6.673 898
	Log likelihood	−403.888	F-statistic		120.758 3
	Durbin-Watson stat	1.740 703	Prob（F-statistic）		0

由上述回归结果可知，个体固定效应模型的 F 统计值为 120.76，相应的概率接近于零，说明所有系数通过显著性检验，$R^2=0.94$ 表明拟合优度良好，$D.W.=1.74$ 说明消除了自相关性，但通过变量回归系数的 t 统计值来看，有些变量并不显著。

5.2.1.3 变系数模型回归检验

前面的混合回归检验和个体固定效应回归检验，各地区的个体影响是用变化的截距来反映的，即用变化的截距来反映模型中忽略的反映个体差异的变量的影响。但是，通过混合模型的回归发现截距项的系数并未通过显著性检验，再加上新疆各地区经济结构、社会文化背景等的不同，导致反映经济结构的参数随着横截面个体的变化而变化。因此，当现实数据不支持变截距模型时，便需要考虑这种系数随横截面个体的变化而改变的变系数模型。分别对新疆 14 个地州市及兵团进行变系数模型回归检验，分别得到不同地区城镇化四种动力的作用系数如表 5-9 所示，由表 5-9 可知不同地区的不同动力对城镇化推动作用差别很大，说明新疆城镇化动力机制的区域差别较大。

表 5-9 变系数模型回归结果

地区	内源动力		外向动力		市场动力		政府动力	
	系数	*t* 值	系数	*t* 值	系数	*t* 值	系数	*t* 值
乌鲁木齐	20.17	0.18	5.14	0.26	51.71	1.75	138.60	1.77
克拉玛依	−65.26	−3.16	137.33	0.56	188.46	7.53	10.85	0.87
吐鲁番	124.49	1.27	−83.08	−0.78	−7.28	−0.15	54.68	0.44
哈密	134.73	0.79	−49.50	−0.89	9.70	0.11	70.02	0.72
昌吉州	91.39	0.92	0.71	0.04	38.32	1.26	−52.23	−0.71
博州	101.49	0.53	−4.29	−0.20	35.91	0.69	−67.74	−0.54
巴州	70.84	0.94	−42.34	−0.33	27.99	0.55	−17.00	−0.33
阿克苏	60.03	0.56	631.35	2.79	28.72	0.81	−150.92	−0.48
克州	476.02	1.00	−17.67	−0.57	16.57	0.37	14.87	0.19
喀什	47.04	0.31	17.03	0.25	35.30	2.31	−39.60	−0.52
和田	530.40	1.05	57.86	0.13	0.01	0.00	−20.71	−0.13
伊犁州直	31.28	0.09	23.10	0.48	60.34	0.77	6.79	0.04
塔城	405.23	1.70	−206.18	−3.56	−10.72	−0.18	38.78	0.75
阿勒泰	53.01	0.42	−12.93	−0.35	68.92	1.60	−16.21	−0.18
兵团	205.68	1.59	−7.29	−0.53	27.87	0.56	−16.79	−0.18
参数值	R-squared 0.962 2		Adjusted R-squared 0.932 471			Durbin-Watson stat 2.336 086		

5.2.1.4 四种动力子指标的回归检验

上述回归检验都是从总体或个体角度，分析四种动力对新疆城镇化发展的作用，那么构建四种动力的子指标对新疆城镇化的推动作用又是如何？在每种动力之中每一个子指标对城镇化的推动作用如何？要回答这些问题就要对四种动力子指标分别作回归检验，因为除了一种动力之外，其他动力对城镇化都有影响，所以我们选择有截距项的回归方程，分别检验四种动力各子指标对城镇化的作用，结果如表 5 - 10。

表 5 - 10 四种动力各子指标对城镇化作用的回归分析

内源动力			外向动力			市场动力			政府动力		
变量	系数	t 值	变量	系数	t 值	变量	系数	t 值	变量	系数	t 值
C_1	17.70	10.08	C_2	42.70	17.67	C_3	−12.42	−1.86	C_4	39.98	16.39
X_1	12.59	2.71	X_8	−2.51	−0.18	X_{14}	26.58	2.44	X_{19}	−35.03	−6.73
X_2	−0.94	−0.31	X_9	10.56	1.32	X_{15}	39.49	5.03	X_{20}	10.30	1.14
X_3	32.33	1.13	X_{10}	64.22	2.16	X_{16}	−8.04	−0.88	X_{21}	−55.61	−2.81
X_4	2.37	0.12	X_{11}	−16.16	−0.68	X_{17}	34.45	3.97	X_{22}	98.27	5.81
X_5	7.95	0.87	X_{12}	−72.05	−3.19	X_{18}	10.79	1.71	X_{23}	17.38	1.24
X_6	45.14	7.39	X_{13}	22.31	2.43						
X_7	−9.45	−0.59									
R-squared		0.84	R-squared		0.20	R-squared		0.48	R-squared		0.75
F-statistic		91.85	F-statistic		5.36	F-statistic		24.09	F-statistic		79.05
Prob（F）		0.00	Prob（F）		0.00	Prob（F）		0.00	Prob（F）		0.00

从回归结果可以看出，除 X_2、X_4、X_7、X_8、X_{11} 共 5 个子指标对城镇化的作用不显著外，其他子指标的回归结果都是显著的。

5.2.2 回归结果分析

通过有截距混合模型的回归检验可以看出，在促进新疆城镇化发展的动力之中，本书所选的四种动力指标已包含了绝大部分的影响因素，因为当加入截距项对方程进行回归检验时，截距项无法通过显著性检验（因为 $T_{统计量}=-0.71$，相应的概率 $P=0.48$），这就说明除模型中所选的四种动力之外，影响城镇化的其他因素微乎其微。无截距项的混合模型估计结果表明了四种动力对新疆城镇化推动作用的结构，在四种动力之中政府动力是推动城镇化的最重要的力量，占到推动新疆城镇化发展总动力的44.73%，其次是内源动力占总动力的28.12%，再次是市场动力是总动力的22.55%，最后是外向动力仅占总动力的4.60%，并且外向动力对城镇化的作用不是十分显著（$T_{统计量}=1.00$，相应的概率 $P=0.32$），图5-2给出了新疆城镇化的动力结构。因此从新疆作为一个整体来看，政府在城镇化进程中依然起着关键性的作用，市场在城镇化进程中的基础性作用并未得到充分的发挥，新疆的自我发展能力有待进一步的培育，外向型经济的发展对城镇化的促进作用十分有限。

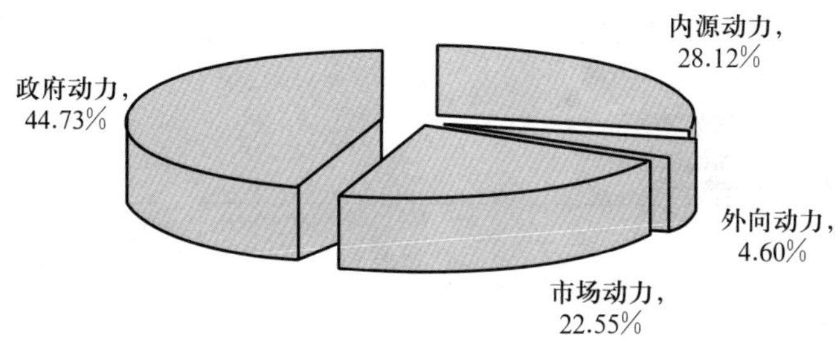

图5-2　新疆城镇化四种动力作用结构

个体固定效应模型是针对整体中不同个体的差异进行回归检验的，个体固定效应模型中的截距项中包括了那些随个体变化，但不随时间变化的难以观测的变量的影响。虽然根据混合模型分析回归模型中不应含有截距项，但根据检验结果可知该面板数据更适合作个体固定效应模型回归。回归结果显示四种动力对城镇化发展的推动作用不明显，但是个体固定效应显示了新疆各地区城镇化个体条件的差异，这种差异体现了过去城镇化的成果。根据图 5-3 可知，克拉玛依、乌鲁木齐、哈密等地区城镇化发展基础较好，而和田、喀什、克州等地区城镇化发展基础较差，其他地区则处于一般水平。

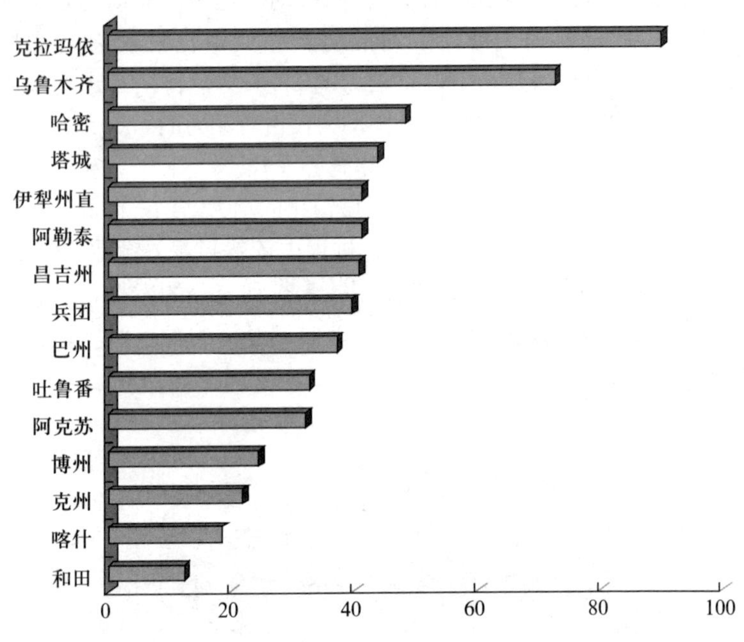

图 5-3 新疆各地州市及兵团城镇化发展基础优劣图

变系数模型检验了新疆各地州市及兵团城镇化发展进程中四种动力的作用结构。从回归结果可以看出，不同地区城镇化发展的推动力是不同的，乌鲁木齐城镇化发展的主要动力是政府推动，阿克苏城镇化的主要推动力是外向动力，克拉玛依、伊犁州直、阿勒泰主要依靠市场动力推动城镇化，吐鲁番、哈密、昌吉州、博州、巴州、克州、喀什、和田、塔城、兵团则主要是内源动力推动城镇化进程。当然，回归结果与现实情况存在一些偏差，如博州城镇化的发展得益于阿拉山口口岸带动的外向型经济，阿克苏应主要依靠内源动力带动城镇化，这可能因为在标准化处理数据时使数据产生扭曲，从而使回归结果对某些地区产生不太准确的现象。

最后从四种动力子指标的回归结果来看，F 统计量都通过概率接近零的检验，说明分别构成四种动力的子指标的选择是科学合理的，但市场动力和外向动力的拟合优度太低，尤其是外向动力，其 $R^2=0.2$，四种动力的 $D.W.$ 值都较小，这说明组成每一种动力的子指标间都存在一定的相关性。组成四种动力的 23 个子指标中，除 X_2、X_4、X_7、X_8、X_{11} 共 5 个子指标系数检验不显著外，其他子指标的回归结果都是显著的，表明各动力的绝大部分子指标的选取是科学可信的。

5.3　新疆城镇化动力机制的绩效评价

5.3.1　城镇化动力机制的绩效评价

为了更直观的描述不同地区四种动力对城镇化推动作用的绩效，我们首先构建各动力大小的指数 I_i，I_i 用某一地区某一动力 2000—2009 年综合指标的均值表示该地区该动力的指数；不同地区不同动力的回归系数用 C_i 表示。那么，某一地区该动力的绩效 P_i，就可以用动力大小 I_i 和该地区该动力的回归系数 C_i 的乘积来表示，即

$$P_i=I_i\times C_i \quad \text{（式 5-20）}$$

从各地州市及兵团城镇化发展的动力系统来看（图 5-4），克拉玛依依靠石油石化产业城镇化发展动力高居榜首，乌鲁木齐作为新疆的政治、经济、文化中心，城镇化发展动力位于第二，但由于乌鲁木齐城镇人口多产业多元，其经济聚集和扩散的功能远高于克拉玛依，因此乌鲁木齐对新疆城镇化发展的带动作用很大。兵团依托大农业优势和健全的工业体系、巴州依托丰富的自然资源和石油石化产业、昌吉州依靠优越的区位优势城镇化动力较强。

吐鲁番、哈密、塔城和博州位于亚欧第二大陆桥沿线，依托交通区位优势城镇化动力处于中等水平。伊犁州直、阿克苏、阿勒泰由于远离新疆较发达的天山北坡经济带，城镇化动力较弱。南疆三地州喀什、克州、和田由于交通闭塞、区位条件差、人才匮乏，是新疆城镇化动力最弱的地区。

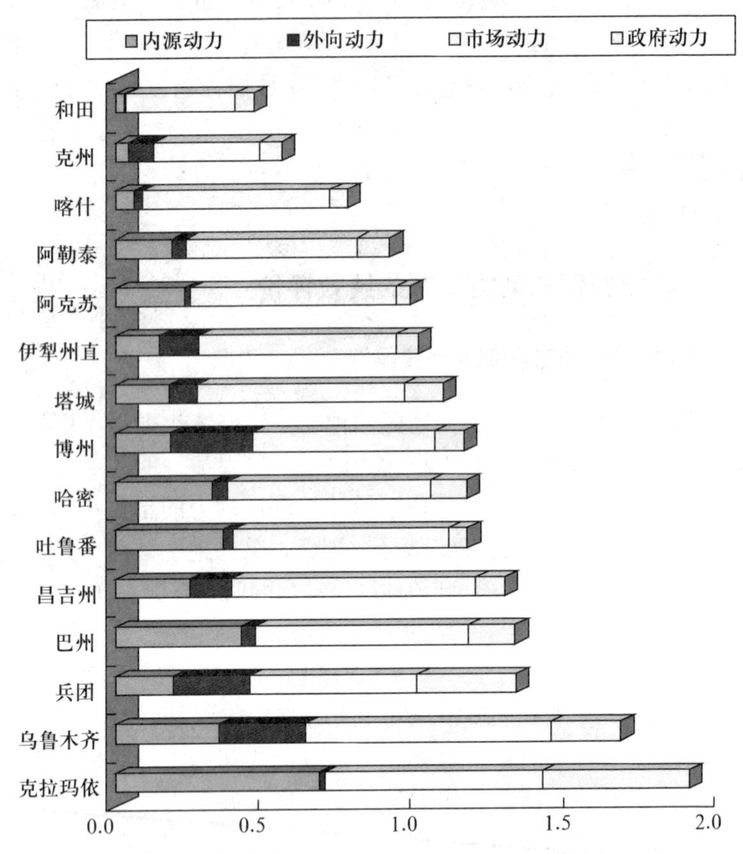

图 5-4　新疆各地州市及兵团城镇化动力示意图

下面我们将分别分析不同地区四种动力的绩效。根据上述数据和公式计算各地区四种动力绩效如表 5-11 所示，需要说明的是由于数据进行了标准化处理，因此在动力绩效中出现负值，这表示不同地区在同一动力绩效上的差异。

表 5－11　新疆各地州市及兵团动力机制绩效

地区	内源动力绩效	外向动力绩效	市场动力绩效	政府动力绩效
乌鲁木齐	6.87	0.28	41.80	31.98
克拉玛依	−42.71	0.02	133.91	5.44
吐鲁番	43.68	0.04	−5.16	3.31
哈密	42.34	0.05	6.45	8.40
昌吉州	22.04	0.14	30.75	−4.87
博州	17.93	0.27	21.50	−6.61
巴州	29.06	0.05	19.69	−2.59
阿克苏	13.55	0.02	19.36	−7.24
克州	19.49	0.08	5.74	1.09
喀什	2.75	0.03	21.73	−2.30
和田	15.57	0.01	0.00	−1.25
伊犁州直	4.48	0.13	39.04	0.51
塔城	70.55	0.09	−7.33	4.94
阿勒泰	9.64	0.05	38.78	−1.74
兵团	38.69	0.25	15.39	−5.41

5.3.1.1　内源动力绩效

从内源动力的 7 个子指标来看区位条件（X_1）、人均固定资产投资（X_3）和工业化率（X_5）对城镇化发展的影响作用较大，尤其是工业化率对城镇化的作用最大，而人均国民生产总值（X_4）、城镇就业人口比重（X_6）对城镇化的促进作用较小。自然资源的储量（X_2）对城镇化的作用为负值，这时因为自然资源储量是不变的，当这个变量对持续发展的城镇化进行回归时系数必然是负值，但这并不表明自然资源对城镇化发展有负面影响。人均城镇建设资金地方收入（X_7）也与城镇化发展呈负相关，这主要是因为乌鲁木齐和克拉玛依等城镇化水平较高的地区，城镇化水平增长较慢，甚至是负增长。

分区域来看，克拉玛依、巴州、吐鲁番、乌鲁木齐、哈密和昌吉这些自然资源丰富和区位条件较好的地州市内源动力较大，但内源动力的绩效参差不齐，其中克拉玛依和乌鲁木齐内源动力绩效较差；而和田、克州、喀什这些区位条件差自然资源开发较少的地州内源动力严重不足，但内源动力的绩效并不是最低的。新疆 14 个地州市及兵团内源动力的绩效较高的有塔城、吐鲁番、哈密、兵团、巴州、昌吉等地区，这说明这些地区内源动力与城镇化发展中的连接机制相对较优，而喀什、伊犁州直、阿勒泰和阿克苏的内源动力绩效较差，说明内源动力对这些区域城镇化发展的作用不强；另外乌鲁木齐和克拉玛依的内源动力绩效也较差，尤其是克拉玛依竟是负值，这是因为这两个地级市城镇化水平都已达到 90％以上，城市在发展但城镇化水平提升的空间及速度都十分缓慢，甚至城镇化率会出现降低的情况（图 5－5）。

5.3.1.2　外向动力绩效

从外向动力的 6 个子指标回归结果来看，人均进出口总额（X_{10}）、外贸依存度（X_{12}）和人均国际旅游收入（X_{13}）对城镇化的影响较明显，表明对外贸易和国际旅游对新疆城镇化发展有一定的带动作用；而人均实际利用外资额（X_8）、全社会固定资产投资中人均利用外资额（X_9）、人均出口总额（X_{11}）对城镇化的作用很弱，甚至是负值，这说明外资对新疆城镇化的推动作用不足，新疆利用外资的数量有限、质量不优，利用外资对城镇发展之间存在结构性错位；另外出口对城镇化的拉动作用有限，这是因为新疆的出口大部分是初级产品贸易和过境贸易，本地出口产品较少，能带动当地经济发展的加工贸易所占份额较小，外向型经济对城镇化的带动作用远未发挥出来。

相对于其他三种动力来说外向动力对新疆城镇化的推动作用

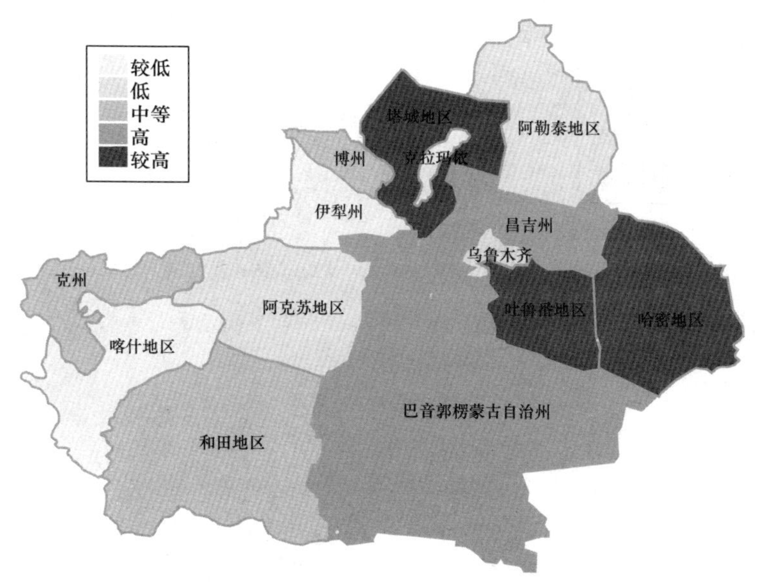

图 5-5　新疆各地州市内源动力绩效分布图

较弱。分地州市来看，产业基础较好的乌鲁木齐、兵团、昌吉和区位条件较优的博州、伊犁州直这些地区外向动力较大，同时这些地区城镇化外向动力的绩效也优于其他地区，但由于外向型经济的结构和质量不优，博州和伊犁州直的城镇化水平也不高。而和田、阿克苏、克拉玛依、喀什等地区的外向动力较弱，外向动力对这些地区城镇化发展的推动作用也较小；上述地区除克拉玛依是因为城镇化率较高、产业结构单一、外向型经济发展滞后，仅用城镇化水平来衡量城市发展其已处于停滞阶段外；其他地区主要是因为基础设施落后、产业层次低、人才匮乏致使虽有优越的区位条件，但外向型经济发展滞后，自然其对城镇化的带动作用也很小（图 5-6）。但总体看来，外向动力的大小和动力绩效是一直的，即动力大的对城镇化的推动作用也大，反之，则对城镇化的推动作用越小。

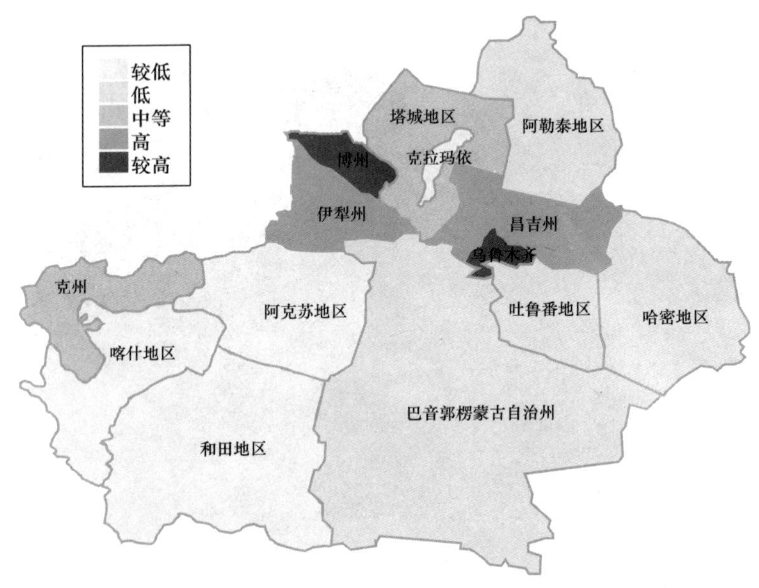

图 5-6 新疆各地州市外向动力机制绩效分布图

5.3.1.3 市场动力绩效

市场动力的5个子指标中，除固定资产投资的非公有制经济比重（X_{16}）对城镇化发展的促进作用不显著外，其他因素都通过置信水平为10%的检验。其中市场分配经济资源的比重（X_{15}）、城镇非公有经济就业比重（X_{17}）、社会消费品零售总额（X_{14}）三项指标占到市场动力的近90%，非国有经济在工业总产值中的比重（X_{18}）占约10%。这说明市场化程度、劳动力的市场配置机制和市场规模是推动新疆城镇化发展的主要市场因素。推动城镇化发展的动力中市场动力虽不是最大的，但市场动力的绩效却是最优的。这表明经过30年的市场化改革，市场机制在新疆城镇化进程中越来越发挥其基础性的作用，但我们也应看到在城镇化的过程中，处理不好各族群众在就业、住房、医疗、教育、产业等市场上的竞争格局，也会产生一些不利于社会稳定的因素。

市场动力较其他三种动力在不同地区的差别要小，其中乌鲁木齐和昌吉州的市场动力最强，这也说明乌鲁木齐都市圈的核心区是新疆市场化程度最高的区域。克州、和田、兵团和阿勒泰市场动力最弱，具体分析可以看出兵团主要是因为其特殊的管理体制制约了市场对资源的基础性配置作用，而其他地区主要是因为区位偏远、市场规模小导致市场化发育程度相对较低。市场动力对城镇化作用的绩效却差别很大，其中市场动力对克拉玛依城镇化的推动作用最强，这是因为克拉玛依在我国大市场中的分工和专业化程度较高；其次是乌鲁木齐、伊犁州直、阿勒泰和昌吉；塔城、和田、克州、哈密等地州的市场动力对城镇化的推动作用较低，市场动力绩效最低的是塔城和吐鲁番（图 5－7）。

5.3.1.4　政府动力绩效

政府动力的 5 个子指标中，国家预算内资金在全社会固定资产投资中占的比重（X_{19}）与城镇化发展呈负相关，说明中央政府在欠发达地区投入资金占当地固定资产投资较大，但由于当地经济自我发展能力较弱，因而对城镇化的促进作用有限。人均城镇维护建设收入中中央财政拨款部分（X_{20}）和医疗保险覆盖率（X_{23}）对城镇化发展的影响不显著，表明中央财政拨款相对较少不足以支撑当地城镇化建设，医疗保险覆盖率对城镇化的作用途径不是十分通畅。社会养老保险覆盖率（X_{21}）与城镇化发展呈负相关，说明城镇化水平较高的地区创造较多的就业机会，人们对社保的需求相对较低。失业保险覆盖率（X_{22}）占有政府动力的绝大部分，表明政府加大创造就业机会和对失业进行保障对推动当地城镇化发展具有重要影响。

分区域来看，政府动力较大的是克拉玛依、兵团、乌鲁木齐和巴州，其中克拉玛依和巴州主要依托其丰富的石油资源财政收入较高，兵团主要得益于其特殊的管理体制及中央的转移支付，

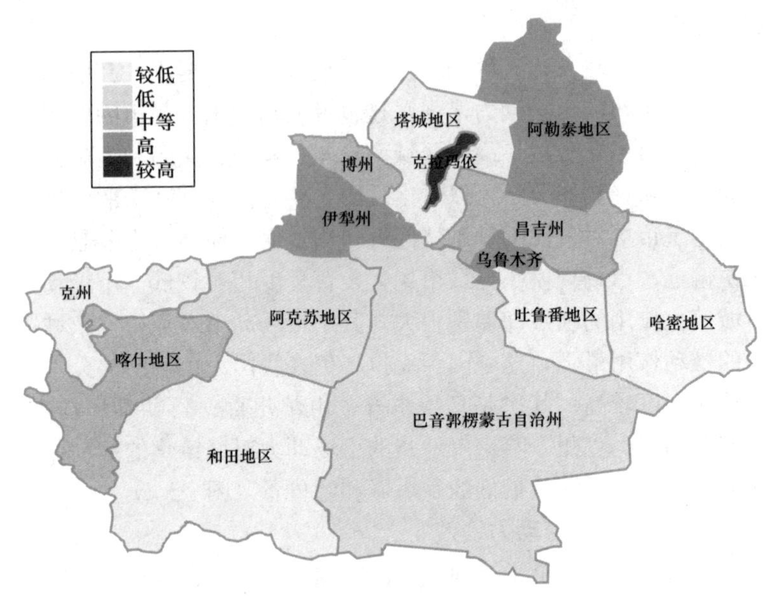

图 5-7　新疆各地州市市场动力机制绩效分布图

乌鲁木齐主要是其首府的地位致使政府投入较多，其他地州的政府动力相差不大。但政府动力的绩效却相对较低，其中乌鲁木齐依托其首府优势政府在推进城镇化进程中的绩效远远高于其他地州市；哈密、克拉玛依、塔城、吐鲁番等地市的政府动力绩效较高；阿克苏、博州、兵团、昌吉等地区城镇化发展的政府动力绩效较差，远低于平均水平，这可能是因为这些地区的经济发展处于中等水平，在国家重大项目建设、扶贫开发及政策倾斜方面获益较少，属于夹心层（图 5-8）。

5.3.1.5　动力系统绩效

根据全自治区各地州市及兵团四种动力的大小求出四种动力的平均值 I_i，乘以各动力对城镇化的作用大小 C_i，计算出四种动力的绩效如图 5-9 所示。从城镇化动力绩效来看，虽然促进

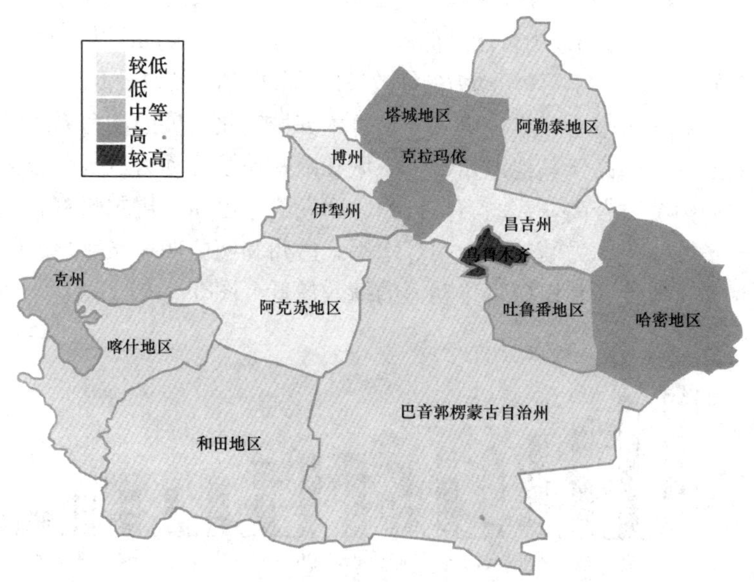

图 5－8　新疆各地州市政府动力机制绩效分布图

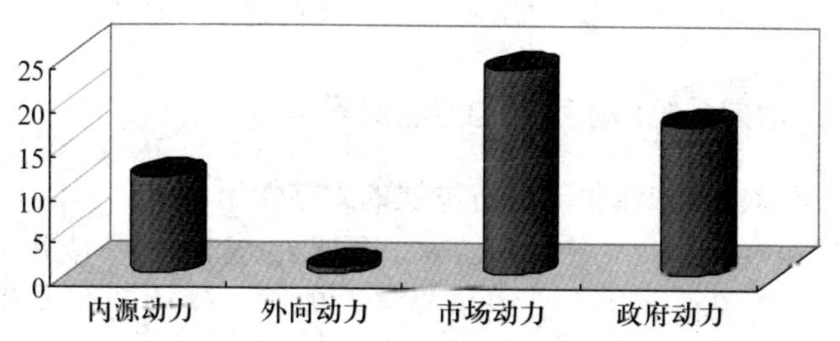

图 5－9　新疆城镇化四种动力绩效

新疆城镇化发展的动力主要来自于政府动力，占到推动城镇化发展总动力的 44.73%，这说明新疆城镇化的发展依然是自上而下的政府主导型模式；其次是内源动力和市场动力分别占总动力的 28.12% 和 22.55%，外向动力仅占总动力的 4.60%。但新疆城镇化发展动力的绩效最高的却是市场动力，其次是政府动力、内源动力和外向动力，这说明在促进新疆城镇化发展进程中，市场动力绩效优于其他三种动力，政府动力虽然是促进新疆城镇化的主要力量，但配置资源的效率并不高，内源动力的绩效较低，外向动力绩效最低。

分区域来看，克拉玛依和乌鲁木齐城镇化发展的动力系统绩效最高，远高于其他地州市，塔城和哈密城镇化动力虽不是很大但动力绩效较高，兵团、昌吉州、阿勒泰、巴州、伊犁州直和吐鲁番城镇化动力绩效处于中等水平，博州和南疆四地州克州、阿克苏、喀什、和田城镇化动力的绩效最低（图 5-10）。

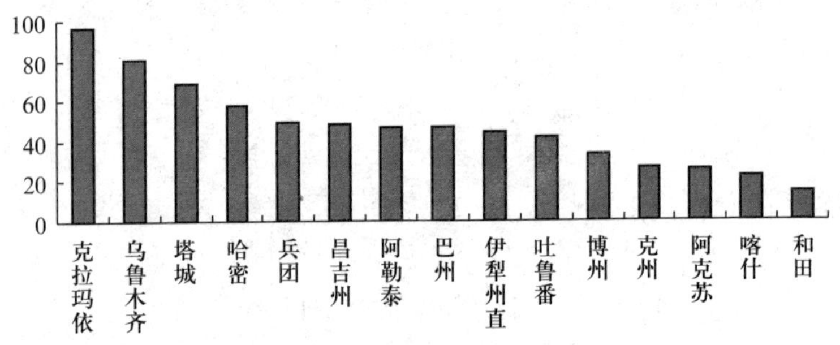

图 5-10　新疆各地州市及兵团城镇化动力绩效

5.3.2　动力系统对城镇化功能的支撑作用

5.3.2.1　城镇化对经济发展的支撑作用

城镇化作为区域现代化的重要组成部分（威廉姆森，1987），其核心推动力是聚集经济，即产业结构的非农化所导致的生产要素在空间的聚集。H. 钱纳里等（1975）经济学家认为，在一个连续均衡的国民经济中，城镇化表现为因果链条上的各类事件的最后结果：以导致工业化的贸易和需求的变化为开端，以农村劳动力向城镇就业的平缓转移为结果[①]。凯利

① H. 钱纳里，M. 赛尔昆 . 发展的格局：1950—1970 [M]. 北京：中国财政经济出版社 . 1989：56.

和威廉姆森[①]（1984）将二元经济增长模型内生化，指出发展中国家的经济发展是城镇化的直接推动力。城镇化率和人均国民生产总值高度相关，城镇的生产率也高于农村地区的，城镇创造的就业机会是促进经济增长的重要动力[②]。我们用 *Urb* 表示城镇化率，*PGDP* 表示人均国内生产总值，分别从《新疆统计年鉴》上获取 1978—2010 年的城镇化和人均 *GDP* 数据，运用格兰杰因果检验新疆经济发展与城镇化的关系。我们分别取滞后期为 1，滞后期为 3 和滞后期为 5，进行格兰杰因果关系检验。

从表 5－12 可以看出，在滞期为 1 的时候（本书 1 个数据滞期为 1 年），对于经济发展不是城镇化的成因的原假设，拒绝它犯第一类错误的最大概率是 0.04，小于 0.05 因此至少在 95％的置信水平下，可以认为城镇化是的经济发展原因；而对于城镇化不是经济发展成因的原假设，拒绝它犯第一类错误的最大概率是 0.27，不能够拒绝原假设，城镇化不是经济发展的成因被接受；同理，滞后期为 5 时可以得到同样的结论；但滞后期为 3 时，二

表 5－12　城镇化与经济发展格兰杰因果关系检验结果

原假设	滞后阶数	观察值	*F* 值	*P* 值
PGDP 不是 *Urb* 的 Granger 原因	1	31	4.539 34	0.042 05
Urb 不是 *PGDP* 的 Granger 原因			1.282 81	0.266 98
PGDP 不是 *Urb* 的 Granger 原因	3	29	0.742 89	0.537 92
Urb 不是 *PGDP* 的 Granger 原因			0.961 13	0.428 58
PGDP 不是 *Urb* 的 Granger 原因	5	27	4.130 40	0.013 37
Urb 不是 *PGDP* 的 Granger 原因			1.386 49	0.281 26

① Kelley，A. C.，Williamson，J. G. What Drives Third World City Growth? A Dynamic General Equilibrium Approach [M]. NJ：Princeton University Press，1984.

② Henry G. Overman and Anthony J. Venables. Evolving City Systems [J]. Working Paper No. 2010/26.

者不存在因果关系。因此，格兰杰因果关系检验表明，经济发展是城镇化的原因，即新疆经济发展直接推动城镇化进程；但是，新疆城镇化的发展并不是经济发展的直接原因。这一方面说明新疆城镇化发展还处在初期阶段，另一方面也表明新疆城镇的经济聚集与扩散功能十分有限。

5.3.2.2 城镇化对边疆安全功能的保障作用

新疆是我国西北边疆安全的战略屏障，处于我国反分裂斗争的前沿，维系西北边疆安全、边境安宁和国家安全，战略地位十分重要，同时新疆是一个多民族聚集的经济欠发达地区，这与其特殊的战略地位极不相称。因此尽快解决新疆贫困落后的问题，使新疆尽早进入小康社会，在经济和社会发展水平上高于周边国家的相邻地区。没有新疆经济社会的全面发展，就没有真正的人心所向，就没有真正的凝聚力，就没有真正的社会安定。城镇化在这项关乎国计民生、国家安全的系统工程中扮演着重要的角色。一是要统筹推动南北疆地区经济社会的发展和建设，二是要推动民族团结和社会进步，三是要有利于维护边疆稳定和国家安全。但是由新疆城镇化发展的现状看，不仅南北疆城镇化发展存在差距，而且腹心地区、边境地区和少数民族集聚地区城镇化水平相差悬殊（表 5－13），可见，新疆城镇化保障边疆安全的功能还不强。

由于新疆民族、宗教问题错综复杂，因而城镇化要统筹考虑推动新疆各民族团结和社会进步，要妥善处理城镇化过程中的民族关系，将区域开发建设与民族发展相结合。在城镇规划、拆迁补偿等城镇化建设的各个阶段和人口政策、就业政策等相应政策的制定、实施上都要考虑新疆区域的特殊性和新疆城镇化的特殊性。但是少数民族地区在城镇化建设方面的滞后，反映出城镇化动力机制的不完善。只有基于各民族共同利益基础之上的城镇化建设的大力推进，才有利于缩小东西部经济发展差距、提高人们生活水平，有利于平衡民族关系中不同利益团体间存在的利益冲突，使民族关系朝着和谐的状态发展，从而增进边疆稳定与国家安全。仅仅靠地区本身的力量，采取常规的战略、策略是不行的。必须借国家之力，采取特殊的政策和超常规的措施，才能起到保境安民，捍卫西部边境安全的目标。

表 5－13　2009 年新疆不同区域城镇化发展情况

腹心地区		边境地区		少数民族聚集区	
地州市	城镇化水平（%）	地州市	城镇化水平（%）	地州市	城镇化水平（%）
乌鲁木齐	89.42	博州	34.91	喀什	22.35
克拉玛依	99.11	塔城	36.77	克州	28.46
昌吉州	52.48	伊犁州直	42.83	和田	16.75
吐鲁番	38.19	阿勒泰	49.78	阿克苏	31.12
哈密	58.33	喀什	22.35	吐鲁番	38.19
巴州	48.66	克州	28.46	伊犁州直	42.83
和田	16.75	阿克苏	31.12	阿勒泰	49.78
平均水平	55.56	平均水平	32.54	平均水平	29.98

资料来源：根据《新疆年鉴 2010》整理而成。

然而，真正的、长久的稳定靠什么去维护？许多长期在新疆工作的基层官员在工作实践中意识到，如果经济发展长期滞后，城镇化发展缓慢，城镇化区域差异过大，贫富差距拉大，民生问题搞不好，各种矛盾就会越来越激烈。比如，2009 年尽管官方公布的新疆 3.8%的城镇失业率比全国平均值略低，但由于新疆城镇化水平落后于全国，占据人口相对多数的各少数民族主要分布在农村、又以青壮年为主，失业问题显然是困扰新疆稳定的一大难题。2009 年发生的"7·5 事件"的前因后果表明，新疆的稳定和发展，必须要有经济的快速增长和城镇化的快速发展①。只有让经济发展快起来，并且让各族人民分享到经济发展的好处，才能更有效地达到长治久安的目标。

① 中财网．新疆战略：区域经济跨越发展的样本［EB/OL］．http：//www.cfi.net.cn/p20100610001409.html.

第六章　新疆城镇化动力机制的缺陷及成因

6.1　四种动力机制的缺陷

6.1.1　内源动力机制的缺陷

6.1.1.1　地理区位与交通条件制约城镇化发展

我国东中部地区处于太平洋西岸中心位置，多属湿润地区，地形多以冲积平原为主，土壤肥沃；紧邻港澳台、日本、韩国及东盟，另外与美国、加拿大、澳大利亚、新西兰等国隔海相望。凭借优良的港口位置和现代化海上的运输工具，同亚太诸国和世界其他国家有着极其便利的经贸交流条件，依托长江流域、黄河流域等广阔的腹地，已形成了珠江三角洲、长江三角洲、京津唐等经济核心区。该区域航空、铁路、公路、航运发达，城镇高度密集，基础设施完备，优越的地理区位和良好的交通条件为东中部地区的经济发展提供了得天独厚的条件。2009 年东部地区和中部地区的城镇化水平分别达到 56.96％和 44.20％。而新疆地理区位与交通条件明显不如东中部地区，相对处于内陆封闭半封闭地带，地形多为山区、丘陵、沙漠、戈壁，生态环境极为恶劣，人们只能生活在非常分散的绿洲上。新疆交通、通信等基础设施明显落后于东部地区。

新疆地处欧亚内陆腹地，远离海洋和我国经济核心区，与 8 个国家接壤，周边国家多为欠发达地区，对促进新疆经济发展影响力很弱。首府乌鲁木齐是我国距离海洋最远的特大城市，离乌鲁木齐最近的省会城市兰州，铁路运输距离为 1 912 公里，距最

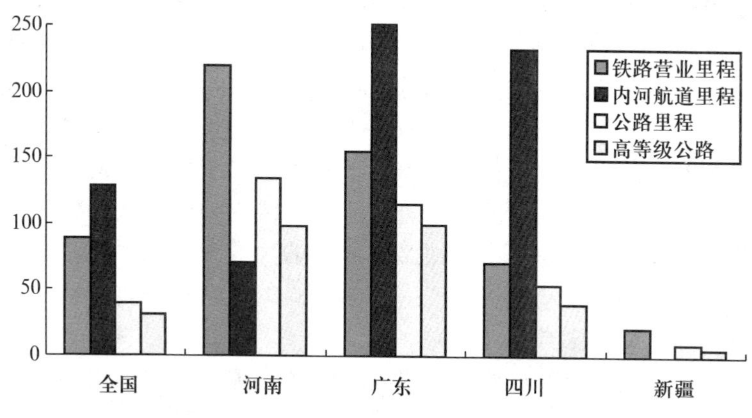

图 6-1 新疆交通条件与全国及其他省区比较图

近出海口连云港超过 3 700 公里。新疆地域面积 166 万公里²，是我国面积最大的省区，相当于 16 个浙江省。2009 年人口为 2 158.63万，地广人稀使得疆内城市之间的平均距离超过 700 公里，自治区内居民分布跨度数千公里，交通不便，商品流通成本高，信息交流量少而慢。2009 年，乌鲁木齐铁路局旅客平均运距为 758 公里，货物平均运距为 873 公里，都为全国之最。地理区位和交通条件对新疆与内地以及新疆内部城镇间的政治、经济、文化交流具有重要的支撑作用，同时也影响着新疆的城镇化进程。

近十年来，新疆加大了基础设施建设的投资力度，一批交通重点项目如北疆铁路、兰新铁路复线、南疆铁路及其西延工程、南北疆光缆，吐—乌—大高等级公路等的建设，大大缓解了新疆经济发展的“瓶颈”制约。但新疆交通基础设施数量少、标准低的局面未得到根本改变，2009 年新疆铁路营业里程密度仅为 22.13 公里/万公里²，仅相当于全国平均值的 24.84%；公路密度 907 公里/万公里²，相当于全国平均值的 22.57%，其中高等级公路密度为 552 公里/万公里²，仅为全国平均值的17.34%。目前和田、阿勒泰、塔城等地区还没有通铁路。承担疆内主要客货运输任务的公路网病害多、等级低，桥梁和路面承载能力偏低，难以适应高档车、大型车快速运行的要求；铁路数量少，占整个路网的比重小，自身经济效益较差，建设与改造任务繁重；现有机场除个别外普遍存在着设施不足、设备简陋的问题。通往自治区内外的干线运输通路还比较脆弱，新疆是中国铁路未成网的少数地区之一，甚至连骨架都未形成，新疆仍为“一线牵”式的兰新铁路，公路仅有312国道和315国道。

新疆境内幅员辽阔，远离内地经济腹地，自治区内和与自治区外的运输距离很长，是新疆交通运输的突出特点。同时，运输结构不合理，大量中长途客货运输由高运价的公路运输承担，大大增加了运输成本。按现行费率初步测算，新疆每亿元国内生产总值所需的运输费用比全国平均高出2～3倍。由于新疆运输距离长，交通建设资金短缺，投入不足，基础设施差，运输方式的结构不合理，造成各种工农业产品运输成本高，降低了产品市场竞争能力，抑制了新疆资源优势的发挥，因此交通长期以来始终是新疆经济发展和城镇化进程的制约因素之一。

6.1.1.2 经济发展过度依赖资源开发

新疆主要是靠资源性产业支撑的经济，2009年三次产业结构为17.8∶45.1∶37.1，第一产业所占比重高出全国平均水平7.5个百分点，第三产业低于全国平均水平6.3个百分点。第一产业中，农村地区总产值来自农林牧副渔业的比重高达80%以上，农业发展依靠粗放式的水土资源开发，而农牧业信息化、产业化、现代农业技术等在农业发展中起到的作用不强。第二产业比重由1999年的36.1%提高到2009年的45.1%，采掘业和石油石化工业比重迅速提高，而制造业和高新技术行业发展缓慢。第三产业比重偏低，且多为传统服务业，外贸主要以边境贸易为主，加工贸易只占3.5%，现代服务业和外向型经济发展滞后，现代物流、金融保险等生产性服务业发展滞后。由于资源开发行业多为资本密集型产业，对劳动的吸纳能力有限，导致三次产业之间的协调性较差，产业结构和就业结构存在错位，就业矛盾突出。

新疆经济发展以资源开采和初级产品加工为主体，产业结构层次较低；经济增长过度依赖以投资和数量扩张推动第二产业，工业高度依赖能源开采和基础原材料型重化工业。2009年以石油、煤炭、金属等资源性为主的采掘、原材料工业增加值占整个增加值的53.34%，其中仅石油天然气开采占到全自治区工业增加值的45.24%，而以农副产品加工、食品饮料、纺织服装为主的轻工业工业增加值仅占7.3%（图6-2）。“石油、石化”一业独大，占全自治区工业增加值比重在60%以上，制造业和高新技术产业比重偏低。分区域来看，2009年克拉玛依、乌鲁木齐和巴州三个以石油石化为主要产业的地区，工业增加值占到全疆的70.8%，其他地州所占份额都低于5%，其中博州、克州、喀什、和田合计仅占1.34%，滞后的工业化严重制约着这些地区的城镇化进程。

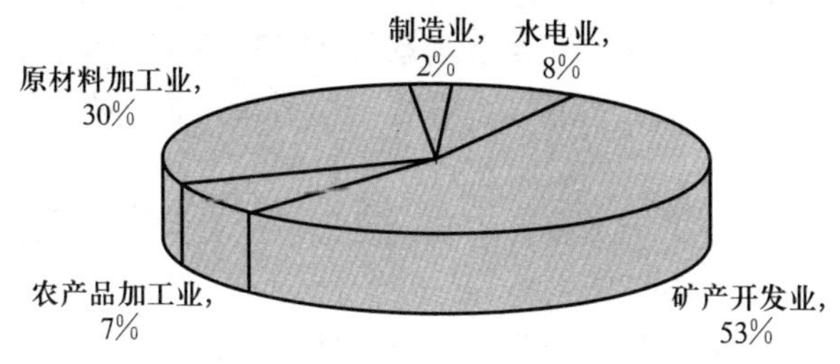

图6-2　2009年新疆工业各产业产值结构图

综合来看，新疆产业结构和产业布局高度依赖资源开发，产业结构矛盾和各地区之间的不协调，严重影响到新疆产业链的各环节和区域发展的差距，制约了新疆经济的发展和城镇化进程。

突出表现在，资源密集型产业同时是技术和资金密集型产业，如石油石化、煤炭开采和煤化工等产业，对农村剩余劳动力的吸纳能力十分有限，制约城镇化发展；资源密集型城镇具有优势的地区城镇化水平较高，但对周边区域的经济聚集能力不足，如克拉玛依城镇化水平已达98%以上，但对周边兵团团场及塔城城镇化的带动作用微乎其微。因此，经济发展过度依赖资源开发，新兴产业发展滞后，产品科技含量低，新产品总量少，传统产业改造步伐和工业结构升级缓慢，产业缺乏配套，产业链短，加工深度和综合利用率低，2008 年全自治区高新技术产业增加值占工业增加值的比重仅为0.16%，比全国平均水平低7.9 个百分点[①]。上述因素已成为制约新疆城镇化进程的主要因素之一。

6.1.1.3 基础设施建设对城镇化发展的支撑作用不强

区域交通、通讯、电力、水利等大型基础设施建设，是区域经济发展的基本前提；而城镇的道路、电网、通讯、自来水、天然气、绿地、公厕等基础设施是城镇化发展的基本保证；城镇中的医院、学校等服务型基础设施建设，是加大城镇经济聚集能力促进城镇快速发展的必备条件。这些基础设施建设作为公共品，具有公用性、福利性和渐进性的特点，区域基础设施的发展水平反映了一个国家（地区）在市场竞争环境和条件下满足企业经营和居民生活基本需求的环境、自然、技术和交通资源等基础设施体系的服务能力。基础设施建设投资数额巨大回收期长甚至难以直接回收，因此，合理高效的基础设施建设对保障区域经济发展和城镇化发展具有至关重要的作用。

新疆城镇的空间布局非常分散，乌鲁木齐到各地州市中心城

① 刘迪生．加快产业结构优化升级实现新疆跨越式发展［EB/OL］．http：//www. xjdrc. gov. cn/1＄001/1＄001＄042/1＄001＄042＄004/317. jsp? articleid＝2010－8－26－0011.

市的平均距离为 742 公里①。全国每万公里² 平均有 0.68 个城市，而新疆仅有 0.13 个，加之城镇规模小、城镇间距离大，因此经济发展和城镇化建设所需基础设施投资高于内地省区。但是，由图 6－3 可以看出，虽然新疆全社会固定资产投资和城镇固定资产投资的绝对数值近十年来持续增加，但占全国的比重却持续降低，新疆全社会固定资产投资和城镇固定资产投资占全国的比重分别由 2000 年的 2.12％和 1.85％降低到 2009 年的 1.31％和 1.26％，这必然导致新疆基础设施建设速度低于全国平均水平，进而制约新疆的经济发展和城镇化进程。

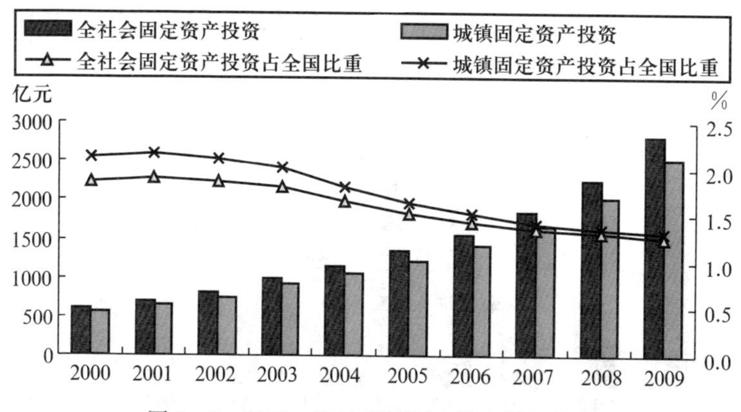

图 6－3　2000—2009 新疆固定资产投资状况

从直接促进城镇化发展的城镇市政基础设施建设来看，联合国推荐的发展中国家的城市市政设施的投资比例，应占到国内生产总值的 3％～5％，占固定资产投资的 9％～15％②。但新疆的情况是，城市建设费用波浪式上升 2003 年达到最大值约 82 亿元（图 6－4）；城市建设投资占 GDP 的比重在 2002—2004 年的三

① 王太祥，李万明．新疆城镇化融资方式探析［J］．农村经济与科技，2006（7）：61－62.

② 谢文惠，邓卫．城市经济学［M］．北京：清华大学出版社，1996.

年内高于3%，属于较合理的水平，但其他年份投资比例都低于3%，且2004年以后有进一步下降的趋势；城市建设投资占固定资产投资的比重一直低于联合国推荐的最低水平9%，比重最大的2003年也仅为8%，且自2003年后持续下降，2008年仅为2.9%，远远低于合理水平。影响新疆城市基础设施发展的主要因素包括城市经济实力弱、城市财政入不敷出、投资主体单一、融资渠道不畅、政府宏观调控能力不强等。因此，新疆应采取多方面的措施促进基础设施建设。通过以上分析可以看出，巨大的基础设施建设需求和供给的相对滞后，已成为制约经济发展的因素之一。

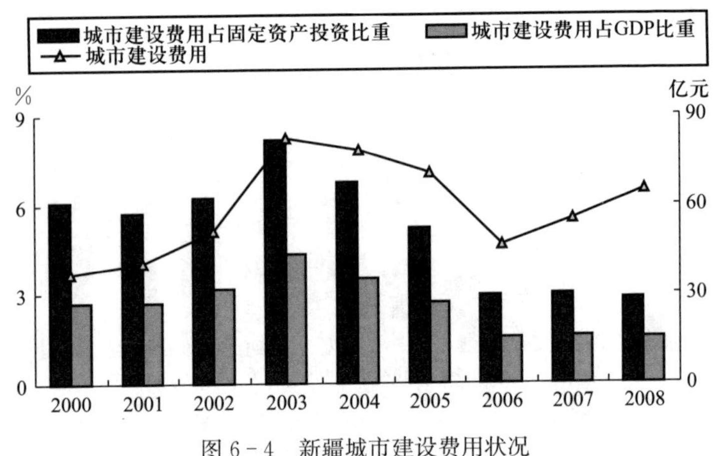

图6-4　新疆城市建设费用状况

6.1.1.4　自身经济发展能力不足阻碍城镇化进程

新疆经济基础薄弱，综合经济实力不强，2009年新疆人口占全国的1.6%而经济总量仅占全国的1.2%。整体来说新疆国民经济素质不高，与内地省区存在着较大差距，表6-1给出了新疆主要经济指标在全国31个省（自治区、直辖市）中的位次。由表6-1可知，近10年间新疆除生产总值排名第25位没发生变化外，其他所有指标在全国的位次都发生下滑，其中人均GDP由2000年的第12位下滑为2009年的第21位，城镇居民可支配收入由2000年的第15位下滑至第30位。可见在全国经济快速发展的过程中，由于新疆在国际国内市场区域分工和资源配置中处于产业链和价值链的低端，在市场竞争中处于劣势，经济自我发展能力相对不足，制约着城镇化、工业化和农业现代化的发展。

表6-1　新疆主要经济指标在全国31个省（自治区、直辖市）中的位次

年份	2000	2005	2009
地区生产总值（亿元）	1 364	2 604.2	4 277
位次	25	25	25
GDP增长率（%）	8.2	10.9	8.1
位次	16	28	30
第一产业占GDP比重（%）	21.1	19.6	17.8
位次	12	4	3
第二产业占GDP比重（%）	43	44.7	45.1
位次	17	17	22
第三产业占GDP比重（%）	35.9	35.7	37.1
位次	18	26	24
人均GDP（元）	7 470	1 3108	19 942
位次	12	14	21
固定资产投资（亿元）	610	1 339	2 827
位次	19	25	25
城镇居民可支配收入（元）	5 817	7 990	12 257
位次	15	31	30
农村人均纯收入（元）	1 618	2 482	3 883
位次	24	25	25
社会消费品零售总额（亿元）	374	638	1 177
位次	25	25	27

资料来源：根据《新疆统计年鉴2010》、《新疆统计年鉴2006》、《新疆统计年鉴2001》整理而成。

长期经济发展是推动城镇化进程的动力，而经济发展的过程就是产业结构优化升级的过程、是工业化的演进过程，即产业升级和工业化是城镇化的核心动力。由于新疆农牧业、能源、矿产资源丰富，工业长期以初级产品加工为主，产业链条短，资源综合开发能力低；同时，新疆属于内陆干旱地区，水资源分布不均衡，生态环境十分脆弱，以能源、有色金属为主的重工业行业资源耗费量和污染物排放量大，加大工业污染程度，增大生态环境的治理成本，降低生产效率和自我发展能力。2009 年，新疆工业废水排放达标率为 66.74%，而全国平均水平为 94.24%，工业固体废物处理利用率为 47.63%，全国平均值为 67.76%，工业废气排放达标率仅为 66.29%。这些污染物的排放破坏了生态环境，不利于经济的可持续发展。

新疆自我发展能力的不足还表现为资金、技术、人才等要素的匮乏，作为经济发展滞后地区，更需要大量的资金投入来推动新疆新型工业化进程，但经济发展的资金来源比较单一，缺乏吸引外资的有利条件。2000—2009 年的十年间，新疆固定资产投资额达 14426.49 亿元，而吸引的外资为 90.33 亿元，仅占 0.63%，同期我国吸引外资的平均水平为 3.57%。资金来源仍主要依靠自筹、中央投资、地方金融贷款等，但本地经济发展水平低，企业赢利能力弱，造成经济发展的资金积累率低。同时，新疆企业科研投入低，制约了工业竞争力的提高。以研究与实验发展经费支出占 GDP 的比重为例，2009 年，新疆地区的比重为 0.38%，而全国平均水平为 1.62%。2009 年 R&D 人员全时当量仅占全国的 0.4%，受待遇水平、科研条件等方面的影响，新疆地区技术人才不足且流失严重，缺乏高级经营管理人才，劳动者整体素质不高，这些都制约了新疆工业化的进一步发展。受上述条件的制约，新疆工业化率及非农产业比重都低于全国平均水平（图 6-5），这大大限制了非农产业对农村剩余劳动力的吸纳，减缓了城镇化进程。

由于产业结构不合理、产业关联度低，产业升级困难重重，这直接导致区域经济发展动力不足。新疆城镇间产业协作性差，城镇产业布局和城镇功能趋同明显。工业主要集中在乌鲁木齐、克拉玛依、库尔勒等几个城市，其他多数城市则以行政中心为主，经济聚集功能弱，社会服务水平低，城市经济严重缺乏产业支撑。政府财政收支严重失衡，财政靠中央财政补贴，赤字水平

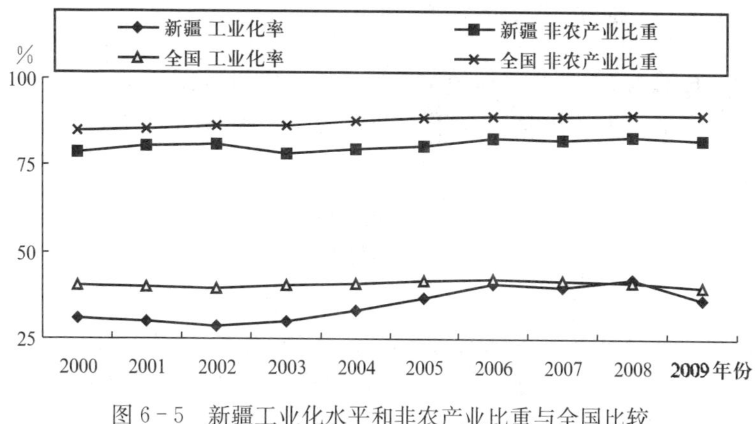

图 6-5　新疆工业化水平和非农产业比重与全国比较

和范围逐年扩大。1978—2009 年的 31 年间财政收入的增长率为 14%，而财政支出差额的增长率竟为 16%。财政自给率由 1978 年的 41.97%波浪式降为 2009 年的 28.86%，财政支出的不足直接导致基础设施建设的滞后、政府公共服务水平增长缓慢、社会保障体系建设财力不足（图 6-6）。这大大制约了农村劳动力向城镇转移的数量和速度，推迟了城镇化的发展。

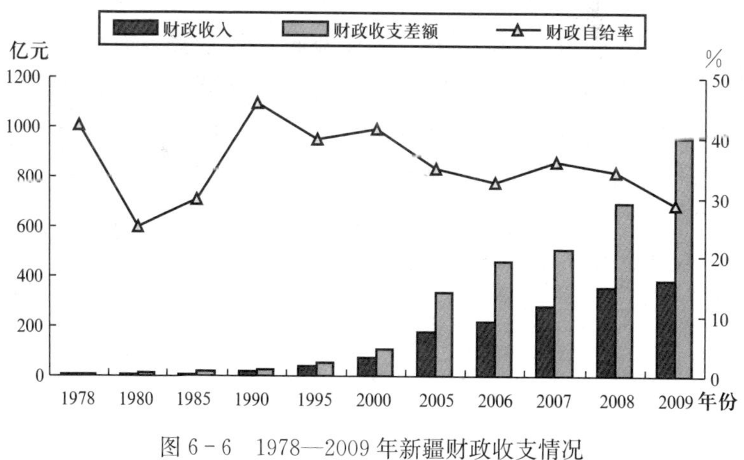

图 6-6　1978—2009 年新疆财政收支情况

6.1.2 外向动力机制的缺陷

6.1.2.1 外资对城镇化发展的推动作用不强

吸收和利用外资有利于弥补区域经济发展过程中资金的短缺，促进投资增长创造就业机会的同时带来区外先进的技术和管理，推动区域经济的发展和城镇化进程。如我国珠三角地区从1979—2003年，实际利用外资累计高达2 530亿美元，分别占广东省和我国实际利用外资总额的88.6%和35.19%①。外资的大量进入使珠江三角洲城镇交通、通讯、电力等基础设施和公共服务能力显著提升，创造了大量的就业机会，解决了当地农村剩余劳动力转移的问题，同时还吸引大量外来迁移人口。大量的外来人口流入，在珠江三角洲形成一个丰富的低成本劳动力市场，促进珠江三角洲的产业结构调整，也成为珠江三角洲城镇化持续增长的源泉之一②。因此外资在推动我国城镇化进程中发挥了重要的作用，但在新疆由于受各种条件的制约，外资对城镇化发展的推动十分有限。

自1980年新疆利用外资形成规模以来，30年间累计签订外资合同项目1763个，合同金额34.68亿美元，实际利用外商直接投资12.17亿美元。截至2009年年底，新疆实有外资企业1639家，外资来源地域逐步扩大，已从开放初期的港澳台地区，逐步扩展为包括日本、美国、加拿大、中亚及俄罗斯等遍布世界五大洲的38个国家和地区，欧洲及东南亚对新疆的投资明显增加，而投资来源日益广泛的港、澳、台投资比重逐步下降。利用外资的形式也不拘一格，方法比较灵活，除了直接吸引外商投资

① 李胜兰．外向型城市化发展模式研究——珠江三角洲个案研究［J］．中山大学学报（社会科学版），2004(5)：11－15.

② 许学强，李郇．改革开放30年珠江三角洲城镇化的回顾与展望［J］．经济地理，2009(1)：13－18.

举办合资、合作、独资企业外，还采取了“三来一补”、国际租赁、合作开发以及国外贷款等融资方式[①]。外商投资已覆盖了新疆农业、制造业、建筑业、交通邮电业、批发零售贸易业、房地产业、公共事业、居民服务业等各个行业。

但是由于新疆经济结构不合理，制造业集群的数量和技术水平偏低、专业化协作困难。基础设施方面，缺乏发达的物流、完善的水电供应、先进的通讯网络等基础设施体系；在人力资源方面，高素质人才少且流失严重，再加上复杂的多民族社会文化环境，都制约着新疆引进外资的顺利进行。新疆与内地省区相比还有很大差距，突出表现在实际利用外资的结构不合理，最能增加就业、促进贸易发展、加快技术进步、提升管理水平的 FDI 占利用外资总额不足 20%，国外贷款占 80%，而在全国 FDI 占比的平均水平在 80%以上[②]。外商投资的产业结构不合理，实际利用外资主要集中在制造业、批发零售贸易业、交通运输、仓储及邮电通讯业等行业，新疆具有优势产业的农业、采矿业和服务业实际吸收外资状况不容乐观。新疆引进外资的区域分布极不均衡，实际利用外资发展极不平衡，外商投资企业主要集中在乌鲁木齐、昌吉、奎屯、伊宁、塔城、博乐、石河子、阿克苏等地，其他地区外商投资企业数量较少[③]。这加剧了区域经济发展的不平衡，不利于城镇化的协调发展。因此外商在新疆投资项目规模小，缺乏战略投资商，新疆利用外资的质量不高，水平很低，已经成为制约新疆经济进一步快速发展和城镇化进程的重要因素。

---

① 吴章济．新疆利用外资的现状与对策［J］．新疆社会经济，1995(1)：47－51.

② 张高丽，赵军．新疆引进外资面临的困境及发展道路的选择［J］．新疆社会科学，2007(6)：35－37.

③ 新疆维吾尔自治区统计局．新疆利用外资形势与发展路径选择［EB/OL］．http：//www.stats.gov.cn/tjfx/dfxx/t20070425_402401883.htm.

6.1.2.2 对外贸易与城镇化发展的连接不畅

随着罗默（Paul Romer）和卢卡斯（Robert Lucas）为代表的“新增长理论”认为对外贸易通过提供更广阔市场、更为频繁的信息交流和更加激烈的竞争可以促进一个国家或地区的经济增长，进而带动当地城镇化的发展。新疆位于我国西北边陲，与8个周边国家接壤，边境线长达5 600多公里，再加上各族少数民族与周边国家的民族宗教信仰和生活习惯非常相近，市场互补性很强，这使新疆具备了发展边境贸易得天独厚的地缘优势、人文优势和市场优势。据统计测算，出口1亿美元制成品相当于提供2.9万个就业岗位，创利税约7 000万元；出口1亿美元农副产品，就要有12.5万个农业劳动力提供劳动产品；出口1亿美元的产品，可拉动新疆GDP增长0.8个百分点；出口每增长10%，可拉动新疆GDP增长0.53个百分点①。因此对外贸易对新疆城镇化发展的促进作用潜力很大，但受制于基础设施和周边国家的政治经济环境，新疆外贸对城镇化发展的推动作用十分有限。

新疆虽具有优越的对外贸易条件，但对外贸易对新疆经济发展的带动作用不强。图6-7给出了近十年来新疆对外贸易发展情况，由图6-7可以看出，新疆进出口总额不断增长，2008年达到222亿美元，但由于新疆出口多为初级产品受金融危机影响具有滞后性，2009年进出口急剧下降为2007年的水平。从新疆进出口在全国的占比来看，基本维持在1%左右。从出口商品的结构来看，2009年鞋类和番茄酱分别占72%和23%，其他产品比重不足5%，进口商品中原油和钢材分别占到69%和24%，其他产品仅为7%，由此可见新疆对外贸易的商品结构还处在较低的层次上，对经济带动作用有限。从贸易方式来看，在2009

① 肖凤英．新疆外贸对新疆经济增长贡献的实证分析［J］．新疆财经，2006（2）：30-35.

年进出口总额中，边境小额贸易占到66%，一般贸易占到21%，加工贸易占3%；出口额中边境小额贸易占到69%，一般贸易占到16%，加工贸易占3%，而同期我国加工贸易占到对外贸易的40%多，由此可以看出，对带动经济增长最强的加工贸易在新疆对外贸易中占比很小。

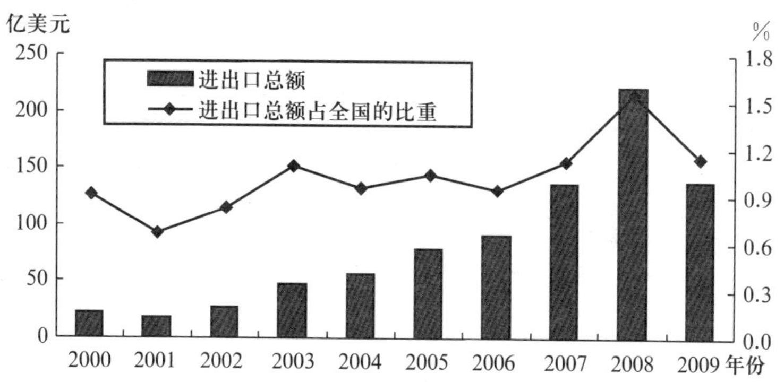

图 6-7　2000—2009 年新疆对外贸易情况

从新疆对外贸易的地域分布来看，2009 年北疆地区占到全疆的 88.25%，而人口与北疆相当、经济发展相对落后的南疆仅占 11.23%，对外贸易地域分布的不均衡将进一步加大区域经济的差距，不利于新疆城镇化的协调发展和社会稳定（表 6-2）。另一方面，对外贸易规模较大的地州市除乌鲁木齐和昌吉州外都紧邻边境，基础设施、人才、技术、资金匮乏，将对外贸易转换为促进本地经济发展和城镇化建设的能力十分薄弱。如博州是阿拉山口口岸所在地，2008 年，口岸过货量高达 1 898.32 万吨，占全自治区口岸进出口货运总量的 88.9%，连续 13 年位居全国陆路口岸第二位。已经成为西部最大的、全国唯一的集公路、铁路、管道三种运输方式并举的陆路口岸和能源、资源安全大通道。但博州对这种对外贸易优势的利用能力十分薄弱，2009 年博州三次产业比重为 25.3∶18.2∶56.5，经济主要以农牧业为主，工业化程度低，对经济的拉动作用不明显。第二产业所占比重很小，且建筑业又占到第二产业的近50%。现代化服务业发展不充分，城乡劳动就业不协调，农民持续大幅增收的难度较大，城镇化发展滞后。伊犁州直、塔城、阿勒泰、喀什、克州面临着同样的问题。由此可见，新疆大部分边境地州将对外贸易优势转换为经济优势，进而促进城镇化发展的链接机制十分不畅，这制约了边境地区城镇化的发展。

表6-2　2009年新疆对外贸易地域分布

	地州市	进出口总额（万美元）	出口额（万美元）	进出口比重（%）	出口比重（%）	合计
东疆	吐鲁番	1 072	913	0.08	0.08	0.53
	哈密	6 190	4 807	0.45	0.44	
北疆	乌鲁木齐	368 300	296 885	26.63	27.43	88.25
	克拉玛依	18 121	10 533	1.31	0.97	
	石河子	22 943	16 790	1.66	1.55	
	昌吉洲	226 651	192 727	16.39	17.81	
	伊犁州直	370 729	269 841	26.81	24.93	
	塔城	83 722	82 237	6.05	7.60	
	阿勒泰	46 698	46 145	3.38	4.26	
	博州	109 687	39 942	7.93	3.69	
南疆	巴州	12 017	8 659	0.87	0.80	11.23
	阿克苏	13 980	13 533	1.01	1.25	
	克州	14 986	11 767	1.08	1.09	
	喀什	87 605	87 495	6.34	8.08	
	和田	70	51	0.01	0.00	

资料来源：根据《新疆统计年鉴2010》整理而成。

6.1.2.3　旅游业对城镇化的带动作用很弱

旅游经济在国民经济中占有重要地位，对相关产业的带动、经济结构的调整、促进国民经济的发展等方面都有积极的作用，旅游产业通过带动交通运输及仓储业、批发和零售业、住宿餐饮业、信息传输业、社会服务业等部门，推动旅游目的地人口和产业的集聚促进城镇化发展。澳大利亚学者帕特里克·马林斯认为旅游城镇化是20世纪后期出现的一种由单一的消费功能（旅游消费功能）而形成的一种新型、独特的城镇化形式，是由休闲娱乐的销售和消费而形成的一种城镇化模式①。新疆旅游经济占到整个GDP的5%～6%，旅游综合就业人数占到第三产业就业人数的40%左右，但新疆旅游产业感应度系数和影响力系数都低于社会平均水平，对国民经济发展的促进作用还不够大，对国民经济的支撑作用还没有发挥出来②，说明新疆的旅游业对城镇化建设的促进作用还有较大潜力。

具体来看，2000—2009年的十年间，新疆国内旅游收入占全国的比重大部分年份都超过2%，但受新疆社会稳定因素影响，2009年国内旅游收入绝对量和在全国的占比都大幅下降（图6-8）。但类似于外向型经济的国际旅游收入很低，在全国占比仅为0.5%左右，且有进一步降低的趋势，可见新疆独特的地域和民族文化旅游资源优势，在经济发展过程中并未得到充分的发挥，旅游对城镇化的推动作用不强。分区域来看，旅游经济发展水平较高的地区为：乌鲁木齐、吐鲁番、伊犁州直、阿勒泰和喀什等地州市，这些地区除乌鲁木齐城镇化程度较高外，其他地区城镇化发展滞后，旅游对城镇化的带动作用很弱。

---

①　Mullins P. Tourism Urbanization [J]. International Journal of Urban and Regional Research，1991，15(3)：326-342.

②　王燕，等．新疆旅游产业经济贡献综合影响分析 [J]．干旱区资源与环境，2009(4)：165-170.

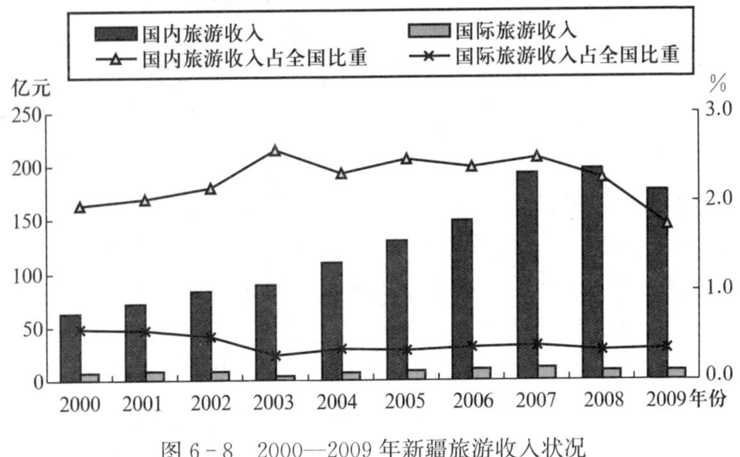

图 6-8　2000—2009 年新疆旅游收入状况

6.1.3　市场动力机制的缺陷

6.1.3.1　金融市场发育滞后延缓城镇化进程

新疆金融市场存在资本市场发展缓慢、融资渠道和工具单一等不足，延缓城镇化进程。从基础设施建设融资市场来看，长期以来，新疆基础设施建设管理体制仍然固守着计划经济的模式，绝大部分基础设施建设的资金来源依然是政府提供，但由于自治区政府财政能力有限，财政自给率不足 50%，制约了基础设施建设的速度；基础设施管理方面，相当一部分基础设施的价格由政府定价，致使社会资源难以进入这一领域，导致基础设施供给不足、效率低下。图 6-9 给出了 2000—2009 年新疆固定资产投资资金来源比重，由图 6-9 可知，新疆在基础设施建设方面的主要资金来源是自筹及其他资金、国家预算内资金和国内贷款，三项合计占到新疆固定资产投资的 98%～99%，可见新疆基础设施建设的金融来源非常单一，这一方面制约着新疆基础设施建设的速度和质量，另一方面也阻碍了新疆城镇化的进程。新疆基础设施建设投融资渠道单一，2009 年基础设施建设中国家预算内资金占19%，而全国平均值为5%，远高于全国平均水平；新疆利用外资占0.3%，全国平均水平为1.8%，又远低于全国平均水平，这一高一低表明新疆基础设施建设的金融市场非常不完善。

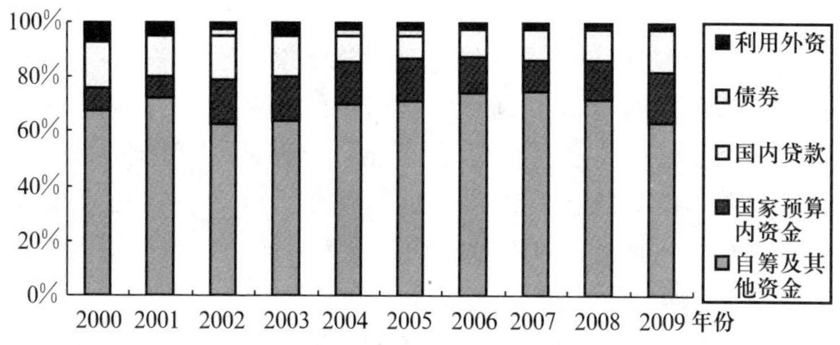

图6－9　2000—2009年新疆固定资产投资资金来源比重

20世纪70年代后，无论是发展中国家还是发达国家政府的财政预算越来越紧张，面对基础设施的需求量越来越大，由政府充当基础设施投资主体越来越困难。继而探索出很多基础设施建设的投融资方式，如BOT（Build Operate Transfer）、BOO（Build Own Operate）、BOOT（Build Own Operate Transfer）、TOT（Tranfer Operate Tranfer）、ABS（Asset Backed Securitization）等，这些基础设施建设模式即为私人资本找到了投资的途径，又减轻了政府的财政负担，在全世界得到了广泛的应用。我国自80年代初以来，一批BOT项目的建设在我国都取得了成功，如北京京通快速路、广西来宾B电厂、深圳沙角B电厂等。但新疆2007年才开始用这种模式融资进行基础设施建设，新疆建设史上第一条以BOT模式建设的项目乌拉泊至板房沟、水西沟公路于2008年建成通车；2008年新疆首个烟气脱硫特许经营BOT项目在华电乌鲁木齐热电厂开始建设。这些项目的实施在新疆基础设施建设领域对融资机制改革进行了有益探索，但这些项目在新疆基础设施建设中只占极小的一部分，远远落后于全国平均水平。

因此，在以政府财政为供给主体的前提下，建立以政府为指导、市场为基础的基础设施发展的投融资体制，鼓励多元投资主体参与城市基础设施建设，才能更有效地满足城镇发展对基础设施日益增长的需求，促进城镇化的发展，这也是现代城镇基础设施建设的必然趋势。由此可见，新疆基础设施建设的金融市场的不完善，大型基础设施和城镇基础设施建设的巨大需求，致使中央政府财政性建设资金的加大，但过多的政府投入以及这些政府资金进入到非政府投资领域，则可能会产生对民间资本的“挤出效应”，并可能破坏正常的市场运行规则，导致价格信号失真，市场失效①，进而影响到新疆市场化进程对城镇化的推动作用。

6.1.3.2 劳动力市场化与社会稳定不协调

改革开放以来，市场机制在资源配置中的基础性作用越来越大。随着新疆劳动力市场化改革的不断深化，基本上建立起与市场经济体制相适应的劳动力流动和工资市场化决定的基本框架和体制机制，劳动力流动和择业的自由度大大提高，各种体制性的壁垒不断消除。劳动力要素的自由流动能够优化资源的配置，通过自由交易的市场机制来确定各种要素的报酬，是一种低成本、高效率的公平方式。新疆劳动力的市场化改革，打破了计划经济时代僵化的劳动力管理体制，促进了城乡间的劳动力的流动，促进了经济的发展和城镇化的进程。但是劳动力的市场配置有着自身难以克服的局限性，自发的劳动力市场机制不具有充分的自动调节、自行恢复均衡的能力，在新疆还表现为汉族和少数民族在就业竞争和收入之间的差距，社会结构和经济利益的分化产生大量矛盾和冲突，民族成员因发展差距带来的“相对剥夺感”严重影响着新疆的社会稳定，2009 年发生在乌鲁木齐的“7·5”事件，就是这种不协调的集中体现。

---

① 郭捷，等. 民族地区基础设施建设实施现状与效果分析［J］. 技术经济与管理研究，2010(1)：144-147.

劳动力市场化对新疆少数民族就业的影响主要表现在两个方面，一是农村转移劳动力就业机会少、工作不稳定、收入低，二是少数民族大学生就业水平低。在市场经济体制下，企业出于最大化自身利润的考虑，通常只雇用较高的文化水平和教育背景的汉族员工，但一些少数民族却认为这是一种“歧视”。根据阿布都外力·依米提的研究①，由于文化素质低、汉语交际能力薄弱、社会关系狭窄等原因，维吾尔族农村劳动力的流动比率低，外出务工主要从事小餐饮、小商业、销售新疆干果等行业，也有部分属于灵活就业，就业不稳定，与汉族农民工相比，维吾尔族农民工的收入水平低，尤其是低收入水平群体所占比例过高②。少数民族大学生就业方面，自 2003 年以来，新疆高校大学生一次就业率基本保持在 70%左右，与全国的平均水平大体相当，但新疆少数民族大学生一次就业率在 20%左右，而且少数民族大学生就业率还在不断下降。在城镇少数民族家庭的调查中，近三年，有 67.72%的大学生没有就业，只有 32.28%的大学生已经就业。调查结果还显示，被调查对象中未就业的少数民族大学毕业生占到总数的 66.28%，就业率为 33.82%，实际就业率可能更低③。这种在市场经济条件下，就业竞争能力的差距，直接导致收入和社会地位的差距，成为影响社会稳定的重要因素之一。

由此可见，劳动力市场化对新疆社会稳定产生一定的影响，维护社会稳定的投入耗费了经济建设和城镇化发展的资源。面对这种局面，政府也制定了多种宏观调控政策引导少数民族就业，

---

① 阿布都外力·依米提，胡宏伟．维吾尔族流动人口特点、存在问题及对策［J］．中南民族大学学报（人文社会科学版），2011(1)：40－44.

② 郑功成，黄黎若莲．中国农民工问题与社会保护［M］．北京：人民出版社，2007：11－12.

③ 王英姿．新疆少数民族大学生就业问题调查与分析［J］．中国大学生就业，2006，(16)：35－37.

比如企事业单位和国有大中型企业有一定比例的少数民族配额，招聘考试中少数民族的分数线也相应较低。但是当前新疆对少数民族就业政策与倾斜政策还不能满足少数民族的就业需求。同时随着新疆非公有制经济规模不断扩大，2009 年新疆非公有制经济从业人员已占全自治区从业人员的 78.6%，私营企业逐渐成为吸纳劳动力的主要渠道，基层政府出于招商引资发展经济的目标，也不愿干预私营企业的用工行为，导致少数民族在就业机会和收入方面与汉族产生差距，构成民族地区社会矛盾的基础，影响城镇化的发展。

6.1.4 政府动力机制的缺陷

6.1.4.1 政府直接财政投资不足制约城镇发展

根据新疆维吾尔自治区西部开发领导小组办公室的调查结论，据测算，“十一五”期间，新疆小城镇基础设施建设资金需求方面，仅道路硬化、给排水、垃圾和污水处理、绿化等，“十一五”期间的缺口为 128 亿元。如果加上城市基础建设资金需求和区域内大型基础设施需求，缺口高达上千亿元。加之新疆城镇化水平低，地方财力十分有限，而当前和今后一个时期，城镇基础设施任务十分繁重，区内贫困地区的城镇基础设施建设资金严重不足，地方缺乏配套资金。对其他的城镇基础设施建设项目地方配套资金比例无法达到中央要求，致使有些项目无法进行建设，制约了城镇化的发展。

结合图 6－10 和图 6－11 可以看出，由于新疆市场发育不足，基础设施建设的资金来源主要来自于政府投资，近十年来，政府投资在新疆固定资产投资中的占比不断攀升，从 2000 年的不足 10%，攀升至 2009 年的接近 20%，高于全国平均值约十几个百分点（图 6－10）。虽然政府投资数额和比重都在增大，但相对于新疆对基础设施建设的巨大需求来说依然不足。同时，固定资产投资中与城镇化发展直接相关的城镇建设维护费中，中央财政拨款所占的比例和绝对值却持续减少，由 2000 年的 6.6 亿元减少至 2008 年的 3.5 亿元，所占比重也由 2000 年的 18%降为 2008 年的 5%（图 6－11）。政府直接财政投资的不足严重影响了新疆基础设施建设的步伐，进而影响了招商引资的水平，制约了经济的发展和城镇化的进程。

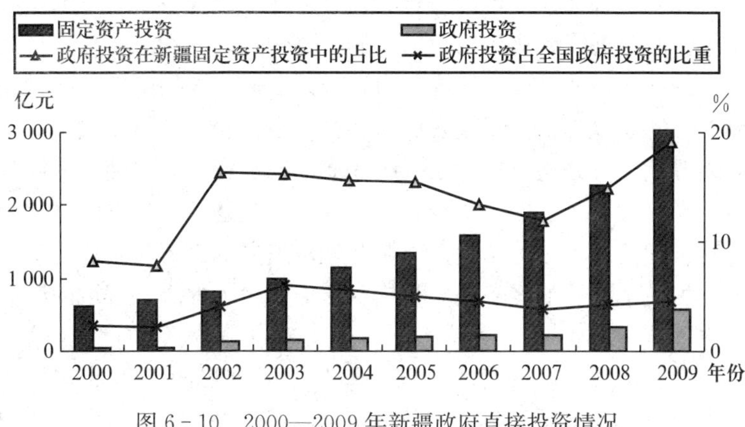

图 6－10　2000—2009 年新疆政府直接投资情况

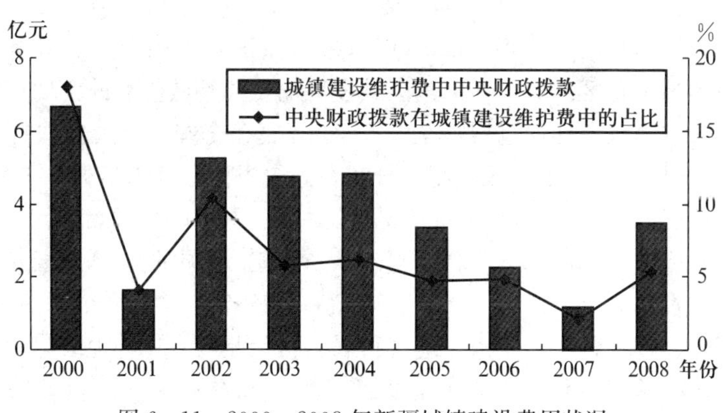

图 6－11　2000—2008 年新疆城镇建设费用状况

6.1.4.2　政府行政管理不畅阻碍城镇发展

改革开放以来，随着我国经济的发展，以前的行政管理体制逐渐不适应经济发展的需要，我国对行政管理体制进行了与市场化相适应的改革，总的趋势是“放权让利”。具体来说行政管理体制的改革主要包括以下几个方面：一是对早期切块设市模式进行了行政区划调整，将周围县市部分区域划并入市域范围；二是改革地区体制，实行市领导县的体制，地区与地级市同驻一地的，原则上合并设立地级市；三是针对城市高速发展，部分中心城市空间扩展受到周边城市的限制，相邻城市之间的摩擦也逐渐增多的问题，实施以“撤县（市）设区”为主要内容的行政区划调整；四是以加快小城镇发展为中心的乡镇合并和撤乡设镇行政区划调整；五是通过扩大县一级政府的相关权力，以使县一级政府具有更大自主权的“扩权强县”改革。上述行政区划的调整和行政管理的改革破除了行政体制对经济发展的束缚，解放了生产力，加大了城镇的经济聚集与辐射能力，大大促进了区域的城镇化进程。

在新疆进行上述行政区划调整是十分缓慢的，2004 年伊宁市将伊宁县的 2 个乡划归伊宁市，2004 年将疏附县的 2 个乡划入喀什管辖，2006 年洛浦县吉亚乡、玉龙喀什镇与和田县吐沙拉乡划归和田市管辖，2007 年米泉市撤销并入东山区成乌鲁木齐的米东新区。但是在促进区域发展的重要行政体制改革“市管县”方面没有任何进展，至 2009 年年底在全国 333 个地级区划中，只剩下 17 个地区建制，分布在 5 个省区，其中新疆有 7 个，占全国的 41%，西藏 6 个，贵州 2 个，青海、黑龙江各 1 个；州（盟）共 33 个，其中新疆有 5 个，占全国的 15%，云南 8 个，青海 6 个，四川、贵州、内蒙古各 3 个，甘肃 2 个，湖南、湖北、吉林各 1 个。由于地区行署和自治州政府这种地级建制存在职权超限行使、上下左右关系不顺、机构臃肿、人员膨胀问题，直接导致了过高的行政成本和低下的行政管理效率。新疆现行的行政区划和管理体制不利于中心城市的培育，不利于增强城镇总体实力、不利于产业结构的调整，不利于城乡差距的缩小，严重制约了城镇化的发展。

另一方面，新疆城镇化发展中存在自治区、兵团、中央直属大企业等多元特殊行政和投入主体。在城镇化建设和管理方面形成了犬牙交错的局面，由于行政体制分割等原因，也造成了新疆城镇化发展统筹协调不足，布局、力量分散，重复建设、资源浪费等问题。如同处于天山北坡经济带北疆交通要道上的奎—独—乌问题，即隶属伊犁州的奎屯市、克拉玛依的独山子区和塔城地区的乌苏市互为犄角，奎—独相距9公里，奎—乌相距18公里，独—乌相距14公里，三地交通区位优越、经济互补性极好。20世纪80年代就提出构建北疆区域中心城市的设想，但由于牵涉到伊犁州、塔城地区、克拉玛依和兵团农七师四种行政管理体制限制，一直未有实质性的进展。在地方、兵团与石油系统同处一城或一区的城镇化建设中、存在着严重的条块分割问题。因此，新疆特殊的行政体制，在一定程度上影响着新疆城镇化建设的质量和速度。

6.1.4.3　政府提供制度不完善不支持快速城镇化

诺斯指出经济增长和发展的关键是制度因素，一种提供适当的个人刺激的有效制度是促进经济增长的决定性因素；有效率的制度促进经济增长和发展，无效率的制度会抑制甚至阻碍经济增长和发展。林毅夫认为西方发达国家的制度变迁表现为“由一个人或一群人在响应获利机会时自发倡导、组织和实行的”自下而上的制度变迁；而在我国经济体制改革是在我们党领导下有秩序有步骤地进行的，它“是由政府命令和法律引入实行”的自上而下制度变迁[①]，因此政府是制度供给最主要的主体[②]。在新疆随着改革开放和经济体制的不断变更，制度变迁对经济增长的推动

① 林毅夫．关于制度变迁的经济学理论：诱致性变迁与强制性变迁［M］．上海：上海人民出版社，1994：384.

② 杨瑞龙．论制度供给［J］．经济研究，1993(8)：47－52.

作用不容忽视。但是新疆地区地域偏远，开发时间比较晚，跟内地相比，经济体制相对落后，加之制度本身有一定的滞后性，所以，制度变迁对新疆经济的增长有显著的贡献，但制度未能发挥其对经济增长的全部贡献①。换言之，政府供给制度的不足已成为制约城镇化发展的因素之一。

户籍制度方面，1998 年新疆根据《国务院批转公安部小城镇户籍管理制度改革试点方案和关于完善农村户籍管理制度意见的通知》，结合新疆的实际情况，分别在乌鲁木齐、昌吉、博州、伊犁、巴州、喀什、兵团等 11 地州各选择一个县（市）的城关镇或县（市）辖镇进行小城镇户籍管理制度改革试点工作，随后在全自治区铺开。根据新疆实施办法的规定，在试点小城镇落户的人员，必须由本人持有关证明材料向迁入地户口登记机关提出申请，迁入地户口登记机关必须严格审查，经审核确认符合条件的，报县（市）级公安机关审批，由县（市）级公安机关签发准迁证，当地公安派出所办理落户手续。经批准在小城镇落户的人员，与当地原有居民享有同等待遇，对他们的入学、就业、参军、粮油供应、社会保障等一视同仁。但是在具体的实施过程中，转移的农牧民虽然在城镇里工作、生活，但并不能享受与本地市民一样的医疗、教育、社会保障和就业机会，与户籍联系在一起公共服务并未惠及进城农民，增大了农民进城落户的成本，阻碍了农民进城的积极性。

土地制度方面，随着社会主义市场经济体制的逐步建立，土地使用制度改革在新疆城镇逐步展开。1988 年，开始向外资企业收取场地使用费；1989 年，开征城市土地使用税；1990 年，新疆在乌鲁木齐等 11 个城市进行国有土地有偿使用综合试点，1994 年，石河子市率先以拍卖方式出让土地使用权；到 2000

① 刘振中，刘俊浩．新疆地区制度变迁对经济增长的影响研究 [J]．天津农业科学，2010(15)：44－48.

年，新疆城镇国有土地全部实行了有偿使用，有 10 个地、州、市开展了土地“招拍挂”出让工作。但这种优化土地资源配置的制度改革，落后于内地省区。农村土地制度方面，随着经济的发展，改革开放的深入，农村家庭联产承包责任制的弊端逐渐暴露，新疆农地制度改革和创新的关键农地流转制度改革明显滞后，据调查，2003 年全疆农户承包地流转总面积占总耕地面积 4.09%，而 2001 年，浙江全省已有近 13%的耕地参与了土地使用权的流转①。总体来看新疆农地流转规模小、速度慢、区域差异大，收益低、规范差、隐性流转较为盛行；农地流转改革明显滞后于内地省区，制约着城镇化进程。

社会保障制度方面，从三种基本社会保障保险的参保人数和在全国中的占比来看，新疆社会保障制度发展缓慢。由图 6－12 可知，几十年间新疆基本养老保险参保人数年增长率为 5%，失业保险的参保人数年增长率为 3%，基本医疗保险的参保人数年增长率为 19%，与全国水平基本持平，但基本养老保险和失业保险参保人数在全国的占比分别为 1%和 1.3%左右，低于新疆人口在全国的占比 1.6%。可见新疆社会保障的发展缓慢，并且上述社会保障不惠及农村居民，显然现行社保制度不利于城镇化的发展。由于社会保障的制约使农牧民被排斥在社会保障制度之外，农牧民进城的收益得不到保障，导致农牧民进城并不踊跃；城镇对农民吸引力不足使农民自愿放弃农村土地，导致农地规模经营难以实现，小农经济的发展又制约市场的扩大；缺乏足够市场支撑的非农产业必然难以快速发展；非农产业发展缓慢必然难以提供大量就业岗位；就业岗位减少或者增加缓慢必然使城镇化进程受阻。如此循环往复最终形成难以打破的僵局。虽然政府多次改革户籍制度，逐步放宽对农民进入城镇的限制，但是户籍制

① 罗桥顺．改革 30 年新疆农村土地流转的检讨与对策建议［EB/OL］．http：//www.06681.com/bbs/thread－42229－1－1.html.

度改革只是城镇化的突破口，而社会保障制度才是城镇化的关键。户籍制度改革的最终成功也必须以完善社会保障制度为前提①。如果能够尽快完善社会保障体系，整个改革发展和城镇化的进程都可能加快。

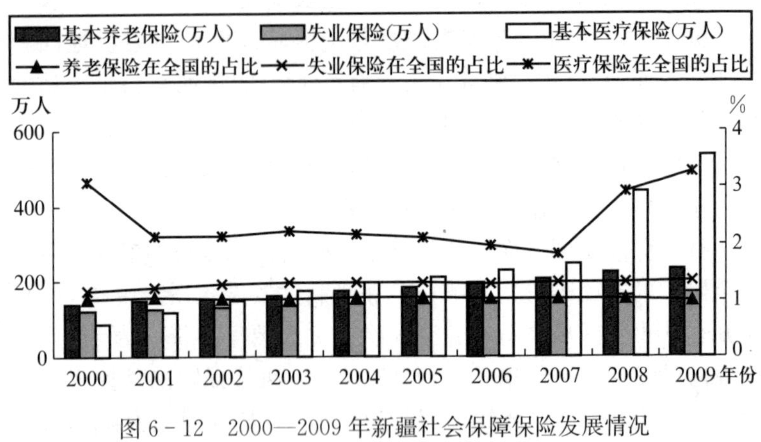

图 6-12　2000—2009 年新疆社会保障保险发展情况

6.2　动力机制系统运行中的协调性分析

6.2.1　内源与外向动力机制的协调性分析

从新疆城镇化发展的迫切要求和新疆具体的区情出发，新疆城镇化发展的驱动力不同于内地省区。依托其丰富的资源优势和独特的区位特征，新疆城镇化发展必须探索内源动力和外向动力相结合，内外并重的城镇化复合动力机制。内源动力机制主要是指依靠区内资源、区内独特的人文、社会条件和特殊的战略地位，借助国内资源、国内技术和国内资本，积极培育区内市场，

① 宋才发．民族地区城市化建设中社会保障问题的法律探讨［J］．贵州民族研究，2008(6)：1-7.

大力开拓国内市场，进而促进城镇化发展。外向动力机制主要是指凭借新疆作为我国西部桥头堡的区位优势，统筹利用周边国家的资源、技术、资本，大力开拓中亚、西亚、南亚市场，带动城镇化发展。新疆城镇化的发展必须将内源动力和外向动力有机结合起来，形成新疆特色的动力机制，最终达到东联西出能力与自我发展能力完美融合的城镇化动力机制，推进新疆城镇化进程。

但根据近十年来新疆城镇化发展的内源与外向动力的情况来看，还存在较大的不足。主要表现在：一是受人文社会、自然条件和基础设施不足的制约，自我发展的能力和活力还未被激活，新疆内源动力对城镇化的促进作用依然有限；二是受周边国家经济发展滞后、政治不稳定、恐怖主义活动突出等问题的影响，新疆同周边国家的经贸往来远未达到应有的水平，外向动力对新疆城镇化发展的促进作用十分有限；三是内源动力和外向动力对新疆城镇化的推动作用相差悬殊，根据上一章的回归结果可知，内源动力和外向动力对城镇化的推动作用分别占到总动力的28.12％和4.60％，对城镇化的推动绩效也存在很大差距，二者并重的局面远未形成；四是内源动力与外向动力的有机结合能力不强，新疆对外开放程度还很低，主要表现在进出口和利用外资规模小、水平低，导致新疆对周边国家资源的配置水平不高，承接内地省区的产业转移的能力不强，内源发展能力不足。由此来看，内源与外向动力机制的不协调制约了新疆城镇化的发展。

6.2.2　市场与政府动力机制的协调性分析

推动城镇化进程的市场动力机制和政府动力机制的本质是市场和政府两种资源配置方式促进城镇化发展的效率问题。市场动力机制就是价格驱动和优胜劣汰的竞争机制，使劳动、资本、技术、土地等生产要素都处于自动启动、自动调节和自动运行的状态，使经济要素在比较利益的作用下向非农产业和城镇转移，在促进城镇化发展方面具有其他机制无法取代的高效率。但市场机制绝不是万能的，它有局限，有缺陷，存在市场失灵[①]，因此需要政府的监控、调节和管理。政府动力机制是指政府一方面通过区域规划、产业布局、工程项目、资金投入直接推动区域城镇化发展，另一方面通过提供公共品、推动制度变迁等手段来培育、催化和提升市场动力，促进区域城镇化发展。因此，正确认识和处理政府动力机制与市场动力机制之间的关系，寻求二者的最佳结合方式和最佳结合点，使二者有机统一协调有序地共同发挥作用，才能稳妥推进区域城镇化进程。

但从新疆的具体情况来看，市场与政府动力机制的不协调主要表现为以下几个方面。第一，由于受长期计划经济体制的影响，再加上新疆特殊重要的战略地位，政府在城镇布局和建设方面受边疆安全和社会稳定的影响，很多城镇的设立是处于政治方面的考虑而不是经济发展的考量，致使很多城镇的政治职能远高于经济职能，如边境城镇和兵团城镇的设立和建设，这些城镇远离经济腹心地带，城镇基础设施和公共服务成本较高，这在一定程度上制约了城镇经济聚集和扩散功能的发挥，不利于城镇化的发展。第二，由于新疆远离我国经济核心区，各项市场化改革明显滞后于内地省区，市场在区域经济发展过程中对资源配置的基础性调节作用不强，再加上汉族和少数民族在劳动力市场的竞争极易产生不利于社会稳定的利益分化，在一定程度上制约着新疆城镇化进程。第三，市场动力机制与政府动力机制的结合不协调，政府在培育和发展包括生产资料市场、金融市场、劳动力市场、房地产市场、技术市场、信息市场、产权市场等生产要素市场上投入不足，在公共品的供给、社会保障和行政管理等制度供给方面的滞后阻碍了市场机制在资源配置中基础性作用的发挥。因此，新疆城镇化发展中市场与政府动力机制的协调性需要进一步完善。

① 池元吉．论市场与政府［J］．经济评论，2001(6)：3－6.

6.2.3　四种动力机制的协调性分析

在经济全球化的背景下，新疆正在利用国际国内两种资源、两个市场，统筹协调区域经济发展，新疆城镇化的动力已由计划经济时期的政府主导的城镇化，逐渐转向为政府、市场、内源、外向多元动力并存的局面。作为我国西北的战略屏障和向西开放的桥头堡，作为我国西部大开发的重点地区和战略资源的重要基地，独具特色的人文社会条件和独一无二的行政管理体制决定了新疆城镇化发展的动力不同于内地省区。新疆城镇化的理想动力是在保障边疆安全和社会稳定的前提下，合理有序地为各族群众提供充足的就业岗位和良好和谐的人居环境，实现绿洲经济可持续和多元文化融合的生产生活方式的城镇化。这对各种动力主体提出较高的要求，而目前，城镇化的内源动力动力不足，外向动力微乎其微，市场动力发展程度不够，政府动力存在错位，四种动力的协调性很差。

从上一章的计量结果可以看出，在近十年的城镇化进程中政府动力、市场动力、内源动力和外向动力分别占到总动力的44.73%、22.55%、28.12%和4.60%。政府动力依然是推动城镇化的最重要的力量，新疆城镇化的发展依然是自上而下的政府主导的动力，但市场动力的绩效却高于政府动力，这说明政府在促进城镇化发展方面存在错位，没有退出本不应自己所在的领域，同时在自己应该存在的领域又处于缺位状态。市场动力和政府动力的协调性不够，政府在城镇化进程中没有起到生成、催化与提升市场力量的作用，政府没有尊重和发挥市场的作用。内源动力和外向动力较低说明新疆经济的自我发展能力不强，因而也没能很好的利用外向型经济的优势，提高经济的自我发展能力。鉴于政府在新疆城镇化进程中所起的关键性作用，政府应积极地运用宏观调控政策和制度创新整合四种动力，增强四种动力机制的协调性，促进新疆城镇化发展。

6.3 动力机制存在缺陷的成因分析

6.3.1 生态地理环境的制约

新疆位于我国的西北部，亚欧大陆的腹地，全自治区面积为166万公里^2，占全国面积的1/6，是中国面积最大的省区。东面和南面与甘肃、青海、西藏相邻，东北部与蒙古国毗邻、西北部同俄罗斯、哈萨克斯坦、吉尔吉斯斯坦、塔吉克斯坦接壤，西南部与阿富汗、巴基斯坦、印度接界。边境线长达5600多公里、占全国陆地边境总长度的1/4。新疆地形特点是：山脉与盆地相间排列、盆地与高山环抱、俗称“三山夹两盆”。北部是阿尔泰山，南部为昆仑山系，天山横亘于新疆中部，把新疆分为南北两半，南部是塔里木盆地、北部是准噶尔盆地，习惯上称天山以南为南疆、天山以北为北疆。新疆境内这些连绵起伏的雪岭冰峰、形成了新疆发达的冰川，大小冰川共有1.86万多条、面积达24万多公里^2、占中国冰川总面积的42%、这些被称为“固体水库”的冰川为新疆提供比较稳定的水源。

塔里木盆地位于天山与昆仑山中间，面积约53万公里^2，是中国最大的盆地。塔克拉玛干沙漠位于盆地中部，面积约33万公里^2，是中国最大、世界第二大流动沙漠。围绕盆地边缘有巴州、阿克苏、克州、喀什和和田，还有天山山脉东段的吐鲁番、哈密等地州。准噶尔盆地是中国第二大盆地，位于天山山脉与阿尔泰山之间、大致呈三角形。盆地面积约38万公里^2。盆地中的古尔班通古特沙漠是中国第二大沙漠、面积4.8万公里^2、大部分是固定和半固定沙丘。西侧的准噶尔西部山地由一系列低山丘陵组成、有几处地势较低的缺口、湿润的盛行西风能进入盆地。乌鲁木齐市及塔城、阿勒泰、博州和昌吉州位于盆地四周。除两大盆地外还有一些外泄性山间盆地，如天山的焉耆、拜城等盆地、昆仑山的布伦口、喀啦米兰等盆地，伊犁盆地等；封闭性山间盆地，如东天山的吐鲁番、哈密、巴里坤、伊吾等盆地，昆仑山系的阿克赛钦盆地、阿牙克库木盆地。

新疆属典型的温带大陆性干旱气候，年均天然降水量 155 毫米。干旱荒漠区独特的光、热、土、水等自然要素的有机结合形成绿洲。新疆大片土地被沙漠、戈壁、高山覆盖，区内山脉融雪形成众多河流，绿洲分布于盆地边缘和河流流域，绿洲总面积约占全区面积的 9%，具有典型的绿洲生态特点。新疆的绝大部分城镇建立在绿洲上，社会经济活动也是在绿洲上进行的，形成独特的绿洲经济。由于绿洲的唯水性、封闭性、分散性和脆弱性决定了新疆城镇的封闭性和分散性。城镇的封闭性决定了信息扩散的低效率，人们思想观念相对滞后；城镇的分散性决定对基础设施的需求量远高于内地平原省区，生产要素的流动成本也相对较高。可见，上述情况阻滞了生产要素的自由流动，从而延缓新疆城镇化的发展。

6.3.2　人文社会条件的制约

新疆是一个少数民族聚集的地区，全疆有 47 个少数民族，截至 2009 年年末，新疆总人口为 2 158.63 万，其中少数民族人口 1 316.94 万人，约占 61.01%。其中有 13 个世居民族：维吾尔、汉族、哈萨克、回族、蒙古族、满族、锡伯族、塔吉克、塔塔尔、乌孜别克、俄罗斯、柯尔克孜等，很多是跨国界民族。在这种多民族聚集的基础上，演化出各民族独特的文化，表现在不同民族语言文字、生活习俗、宗教信仰等方面的差异。语言文字方面，维吾尔、哈萨克、蒙古、柯尔克孜、锡伯、俄罗斯等少数民族各有其语言文字；塔吉克、乌孜别克、塔塔尔、达斡尔等少数民族有语言，回族和满族使用汉语言文字[1]。汉族和少数民族

① 逯新华．新疆语言文字工作现状和发展目标［J］．语言与翻译（汉文），2008(4)：3－6.

之间及不同少数民族之间在生活习俗方面存在较大差异；宗教信仰方面，主要有伊斯兰教、佛教、基督教、天主教、道教等，现有1 130多万少数民族群众信仰伊斯兰教。多民族、多文化、多语言、多宗教是新疆人文社会环境的典型特征。

新疆少数民族原始宗教文化、伊斯兰文化、佛教文化与农耕文化、游牧文化融合而形成的传统民族文化，是高度封闭的草原游牧经济、小农经济和自然经济的产物。形成了与之相适应的价值观、财富观、职业观和生产方式、生活习俗。很多观念同市场经济的基本准则相矛盾，使得新疆在市场经济发展过程中，面临着比内地汉族聚居地区更大的发展阻力和障碍。新疆不同民族、不同地域在价值取向、创业精神、竞争意识以及适应市场经济的应变能力、对待技术制度变革的态度等方面存在较大的差异，从而使新疆少数民族地区发展过程中，各民族的创新性、积极性、适应性，因不同的民族、不同的地域以及所处的不同民族文化圈层而存在较大差异。新疆复杂的文化环境和众多的民族成分，不仅使本地区在同其他地区进行经济交流、文化交流时面临着更多的语言文字、民族习惯、宗教习俗等文化障碍，而且还使市场经济发展过程中产生的经济利益冲突很容易以民族纠纷和宗教纠纷的形式表现出来。这一族际之间宗教信仰、语言文字、民俗习惯、经济文化类型等文化差异的存在①，始终是影响新疆城镇化进程的重要因素。

6.3.3 对外开放水平较低

对外开放水平较低是阻碍经济发展和城镇化建设的一个重要因素，具体表现在对外贸易规模小，结构不合理，利用外资总量小，投资结构单一，国际旅游收入低。与东部沿海地区相比，新

① 李学春．中国西北民族地区农村城市化道路问题研究［M］．北京：民族出版社，2009：53-55.

疆对外开放的差距是显而易见的。从时间上看，沿海地区 1978 年开始进行改革开放试验，而新疆伊宁、博乐、塔城和乌鲁木齐在 1992 年才享受沿海开放城市政策等 8 条优惠政策。从规模上来讲，2009 年，广东的进出口贸易额是新疆的 43 倍，新疆进出口额仅占全国的 0.63%，见表 6-3。2009 年，新疆实际利用外资额为 2.16 亿美元，在全国 31 个省（自治区、直辖市）中排在第 26 位（见表 6-4），利用外资总额中间接利用外资比重大，直接利用外资比重小，与全国利用外资的结构相反。单个合同利用外资的规模远远小于发达国家境外投资项目平均规模 600 万美元的标准，与全国平均水平相比利用外资的履约率较低。口岸基础设施建设滞后，口岸城镇建设资金来源渠道不畅，对外经济合作规模小，合作区域单一主要集中在哈萨克斯坦。

表 6-3　2009 年新疆进出口总额及外贸依存度

地区	进出口总额（万美元）	出口总额（万美元）	进口总额（万美元）	外贸依存度（%）
广东	61 109 405	35 895 489	25 213 916	105.73
河南	1 347 642	734 538	613 104	4.73
四川	2 416 865	1 416 945	999 920	11.67
全国	220 753 500	120 161 181	100 592 320	43.90
新疆	1 394 783	1 093 456	301 327	22.28

资料来源：根据《中国统计年鉴 2010》相关数据整理而成。

由于开发的滞后，逐渐形成了在先改革开放地区与后改革开放地区之间，由于各自拥有的经济管理权限和政策优惠存在着较大的差别，因而其发展机会事实上是不均等的。率先进行改革开放的地区，能获取一种政策优惠。在市场力量的作用下，这种优惠又会产生一种区域聚集效应，促使其他地区的各种生产要素流入本区，从而形成区域先发优势。资金的匮乏、人才的短缺加之大量流失，严重地制约着民族地区的城市化进程。整体来看，新疆对外开放意识与新时期、新阶段推进新疆跨越式发展和长治久安的新要求还不相适应。经济的开放程度比较低，对外开放的产业支撑还比较薄弱，区位优势没有得到充分发挥。外向型经济的一些深层次问题依然显得比较突出。

表 6－4　2009 年新疆与全国部分地区外商投资企业注册情况比较

地区	企业数（户）	投资总额（万美元）	注册资本（万美元）	外方注册资本（万美元）	实际利用外资额（万美元）
广东	90 189	3 939	2 343	1 988	2 026 098
河南	10 676	347	191	139	624 670
四川	11 521	461	280	214	412 933
全国	434 248	25 000	14 035	11 369	9 003 272
新疆	1 639	48	31	23	21 570

资料来源：根据《中国统计年鉴 2010》相关数据整理而成。

6.3.4　市场发育不完善

市场发育是指具体交易的市场（如商品市场、资本市场、劳力市场等）的形成与发展水平，是一个动态的过程①。市场可以是有形的，也可以是指无形的，具体来说是由相当数量的市场交易活动构成的。我国的市场化改革就是变政府计划对资源的配置方式为市场配置，因此各种不同的市场的形成与发展情况代表了市场化水平的高低。具体高效的资源配置是由各种不同形式的完善与成熟的市场上交易而实现的。因此区域内各种不同市场发育是否成熟完善直接决定着资源配置的效率，进而影响经济发展和城镇化。整体来说，新疆市场发育不完善，具体表现在：政府依然控制大部分资源、经济主体的自主性和行为的市场化

① 刘志雄．市场发育与市场化：一种认识误区辨析［J］．求索，2009(5)：32－33.

程度低、产品和要素的市场不成熟、市场交易条件和法律制度环境差。

政府对国民经济运行的干预指标数值的大小则与市场化程度反相关，从政府对资源的占有、分配与控制的程度来看，2009年新疆政府投资和政府消费占 GDP 的比重分别是 13.59％和 31.49％，而同期的全国平均值为 3.69％和 22.21％。可见新疆政府控制、占有资源的比重远远高于全国平均水平，说明市场发育不完善。从经济主体的自主性和行为的市场化程度来看，由于非国有部门几乎完全是市场导向的，可以认为非国有经济成分在国民经济中的比重、影响增大反映着经济主体的市场化程度在提高[①]。2009 年新疆非国有经济就业比重为 79％，而全国平均值为 92％，新疆私营工业企业工业总产值、缴纳税金、就业人数在全国的占比分别为 0.33％、0.22％、0.30％，远远低于新疆总人口和经济总量在全国的占比，说明新疆市场主体发育滞后。新疆产品市场市场化程度较高但规模很小，2009 年新疆社会消费品零售总额仅为 1177 亿元，占全国的 0.89％；要素的市场发展滞后，资本形成总额中外资、自筹和其他资金所占比重小，劳动力的流动性差，土地资源的市场交易量很小。可见，新疆市场发育不完善导致城镇化发展动力不足。

6.3.5 行政体制改革缓慢

新疆是按照我国《民族区域自治法》设立的民族区域自治制度进行行政区划和行政管理的，下辖 2 个地级市、7 个地区、5 个自治州和 1 个自治区直辖市。除 2 个地级市和 1 个自治区直辖市外，其他 12 个地州都设有行署和自治州政府对各自区域内市、县、镇、乡的行政事务进行管理。《民族区域自治法》是我国在

---

① 林柏，林青．我国经济市场化发育程度分析 [J]．理论探索，2005(4)：79－81.

计划经济时期制定的，对发挥各族人民当家做主的积极性，发展平等、团结、互助的社会主义民族关系，巩固国家的统一，促进民族自治地方和全国社会主义建设事业的发展，都起了巨大的作用。但由于处在计划经济时代，我国的民族区域自治地方经济发展相对落后，《民族区域自治法》规定民族自治地方分为自治区、自治州、自治县三级，没有自治市这一行政机构。因此，“市管县”模式及行政管理体制变革在新疆受到严重制约。

对于新疆来说，行政体制改革的滞后已经成为制约城镇化进程的重要因素。我国绝大部分省区实行的“市管县”改革，到目前为止新疆 7 个地区中没有一个地区实施，其他 5 个自治州更是受制于《民族区域自治法》中没有自治市的行政级别而无法进行改革，行政体制改革的滞后制约了经济的发展，最终也影响了城镇化的进程。因此，新疆要从国内外城镇化进程中政府作用中吸取经验，尤其是要从与新疆实际较为相似的宁夏学习，加大行政区划调整和行政管理体制改革的力度，加大基础设施建设的投入，高质量地提供公共管理、公共服务和社会保障，促进城镇化的发展。

第七章　国内外城镇化动力机制经验及对新疆的启示

虽然新疆与其他地区城镇化的基础条件、文化背景、所处阶段有所不同，经济发展进程中工业化和城镇化形式也存在较大的差异，但各地城镇化发展也有共通的内在规律，即均必须遵循经济社会发展的内在逻辑。了解国内外城镇化发展的经验和教训，对比研究不同地区在不同背景下城镇化的共同规律和差异，对于探寻掌握城镇化发展的本质，对于正处于城镇化快速发展的新疆有着重要的借鉴意义。

7.1　国外城镇化发展的动力机制经验

7.1.1　美国城镇化动力机制

7.1.1.1　早期美国城镇化的发展动力

16 世纪，美国最初那些较大的城镇都是欧洲殖民者作为欧洲经济前哨站点而建立的，如圣达菲、洛杉矶、底特律、波士顿等，这一时期城镇化率在 5%以下。初期的城镇体系是一连串的门户城市（Gateway Cities），当时城镇的功能主要是：出口大宗日用品的集中地，进口生产资料的散发地，新领土的公众政府所在地。由此可见，美国初期城镇化发展的动力主要是对外贸易的推动与政治的需要。1785 年美国制定的宪法获得了政治上的独立，同时宪法阻止了各州设置各自的关税、铸造各自的货币和发行各自的信用券，促进了全国统一市场的形成。全国市场化的加深刺激了城镇的发展，这主要表现在：①加速了美国区域内城镇间的贸易量和经济联系；②美国国内资本投资流回欧洲的减少，投入本国的资本增加；③政治的独立导致对政府职能需求的增加，郡政府、市政厅和州政府建设力度加大；④西部扩张需要城镇发育为当地的服务中心或者中心地。这一时期，与西部有联系的城镇、大西洋沿岸城镇、重要水路沿岸的城镇得到了长足的发展；随着城镇间贸易的增长，有些城镇依靠自身的比较优势进行专业化生产，为美国工业革命打下基础；移民也为这一时期城镇发展提供了重要的人口来源。至1840年，美国已形成独立的城镇和经济体系，城镇化率达到10%。

19世纪40年代，得益于从欧洲引进的先进的工业技术和商业机构，美国农业机械化致使拓荒能力显著提升，农业生产力水平大幅度提高。由农业部门释放出的劳动力和海外移民开始涌向城镇工厂，为城镇工厂提供大量的廉价劳动力，从而促进了城镇化进程。这一时期蒸汽动力的内河船和铁路系统对新工业经济和城镇化发展起到了非常重要的作用，带动了一批新城镇的出现，如能源城镇、矿业城镇、交通枢纽型城镇和重工业城镇。工业化早期，大多数的工业发展以及由此带来的城镇增长，都发生在业已存在的最大城镇[①]。至1875年，纽约已拥有130万人口，35万～45万人口的城市有5个，10万～15万人口的城市有10个，城镇化率达到14%。

7.1.1.2 工业化成为美国城镇化的发展动力

随着交通和通讯技术的不断进步，工业集聚得到了稳定的发展，城镇体系不断地完善与优化，各城镇经济分工更加显著，城镇之间关系更为融合。这一时期推动城镇化发展的主导力量就是工业化的发展，工业区位论是影响城镇发展和增长的最主要方式。至1870年，制造业带的框架在美国已基本形成，19世纪末

① 保罗·诺克斯，琳达·迈克卡西．城市化［M］．顾朝林，汤培源，杨兴柱，译．北京：科学出版社，2009：71.

期，制造业带停止了地域扩张，但城镇间的相互联系却变得更加紧密，1920年制造业带业已成为国家经济的心脏带，其中较大的城市发展为大都市区中心，而较小的城镇为高度专业化和极具赢利的制造行业提供居住地①。非均衡发展是这一时期城镇化发展的主要模式，表现为高度城镇化、高度工业化和密集制造业带的“核心区”与涵盖全国其他地区的“边缘区”形成鲜明的对照。工业集聚经济是这一时期城镇化发展动力的表现形式，通过产业的前向关联、后向关联、旁侧效应，共同促进了资本、人口流入地的城镇化发展，即极化效应的作用。另一方面，通过扩散效应带动周围边缘地区的经济增长，促进小城镇的发展。

1920年，美国城镇化率达到51.2%，但随着工业企业生产管理的革命，政府对城镇化发展的管制作用逐步显现。引入福特主义后，内燃机的大批量生产和使用打破了原来的经济和城镇化发展的平衡。汽车开始参与运输体系的竞争，推动了郊区化时代的到来。拖拉机的使用让农业释放出大量的劳动力，开创了大农场农业生产方式刺激了城镇化进程②。先进技术和企业生产组织方式的应用极大地提高了生产率，产生了严重的生产过剩危机，为应对经济危机政府加大了干预经济的力度。罗斯福新政中进步的干涉主义不仅给城市与区域规划带来全新的实践，还在城镇发展中全面导入了管治的思想。至1945年，美国城镇化率约64%。

7.1.1.3　服务业成为美国城镇化的发展动力

第二次世界大战结束后，美国经济进入一个新的发展阶段，主要表现为：生产产品的种类、生产方式和生产地点发生变革，

① 保罗·诺克斯，琳达·迈克卡西．城市化［M］．顾朝林，汤培源，杨兴柱，译．北京：科学出版社，2009：77-78.

② 保罗·诺克斯，琳达·迈克卡西．城市化［M］．顾朝林，汤培源，杨兴柱，译．北京：科学出版社，2009：84-85.

制造业工人比重下降，而服务业相关就业比重显著提高。1945—1972年，州际高速公路系统的建立和区域、次区域间大运量喷气式客机航空网的发展，极大地促进了区域扩散和城市群的兴起。制造业带集聚不经济效应逐步显现，制造业带上的城镇相对衰落；总部经济效应初步显现，拥有高比例集团公司总部的城镇迅速崛起，同时研发机构密集的城镇也得到快速的发展。这个时期，随着城市核心区聚集不经济的显现，城镇人口开始大规模向郊区迁移，1970年郊区人口占到城市人口的50%。可见这一时期美国的城镇体系的发展，城镇化进程的主要驱动力是运输业、通讯业、批发业以及营销业、金融业、保险业等服务业的发展。

随着石油价格的飞速上升和来自新兴工业化国家与地区（中国台湾、墨西哥、韩国等）明显低劳动力成本的竞争，美国市场需求下降，滞涨现象逐步恶化。新的经济危机对美国城镇化发展带来重大冲击，旧工业城镇工厂倒闭、失业率上升、贫穷日益增加，许多城镇政府财政危机加剧，进行大规模的政府部门裁员和削减公共服务。面对这一危机，新技术产业的发展成为重组美国经济促进城镇化发展的关键力量。这些新技术包括生产过程技术，如电子控制生产装配线、自动化机械工具、机器人技术等；流通技术，如通信卫星、光纤网络、微波通信等。新技术减低了交易成本、增强了生产的可分离性和弹性，促进了生产力的发展，同时创造出大量的新就业岗位。2009年，美国城镇化率达到85%。

7.1.2 巴西城镇化动力机制

7.1.2.1 初级产品贸易驱动的早期城镇化

巴西在殖民地时期之前，由于印第安人口稀少，社会经济发展水平较低，城镇尚未出现。16世纪30年代巴西出现最早的一批城镇，城镇的主要职能是军事防御和商品的集散，但其后的发展，经济因素起了重大的推动作用[①]。如圣维森特、皮拉特宁加和奥林达城等。1808 年，受拿破仑入侵的影响葡萄牙王室迁至巴西里约热内卢。这促使里约热内卢的人口迅速增加，城市基础设施和文化建设快速发展。由于大规模城市建设的需要，大批的技术人才进入城市。此外，葡萄牙王室实行的巴西港口对友好国家开放的政策以及 1822 年巴西政治上的独立，都极大地促进了城市的发展[②]。这一时期促进巴西城镇化进程的因素主要是政治因素和贸易因素。

巴西资源十分丰富，如橡胶、木材、金银矿产等。巴西历史上多次依靠这些优势资源，集中进行产业开发，从而形成一个个产业中心区。如：16、17 世纪在巴西东北部形成的巴西木和食糖交易中心，18 世纪在哥亚斯和马他格罗索形成的黄金和咖啡交易中心，19 世纪在亚马逊形成的橡胶交易中心等。19 世纪中叶之后，铁路的修建、基础设施的健全和咖啡经济的繁荣，使城镇化得到了强有力的经济支撑。这一时期咖啡经济成为推动城镇发展的主要力量，尤其在里约热内卢州的巴拉伊河谷一带，咖啡产业成为国民经济的支柱产业，种植范围不断扩展。巴西优越的种植条件、旺盛的国外市场需求使咖啡经济获得空前的发展，直接促进了城镇、港口和铁路的建设，铁路沿线相继出现一些新的城镇，城镇数量和规模迅速增长。

20 世纪之前巴西的城镇化是没有工业化的传统城镇的扩展。从 16 世纪初葡萄牙殖民者到达巴西之日起，在近 300 年的殖民统治期间，巴西一直是葡萄牙宗主国的初级产品和原料的生产地和供应地。这些中心区不仅吸纳了更多的就业人口和居民，而且往往就地实现了农村人口的“农转非”，进而推动了巴西的城镇

① 张宝宇．巴西城市化进程及其特点［J］．拉丁美洲研究，1989(3)：40－46.

② 李瑞林，李正升．巴西城市化模式的分析及启示［J］．城市问题，2006(4)：93－98.

化进程。城镇依然承担传统的职能，即商业、官僚机构和初级工业活动中心。

7.1.2.2 工业化驱动的非均衡城镇化

19 世纪末，初级产品出口贸易的发展为工业化提供了充足的外汇储备，巴西经济开始进入工业化初期阶段。工业发展的特点是轻工业、食品加工和其他非耐用消费品生产企业增长较快，其主要产品为纺织品、皮革制品、家具、食品饮料等。第一次世界大战期间，由于欧洲列强忙于战争，对咖啡、糖、肉、皮革以及橡胶、矿产品的需求大量增加，进一步刺激了巴西工业化的发展①。各种工厂迅速建立，人口增加，市政建设加速，与外界交通联系大为改善。但直到 20 世纪 30 年代之前，巴西的城镇化发展的动力主要来自于轻工业的发展，外来移民也是推动城镇化的主要因素。

20 世纪 30 年代后，巴西进行了经济结构调整，大量资金投向原材料、能源建设、基础设施建设等，同时借助国家资本创办国营企业，迈开了发展重工业的步伐。开始采用“重工抑农”政策并实施“进口替代”发展战略，制造业部门获得较快发展，工业结构逐步从以非耐用消费品为主过渡到以生产资料工业以及制造业为主②。得益于这种结构调整，1947—1960 年间巴西 GDP 年均增长率达 7.3%，重工业化的发展促进了中心城市的发展。50 年代后期开始，巴西工业化进程一反传统的以国内储蓄和资金为主资金来源，开始大举借外债，依靠国外资本发展本国经济，外资和技术进步成为巴西工业的主要推动力。依靠国外的资金和技术，巴西工业高速发展，制造业不断向世界市场拓展。

① 翟雪玲，赵长保．巴西工业化、城市化与农业现代化的关系［J］．世界农业，2007(5)：23-26.

② 翟雪玲，赵长保．巴西工业化、城市化与农业现代化的关系［J］．世界农业，2007(5)：23-26.

1968—1974年间GDP增长率高达10%以上，被誉为“巴西奇迹”。

这一阶段受工业化的驱动和农业发展的失衡影响，巴西城镇化飞速发展，城镇规模体系不断完善。到1950年时巴西已有36.2%的人口居住在城镇，1960年这一比重上升到44.7%，1970年的人口普查结果表明，城市人口所占比重达54%。但由于历史原因，巴西的土地占有很不平等，普通农民只占有少量土地，绝大部分土地一直为少数大地主所控制。伴随经济的高速发展土地的集中度也越来越高，产生了大量无地或少地的贫困群体。据测算，1950年有60%以农业为生的人是无地的农业工人，如果把那些只占有经济上无效用土地的人计算在内，实际上的无地农业工人达到81%。可见，巴西的高速城镇化不仅仅是工业化发展驱动的，国家对农业、农村的忽视，由于农民占有极少土地，农村贫困问题日益严重，产生了一大批几乎一无所有的雇佣劳动力，他们为了生存涌入城镇。由此而产生了一系列的问题，如：城镇人口过度膨胀、城镇失业问题严重、城镇贫困化加剧、收入分配两极分化、城市环境恶化等。

7.1.2.3　工业化驱动的均衡城镇化

针对城镇化和经济发展中存在的问题，20世纪70年代中后期，巴西政府意识到土地配置的不合理，重新确定了农业发展方向和农村建设思路。通过土地改革来解决农村贫困问题，并推出了相应的政策与措施。土地改革政策主要包括：分配土地给无地农民，鼓励开垦荒地等；扶持家庭农业，给予从事家庭农业的农户提供低息生产信贷、减免土地税、扩大农村就业机会，进而提高农民收入；加大农业基础设施建设，实行最低农产品保护价，保障农业经营者的基本收入；巴西对农业的投资也由1974年占国家预算开支的1.5%提高到1982年的5.1%。鼓励农民参与农村养老金制度和参加农业保险，建立农村社会保障制度。1988年，巴西建立了农村养老金制度，只要农民按每年农产品销售额的2.1%缴纳社会保障金，就可以享受退休金、疾病和工伤事故补贴、家庭困难补贴、带薪产假以及领取抚恤金等福利待遇。

政府对农业的投入再加上其他方面的干预政策，引起了区域发展的收敛，工业集中和城镇化之间的相关性减小。为了解决巴西的工业和城镇过分集中在沿海地区的状况，开发内地不发达区域，政府开始实施一系列区域政策，包括实行从圣保罗到边缘经济区的工业资本的转移补助，在圣保罗的辐射作用下，通过提高产业互补性，将圣保罗和其他经济区域连接起来；1956 年的迁都于巴西利亚，新首都的建设极大地带动了内地经济的发展。通过一系列区域一体化的政策，中西部地区从最初城镇人口比重为零跃升到 1970 年的 4%，并且人口超过 2 万人的城镇增加到 303 座。当时，人口超过 100 万人的城市有 4 座，拥有 50 万人口以上的城市有 9 座，人口在 10 万人到 50 万人之间的城市有 49 座。总之，20 世纪后半期，巴西城镇化的主导动力是工业化，工业化的发展带动了城镇化的步伐，工业化与城镇化互相影响、相互促进。

7.2 国内城镇化发展的动力机制经验

7.2.1 东部地区城镇化动力机制

7.2.1.1 私人资本驱动的温州城镇化

温州市位于我国东部省区浙江东南部，是我国最早的沿海开放城市之一，是浙南的经济、文化中心。温州市下辖 3 个市辖区、6 个县城，代管 2 个县级市，共有 30 个街道、119 个镇和 143 个乡。全市总面积 11784 千米^2，其中市区 1082 千米^2。温州市人口稠密、耕地稀少，人均耕地面积不足 0.4 亩。2008 年总人口 771.99 万人，其中城镇人口 465.12 万人，城镇化水平达到 60.52%，高于浙江省平均水平 57.6%[①]。1949 年以来，由于受

① 浙江省统计局．浙江省统计年鉴 2009 [M]. 北京：中国统计出版社．2009.

对台前线的影响，国家在温州投资较少，温州经济发展滞后，城镇化水平为12.59%（非农业人口）。到1978年温州人均GDP为238元，是同期全国平均水平的62.5%，新疆人均GDP的76%；城镇化水平为11.80%（非农业人口），城镇化进程发展较为缓慢。到1990年第四次人口普查时，温州市城镇化水平为28.21%　高于全国平均26.41%的水平，但低于新疆城镇化水平，1980年新疆城镇化水平已达到29.05%。到1993年温州人均GDP超过全国平均水平，达到2874元。从此城镇化进程加速，到2000年第五次人口普查时，城镇化水平已达51.46%，高于全国平均水平15.24个百分点，高于新疆17.71个百分点。2008年温州城镇化水平达到60.52%，分别高于全国和新疆14.84和20.88个百分点[①]。

改革开放以来温州城镇化的发展逐渐加速，其城镇化的特征主要表现为：①当地农民利用私人资本兴办家庭手工业，并逐渐将家庭手工业做大为乡镇企业，从而脱离农业劳动，落户城镇进而成为城镇社会的一员；农民进城经商，从事服务业或进城务工，成为城镇的劳动生力军；②建制镇等小城镇是吸纳农业劳动力的主体，小城镇发展是促进城镇化进程的主要载体；在改革开放初期由于城市和县城对非农业人口聚集存在政策限制，而集镇对非农业人口聚集采取了宽松和鼓励的政策，从而推动了农村劳动力大量向集镇转移，使得城镇产业不断发展、规模逐渐扩大，经济聚集和扩散功能增强，成为区域经济的增长极。可见，温州城镇化发展主要是以私人资本为驱动力的，按照驱动力作用的不同方式，可将温州城镇化分为以下三个阶段。

小城镇快速涌现，中心城市建设进入正规阶段（1978—1992年）。改革开放后，尤其是农村土地承包改革以来，温州个体和

① 数据来源：《中国统计年鉴2009》、《新疆统计年鉴2009》、《温州市统计年鉴2001》。

私营企业开始起步，并得到快速的发展。在市场化和工业化的强劲推动下，涌现了“中国农民第一城”龙港镇、“东方第一纽扣市场”桥头镇、“全国最大低压电器城”柳市镇等，小城镇建设推开了温州城镇化的新局面。至1991年温州建制镇已发展到121个，人口达到260万人，占全市总人口的38.7%，建制镇个数和人口达到1978年的7倍左右。同时，温州中心城市建设进入正规阶段，1979年温州开始编制城市发展规划，1986年获批。该规划明确指出要立足对外开放，以港口建设作为城市发展的主要动力，将温州建成浙南的经济、文化、科技中心；在空间上，城市主要按组团式的沿江、跨江向下游发展①。

中心城市加速建设，小城镇稳步发展阶段（1992—1999年）。随着我国社会主义市场经济体制改革的推进，以家庭工业为特色，专业市场为龙头的个体、私营和股份合作制企业蓬勃发展，温州城镇化建设进入快速发展期。这一阶段，温州通过市场力量积极引入民间资本参与城市建设，至1999年温州中心城市建成区达到120多公里^2，为1992年的近4倍②。同时，小城镇的基础设施和文化设施得到进一步的改善，加强了工业小区和商贸市场的建设。总体而言，这一时期，中心城市和小城镇建设水平得到明显提高。城镇化水平由1991年的38.7%迅速增长为2000年的51.5%，年均增长1.42个百分点。

城镇化科学发展阶段（2000年至今）。私人资本推动的城镇化虽然具有快速扩张的优势，但由于受私人资本家族化的制约，致使城镇产业素质不高，产业技术创新能力不足；这就导致了城镇化进程中城镇规模小、素质低、密度大，城镇基础设施难以发

① 易千枫，徐强，项志远．改革开放30年温州城镇化发展回顾与思考［J］．城市规划，2009(33)：19-21.

② 易千枫，徐强，项志远．改革开放30年温州城镇化发展回顾与思考［J］．城市规划，2009(33)：19-21.

挥规模经济效益。鉴于此，1998 年温州市制定《城市化进程纲要》、《温州城镇体系大纲》两个文件，核心是构筑以大城市为中心、中等城市为副中心、小城市为骨干、一般建制镇为基础的城镇体系，引导温州城镇化健康发展。2006 年浙江省强调新型城镇化必需资源节约、环境友好、经济高效、社会和谐、大中小城市和小城镇协调发展、城乡互促共进。2000 年以来，温州城镇化持续健康发展、城镇化质量稳步提升，城镇化水平以年均 1.26 个百分点的速度显著提升①。

由此可见，推进温州城镇化进程是自发的、内在的发展动力。私人资本在市场机制的引导下，逐步形成了区域性的产业集群——专业镇，这成为温州城镇化的核心动力。改革开放以来，温州凭借城镇的功能优势，依靠市场化运作机制，引导进城企业投资公用基础设施建设，实现了企业发展和城镇发展的统一。在温州的城镇化建设过程中，政府明确提出了“谁投资，谁受益”和“谁受益，谁投资”的原则，其具体做法是把城镇基础设施部分地商品化，推向市场，从公益型开发供给转向经营型生产供给，形成了“以路养路，以桥养桥，以电养电，以水养水”的自我积累、自我平衡、自我补偿的新机制。同时制度变革，如户籍制度、土地使用制度以及投资制度等一系列配套制度改革，也是温州特色的城镇化发展的重要动力。早在 20 世纪 80 年代初，温州就在全国率先实行土地有偿使用制度的改革，各地小城镇的土地流转和置换制度因此而逐步形成和发育，土地要素同其他要素合理组合并产生较好的综合效益，为小城镇开发建设提供大量资金，这些资金在各城镇基础设施建设和旧城改造中发挥了重要的作用。温州市率先突破城乡分割的二元户籍制度，鼓励农民自理口粮进城，自建住宅落户，自办企业发展，成功地走出一条依靠

① 易千枫，徐强，项志远．改革开放 30 年温州城镇化发展回顾与思考 [J]．城市规划，2009(33)：19－21.

农民自身力量建设城镇的新路子。通过市场机制和制度变革，解决城镇发展中的人口集聚、建设资金和经济发展三大问题①。

7.2.1.2 乡镇企业驱动的苏南城镇化

苏南是指江苏省内长江以南的部分，具体的区域包括苏州、无锡和常州三市及其所辖的9县市。2000年，江苏省委、省政府在制定“十五”计划时，把南京、镇江也划入苏南范围，苏南正式变成了苏州、无锡、常州、镇江、南京5个地区。苏南地区总面积28 089公里^2，占江苏省的27.3%，2008年苏南总人口3 027.05万人，其中城镇人口2 048.50万人，城镇化率达67.7%，高于全国平均水平22个百分点，高于江苏平均13.4个百分点，高于新疆平均水平28个百分点。2008年国内生产总值18506.16亿元，占全省的61.86%，占全国的6.16%②；苏南地区以不到江苏省1/3的人口，创造出接近全省2/3的地区生产总值。可见苏南是江苏最大的“优势板块”，也是最快的增长极，是中国经济发展最全面、最和谐、最迅速的地区之一。

苏南城镇化的快速发展有其特殊的社会经济条件。第一，苏南自明代以来，就有着发达的家庭手工业，纺织业基础，鸦片战争后，上海被辟为通商商埠，苏南广大地区成为我国近代工业和民族工业的发祥地。第二，地理上濒江临海，水陆交通十分发达，历来商贾云集。第三，苏南人口整体素质较高，不仅在文化技术素质上有优势，而且由于长期的商品经济的熏陶，商品经济意识相当浓厚。新中国成立后，我国实行计划经济，当时只有集体经济组织办集体所有制性质的社队企业才是名正言顺的；因此，在特殊的社会经济背景和条件下，为求生存，苏南人结合传

① 许经勇．温州城镇化道路的成功经验：以内源性经济为基础的市场化、专业化［J］．调研世界，2009(33)：27－31.

② 数据来源：《中国统计年鉴2009》、《新疆统计年鉴2009》、《江苏统计年鉴2009》。

统的工商业基础好和邻近大中城市等优势条件，开始在农村创办社队工业[①]。社队工业及其演变的乡镇企业发展是推动苏南城镇化进程的核心动力。

根据推动苏南城镇化进程的不同经济主体以及资本提供的角度，可将苏南的城镇化进程分为以下三个阶段：政府投资的国有工业推动阶段、集体集资的乡镇企业推动阶段和多种资本来源的开发区建设推动阶段。新中国成立后，苏南国民经济迅速得到恢复和发展。然而受“左”的思想的影响，在所有制转变上急于过渡，经济建设上急于求成，同时也造成城镇化发展曲折不断。这一阶段国家增加了在苏南地区工业项目上的投资，学者们将这种政府投资推动的城镇化称作“自上而下”的城镇化。但由于国家采取重工业优先发展战略，限制农村劳动力进程等原因，再加上工业化水平不高，这一阶段苏南城镇化发展非常缓慢。这一阶段的政治运动使得城镇化发展曲折性较大，如 1958 年开始的人民公社化运动，苏南城镇化水平明显下降。自 1966 年开始的“文化大革命”使城镇工业发生严重滑坡，再加上知识青年上山下乡，城镇化水平下降速度增快。至 1970 年降至最低点，而后才缓慢回升[②]。这一阶段江苏城镇化水平由 1949 年的 14.8%降为 1978 年的 12.5%，其中最低的年份 1970 年城镇化率仅为 11.4%。可见政府投资的国有工业推动城镇化效果，远不及后二者对苏南地区城镇化的影响。

乡镇企业发展是推动苏南城镇化的核心力量，乡镇企业最初的形式是 70 年代开始出现的社队工业，社队工业是苏南城镇化经济基础的重要载体，在计划经济时代苏南社队工业就积累了一定的技术基础形成了一定的规模。改革开放后，由于当时还存在

---

① 周艺怡，张京祥，曹荣林．苏南城镇化模式的回顾与前瞻——以苏州为例[J]．城市问题，2002，(6)：25－29.

② 陈易，王兴平，刘荣增．苏南地区城市化进程回顾与展望［J］．现代经济探讨，2002(6)：63－65.

着计划经济的痕迹，经济资源大多掌握在乡镇政府手中，因此乡镇政府便代表人们行使企业家职能进行筹资，组织生产资源，鼓励农民转移到乡镇企业中去等。到了80年代，社队工业分化成了乡镇企业与村办企业两种，乡镇企业进入了真正的黄金时期。由乡镇企业推动的城镇化被形象地称为“自下而上”的城镇化。乡镇企业的发展所导致的必然结果就是大量小城镇的涌现和繁荣。1983年地市合并之前，苏锡常三市包括建制镇、集镇在内的小城镇只有34个；到1992年，三市共有建制镇229个，集聚了近万家乡镇企业和近240万农村剩余劳动力[①]。这种以乡镇企业发展为动力的城镇化自70年代启动，到80年代真正进入了快速起飞阶段，并且其动力机制也日趋明显、完善[②]。

但是这种以乡镇企业发展为动力的城镇化进程，有着自身的缺陷。季小立（2004）总结了当时苏南地区城镇化发展存在的主要问题：一是小城镇集聚效应弱，重复建设、产业同构现象严重，城镇间专业化程度低、分工协作困难；二是乡镇企业废水、废气、废渣等排放分散，不利于集中治理，增加了环保部门监控和治理污染的难度；三是乡镇政府对乡镇企业实行保护政策，批租廉价土地给乡镇企业，导致耕地浪费严重，使得人多地少矛盾加剧[③]。面对这种局面，90年代后，苏南城镇化由以小城镇为主导逐渐转变为以特大城市为中心的区域城镇化。企业发展和区域城镇化发展的资本来源逐渐多元化，乡镇企业的性质在发生转变，相应的城镇化动力也发生了转变。

进入90年代后，开发区的建设成为苏南城镇化的新动力。这一阶段苏南城镇化发展一方面得益于大城市经济的扩散效应，另一方

---

① 高峰．具有苏南特色的城市化之路［J］．城市发展研究，2004(5)：47－50.

② 崔功豪，马润潮．中国自下而上城市化的发展及其机制［J］．地理学报，1999(2)：106－115.

③ 季小立，等．“苏南模式”城市化及其演进［J］．理论与现代化，2004(6)：10－15.

面是外来资本在城镇化进程中发挥越来越重要的作用。鉴于乡镇企业生产规模小、布局分散、经营管理落后，乡镇企业在与国有企业、外资企业和个体私营企业的竞争中处于劣势。乡镇企业纷纷改制，同时外资开始进驻苏南地区，苏南经济的发展模式也随之发生变化，从积极兴办乡镇企业转变为大力发展外向型经济，突出表现为苏南地区的地方政府都不遗余力地引进外资，这一时期最重要的特征就是开发区、工业园区的涌现①。由于开发区和工业园区优惠的条件的吸引，城镇工业开始向工业园转移，外资直接投资在开发区，这种资本促成的劳动集约型工业经济驱动的城镇化改变了城镇基础设施和社会服务的落后水平，加速了城镇化进程。

由此可见，苏南地区城镇化发展的基础是勤劳进取的人文传统、浓厚的商品经济意识、农村土地集体所有制和富足的乡村经济。同时苏南地区人口稠密，耕地紧缺，农村存在大量的剩余劳动力急需向第二、第三产业转移，而乡镇企业就是劳动力转移的载体。因此可以说，推动城镇化进程的具体动力是地方政府强有力地介入的乡镇集体企业发展，为本地农民提供大量的就业机会。起初，这些农民白天进镇务工、晚上返村居住，呈现出“离土不离乡”的特征；到了后期，农民们逐步在小城镇定居，表现为“离土又离乡”的特征。可见，早期的苏南城镇化动力机制是“自内”、“自下”的。随着经济的发展，城镇化发展的主体逐渐由乡镇集体企业转变为私营、民营和三资企业，区域经济与周边大城市的生产协作也逐渐加深，产品开始以面向国内外消费市场为主。苏南地区城镇化发展的动力机制逐渐多元化，其中外资的作用不断增强②。

---

① 程俊杰，唐德才．“苏南”城市化历史进程及其动力机制研究［J］．经济与管理，2008(11)：45－60.

② 张敏，顾朝林．农村城市化：“苏南模式”与“珠江模式”比较研究［J］．经济地理，2002(7)：482－486.

7.2.1.3 外资推动的珠三角城镇化

珠江三角洲，即珠江三角洲经济区，包括广州、深圳、珠海、佛山、江门、东莞、中山、惠州市和肇庆市共9市，是我国当前最具发展活力和发展潜质的经济区之一，是亚太乃至全球经济增长最快、现代制造业较强的地区之一，也是我国城镇群发育最成熟的区域之一。2008年总常住人口4 771.77万人，占广东省总人口的50%，土地总面积54 744公里^2，仅占广东省省的30.45%；但2008年创造的地区生产总值高达29 745.58亿元，分别占广东省和全国的83.33%和9.82%①。城镇化建设方面，2008年珠江三角洲城镇化率68.93%，其中建设用地（包括城市建设用地、建制镇建设用地和村庄建设用地）面积6640公里^2（2005年）。根据《珠江三角洲地区改革发展规划纲要（2008—2020)》规划：到2012年，珠江三角洲地区要率先建成全面小康社会，城镇化水平达到80%以上，人均地区生产总值达到80 000元，到2020年率先基本实现现代化②。

根据在珠江三角洲地区城镇化进程中，推动城镇化的主要动力的差异性，可将珠三角城镇化进程分为以下三个阶段：计划经济主导的缓慢发展阶段（1949—1979年）、外向型经济主导的快速发展阶段（1979—2000年）和全球化背景下的区域城镇群整合阶段（2000年至今）。在计划经济时代，我国实行控制大城市发展的政策，珠江三角洲地区经济发展、城镇建设和人口迁移都是按国家计划进行。由于珠江三角洲临近港澳地区，是当时我国沿海的“前线”，没有作为国家重点投资地区，除广州外的其他地区都以农业生产为主。当时珠三角与我国其他经济较发达地区相比，呈现出工业化水平低、总体经济实力弱等特点，这一阶段

---

① 资料来源：根据《广东统计年鉴2009》和《中国统计年鉴2009》整理而成。

② 资料来源：广东省人民政府《珠江三角洲地区改革发展规划纲要（2008—2020)》文本。

城镇化发展非常缓慢，和全国一样处在一个较低城镇化水平上，1949 年广东省的城镇化水平为 13.3%，但由于国家对广东的工业投资较少，广东的工业化水平下降，到 1978 年时，广东的城镇化率仅为 11.7%。改革开放前，珠三角地区城镇化水平一直在 28%以下。

自 1979 年国家对广东省实行“特殊政策、灵活措施”以来，作为中国改革开放中“先行一步”的珠江三角洲地区，凭借其与港澳临近的优越地理区位和区域内丰富的廉价劳动力，成为我国引进外资最早、数量最多和最成功的地区。外资在这一地区主要集中在劳动力较密集、出口倾向较大的制造行业，对该地区的经济结构和空间变化影响显著①。从 1979—2003 年年底，珠江三角洲地区实际利用外资累计高达 2530 亿美元，分别占广东省和全国实际利用外资总额的 88.6%和 35.19%。世界 500 强企业中有 254 家已经在珠江三角洲投资或设立办事处。据统计，目前已有超过 75%的香港制造业产品在珠江三角洲地区生产，90%的钟表和玩具厂、80%～90%的塑胶厂、85%的电子厂都在珠江三角洲设厂②。珠江三角洲也与澳门在产业转移及旅游业、金融业等方面开展了较广泛的合作，澳门 95%以上的玩具业已转移到珠江三角洲地区。外资的大量涌入和香港制造业设厂，促进了珠江三角洲工业化的发展和产业结构的优化升级，从产业结构来看，1990 年三次产业结构为：58.4∶24.7∶6.9，到 2002 年三次产业结构调整为：20.8∶61.7∶16.5，第二产业迅速发展。就业结构也由 1990 年的：79.5∶14.4∶7.1，调整为 2002 年的：39.6∶40.0∶20.4。产业结构的优化和基础设施的完善又进一步

① 薛凤旋，等．外资：发展中国家城市化的新动力——珠江三角洲个案研究［J］．地理学报，1997(3)：193－206.

② 李胜兰．外向型城市化发展模式研究——珠江三角洲个案研究［J］．中山大学学报（社会科学版），2004(5)：11－15.

吸引外资的进入，珠江三角洲外资主要来源于香港，这些企业利用低廉的劳力和资源属于“贸易创造型”企业，从事生产适合于香港地区和其他发达国家市场的出口导向型产品的投资。1978—2002年的24年间，香港与内地的双边贸易增长了98倍。

伴随着外商直接投资迅速增多、乡镇企业快速发展和区域经济的快速增长，大量农村剩余劳动力进入城镇，城镇数量和规模大幅度上升。1982—1990年的8年间珠江三角洲增设了3个市，城市数目达10个，镇的数目由37个增至330个①，是1982年的近9倍。到2000年珠江三角洲有24个城市，建制镇493个。1982年城镇化水平29.06%（全省19.28%），1990年城镇化水平44.14%（全省30.64%）②，到2000年珠三角城镇化水平60.10%（全省54.99%），高于全国平均水平23.88个百分点。这一阶段珠江三角洲城镇化水平的快速提高与其经济的迅速发展有着必然的联系。这取决于区域内外经济、社会、人文动力的共同作用，尤其是外资的大量涌入，对珠江三角洲城镇化进程有着直接的影响和作用。甚至可以说，没有“先行一步”的改革开放和巨额外资的涌入就没有珠江三角洲城镇化的迅速发展。外资企业的大量进入使珠江三角洲城镇交通、通讯、道路、电力等基础设施和公共服务能力显著提升，创造了大量的就业机会，解决了当地农村剩余劳动力转移的问题，同时还吸引大量区外、省外的迁移人口，推动了城镇化的发展步伐。

进入21世纪，经济全球化进一步加剧生产要素加速流动，珠江三角洲利用外资建立起来的劳动密集型产业，在全球产业链中处于末端。当区位条件再次发生变化时将可能再次引起产业的转

① 钟逢干．强外向型经济区域珠江三角洲人口城镇化分析［J］．人口与经济，1995(2)：3-9.

② 资料来源：《广东省第三次人口普查资料汇编》和《广东省第四次人口普查手工汇总资料》。

移，从而出现产业“空洞化”现象，对珠江三角洲地区经济发展存在潜在的影响。由此引起了一个重要的问题，在全球化的背景下，作为珠江三角洲城镇化动力的产业发展是不具有竞争力的①。面对城镇急剧扩张的建设用地需求与耕地不足的矛盾，城镇的分散布局制约着城镇聚集效应和扩散效应的发挥。再加上由财政分权和分散的土地集体产权②所导致的城镇化进程中的“城中村”和“碎化”（Fragment）的城镇空间现象③，珠三角地区城镇化发展在新世纪面临一系列的挑战。针对上述问题，2004 年，由建设部和广东省建设厅组织了《珠江三角洲城镇群协调发展规划（2004—2020）》的编制工作，随后成立珠江三角洲城镇群规划管理办公室，2006 年 11 月《珠江三角洲城镇群协调发展规划实施条例》开始生效。这标志着珠江三角洲城镇化进程正式进入城镇群协作发展阶段，指明了快速城镇化地区在城镇建设多主体、复杂利益格局下城镇协调发展与统筹管理的新方向。2009 年国家又批准了《珠江三角洲地区改革发展规划纲要（2008—2020 年）》，为珠江三角洲城镇化健康发展提供了更高层次的依据。

由此可见，珠江三角洲城镇化发展的内源动力是毗邻港澳的区位条件以及当地人敢于冒险、追求变革的文化底蕴。再加上中央政府给予的先行一步的开放政策和巨额外资的涌入、外向型经济的发展激活了当地的经济和城镇化进程。初期大量“三来一补”企业的进入，为人口稠密、耕地紧缺的本地和外省农村大量存在的剩余劳动力提供了就业机会。城镇工业化主要建立在与香港的密切联系之上，企业的资金、原料、样品大多由港商提供，

① 王缉慈．创新的空间：企业集群与区域发展［M］．北京：北京大学出版社，2001.260－265.

② 李郇．农村集体所有制与分散式农村城市化空间［J］．城市规划，2005，29（7）：39－42.

③ 欧阳南江．快速乡村城市转型地区的空间转换研究——以东莞为例［D］．广州：中山大学，2003.88－92.

加工出来的产品又经由香港进入国际市场；随着经济的发展，珠江三角洲地区三资企业和私营企业逐渐增加，推动城镇化的主体和资金来源也日益多元化。可见，珠江三角洲城镇化动力主要是“自外”、“自上”的①。

7.2.2 西部民族地区城镇化动力机制

7.2.2.1 政府主导的宁夏城镇化

宁夏回族自治区位于我国西北部，1954 年撤销省级建制，1958 年成立宁夏回族自治区。自治区面积 6.64 万公里^2，2009 年总人口数 625.20 万，其中少数民族人口 229.98 万人，占总人口的 36.78%；城镇人口 288 万，城镇化水平达到 46.10%，位居西北五省区第一，在民族地区位居第二，略低于全国平均水平。截至 2009 年年末，宁夏已形成了 5 个地级市、2 个县级市、11 个县城、99 个建制镇的城镇体系格局。无论是在计划经济时代还是在西部大开发实施以前，宁夏的城镇化水平都低于新疆，如 1953 第一次人口普查时宁夏城镇化率为 7.79%，而同期新疆城镇化率为 13.40%，改革开放初期的 1982 年，宁夏城镇化水平竟然落后于新疆 14.18 个百分点，直到西部大开发实施的 2000 年宁夏城镇化水平依然落后于新疆 1.21 个百分点。但随着西部大开发的实施，2002 年宁夏完成了乡镇机构改革，2003 年又在全自治区进行行政区划的调整，从此宁夏城镇化加速发展，从 2004 年至今每年的城镇水平都高于新疆 5 个百分点左右，2000—2009 年的 9 年间，城镇化发展速度是新疆的 2 倍（图 7-1）。因此，深入分析宁夏城镇化在新世纪加速发展的原因，总结宁夏城镇化发展的经验，对促进新疆城镇化快速发展有着重要的借鉴意义。

---

① 张敏，顾朝林．农村城市化：“苏南模式”与“珠江模式”比较研究［J］．经济地理，2002(7)：482-486.

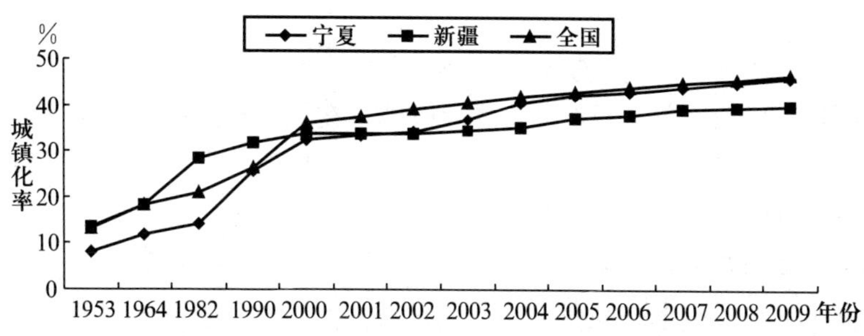

图 7-1 宁夏、新疆与全国城镇化发展对比图

资料来源：根据《宁夏统计年鉴 2010》、《新疆统计年鉴 2010》、《中国统计年鉴 2010》整理而成。

新中国成立时，宁夏农业发展缓慢，工业基本以采掘业和日用品加工业为主，生产技术落后、产量低下，属于当时经济社会最落后的省份之一，1949 年城镇化水平仅为 5.9%，直到宁夏回族自治区成立，城镇化进程缓慢，1957 年城镇化水平为 8.0%①。1958 年自治区成立后，国家进行"三线"建设以及"大跃进"运动，大批干部、技术人员和工人涌入宁夏参加建设，仅 1957—1960 年，从外省区通过有组织地调动、移民及自由流入宁夏的人数就接近 23 万②。随着国家投资的加大，宁夏工业化得到长足的发展，经济发展对传统农业的依赖逐渐降低，工业的大规模发展促进了宁夏的城镇化进程，到 1960 年城镇化率上升到 17.7%。但随着 3 年经济调整，部分城镇人口复归农村，1964 年城市化率急降至 11.68%。1966—1976 年"文化大革命"期间，城镇经济停滞不前，以及大批城镇知识青年上山下乡，城

① 宁夏计委课题组．"十五"时期推进宁夏城市化研究［J］．市场经济研究，2000(4)：42-45.

② 马冬梅，咸宝林．宁夏城市化进程及动力机制研究［J］．安徽农业科学，2009(23)：11253-11255.

镇化水平一直在低位徘徊[①]，到 1978 年宁夏城镇化率为 17.17%。

改革开放初期，宁夏各级政府积极推进农村地区的家庭联产承包责任制改革、农产品市场化改革，在城镇对国有企业实行推行以“放权让利”为主线的扩大企业自主权的改革、社会主义市场经济体制改革。这些改革措施极大地促进了生产力发展，宁夏经济总量和经济结构不断优化，人民生活水平显著提高。1978 年，宁夏地区生产总值仅为 13 亿元，人均生产总值也只有 370 元，三次产业结构为 23.57∶50.82∶25.62。到 1998 年地区生产总值达到 245.44 亿元，人均生产总值 4 607.10 元，三次产业结构调整为 19.86∶38.75∶41.39。伴随着改革开放的不断深入和经济的快速发展，城镇非农业人口以年均 4.8 万人的速度增加，城镇化率年均增加 0.655 个百分点。截至 1998 年年末，宁夏形成了 3 个地级市，2 个县级市，15 县城，69 建制镇的城镇体系，城镇化率达到 32.5%，略低于全国平均水平。

进入新世纪，国家实施西部大开发战略，在基础设施建设和生态环境建设方面加大了对宁夏地区的投入，改善了宁夏经济社会的发展环境；同时宁夏个体、私营等非公有制经济得到一定的发展，促进了农村剩余劳动力的转移，加快了宁夏城镇化发展的步伐，到 2002 年城镇化水平已达 34.2%。但随着工业化、城镇化进程加快，人口居住分散、乡镇人口少、经济总量小、行政机构臃肿、干部队伍庞大、行政成本高、工作效率低下等问题日益凸显，城镇聚集效应不明显、基础设施难以形成规模效益、乡镇布局不合理等问题严重制约宁夏城镇化发展。2003 年，宁夏开始调整市、县、乡镇区划，重点是撤乡镇，按照“精简、效能、统一”的原则，改革乡镇管理体制，减少乡镇数量，适当扩大乡

① 宁夏计委课题组．“十五”时期推进宁夏城市化研究［J］．市场经济研究，2000(4)：42-45.

镇规模、经济机构和人员，转变政府管理职能。实践表明，撤乡并镇使资源配置更趋合理有效，基本达到了预期目标，为城镇化发展提供了制度保证[①]。2000—2009 年的 9 年间宁夏城镇化以年均 1.5 个百分点的速度发展，高于全国平均增长速度，2009 年城镇化水平达 46.1%。2009 年宁夏被确定为全国 5 个“省直管县”试点省区之一。自治区政府决定将同心县、盐池县列为吴忠市“扩权强县”试点县，同心县、盐池县与吴忠市的行政隶属关系不改变，只是在实行自治区直管县的财政管理体制的基础上，主要从减少管理层次，简化办事程序，提高行政效能，降低行政成本出发，将能放的行政审批等经济社会管理权限尽可能一放到县。“扩权强县”改革扩展了县域经济发展的自主性，增强了小城镇经济聚集能力，必将加快区域城镇化进程。

由此可见，宁夏城镇化的发展主要是以政府推动为主，在计划经济时代，国家进行“三线”建设，使宁夏工业得到了长足的发展，但由于国家实行限制农民进城的发展政策，城镇化发展缓慢。改革开放后，政府主导的各项经济社会改革，解放了生产力，同样推进了宁夏的城镇化，但由于改革的滞后，城镇化发展依然和东部地区存在差距。西部大开发的实施，中央政府加强了对西部特别是民族地区的投资力度（图 7－2），再加上政府推行的行政区划调整、扩权强县等改革措施的实施，使宁夏城镇化进程加速。可以说，政府动力是宁夏城镇化发展的核心推动力。

7.2.2.2　外贸驱动的德宏州城镇化

德宏傣族景颇族自治州（以下简称德宏州）地处祖国西南边陲，是云南省 8 个少数民族自治州之一。东和东北与保山地区的龙陵、腾冲两县相邻，南、西和西北与缅甸联邦接壤，全自治州辖 3 县 2 市，其中 4 个县市与缅甸联邦接壤，国境线长达 503.8

---

① 左理．民族地区社会主义新农村建设中的城镇化问题研究［M］．北京：中国经济出版社，2009．10－11．

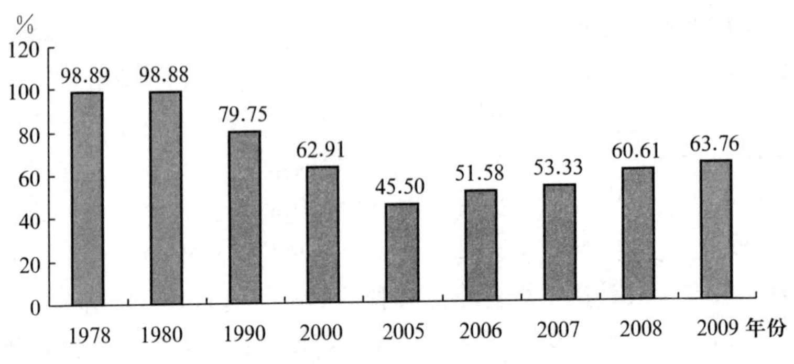

图 7-2　宁夏固定资产投资中的国有经济比重

资料来源：根据《宁夏统计年鉴 2010》整理而成。

公里。全自治州总面积 11 526 公里²。德宏州首府驻潞西市芒市镇，陆地距省会昆明 785 公里，空距 427 公里。2009 年年末全自治州常住总人口为 119.4 万人，少数民族人口 59.44 万人，占总人口的 49.78%，其中傣族 35.55 万人，景颇族 13.66 万人，傈僳族 3.15 万人，阿昌族 3.09 万人，德昂族 1.43 万人，城镇人口 39.46 万人，城镇化水平为 33.05%。德宏是古代"南方丝绸之路"的出口，境内有九条公路与缅甸北部城镇相通，有瑞丽、畹町两个国家一类口岸；盈江、章凤两个省二类口岸。因此，德宏州是典型的边疆民族地区，探索其城镇化发展滞后的成因，对同属边疆民族地区的新疆城镇化发展将会有重要的启示。

计划经济时期，由于我国实施强调自力更生、闭关锁国的经济发展战略，对外贸易的发展被大大地限制了，边贸经济更是长期处于边缘化状态，更不被列入国民经济计划体系，边贸经济的存在不过是区域经济的补充，这一时期德宏州边境贸易对区域经济和城镇化的推动作用很小。城镇化的发展只能靠农业发展、工业化推动，由于德宏州区位条件差、基础设施落后、劳动力素质低，工业化发展受到了严重的制约，经济发展十分缓慢，1952 年德宏州三次产业结构为：87.1∶0.2∶12.7，到改革开放初期的 1980 年三次产业结构调整为 65.5∶13.7∶20.8[①]，可见德宏州第二产业到改革开放时还低于 14%，因此对城镇化发展的推动作用十分有限，到 1980 年前德宏州城镇化水平一直低于 11%。

自改革开放以来，社会主义市场经济体制在我国逐渐确立，德宏州交通、电力、通讯等基础设施大为改善，边贸经济呈现空前的活跃状态，对区域经济的拉动作用正在不断增强，成为带动边境口岸城镇兴起与繁荣的重要力量。1985 年德宏州全境开放为边贸区，边贸经济按照边民互市→边境贸易→边境经济合作→“境内关外”模式渐次推进；逐渐形成了以一般贸易、边民互市贸易、对外经济技术合作、转口贸易等多种贸易方式互为补充、相互促进的格局。受区位条件制约，德宏州边贸经济不同于珠三角“三来一补”的口岸经济发展模式。但是德宏州已成为我国最早设立“境内关外[②]”边贸区（2000 年）和最早实施边贸出口人民币结算退税政策（2004 年）的沿边地州。德宏州 1985 年开放边贸，到 1992 年全自治州边贸增长了 72 倍，其中瑞丽、畹町口岸实现了德宏州对外贸易的 80%；2000 年德宏建立姐告“境内关外”边境贸易区，到 2008 年全自治州进出口贸易连续 9 年保持 30%左右的增长速度[③]。随着边贸经济的发展，德宏区域经济实力不断增强。1985 年全自治州生产总值为 4.04 亿元，人均 GDP 仅为 507 元，到 2009 年生产总值达 115.2 亿元，三次产业结构调整为：27.9∶30.8∶41.3，人均 GDP 为 9 685 元，对外

---

① 线庆升．德宏州经济结构调整存在的问题及对策［J］．中共云南省委党校学报，2009(5)：116－118.

② 注：所谓的境内关外，就是在我国境内，海关辟出一个专门区域，进出的货物就相当于进口和出口。区内可以免关税，免增值税，流通可以减免流通税，通关速度和便利程度也大大提高，对于发展经济非常有利。

③ 杜剑勇．中缅边贸与边境地区经济发展研究——以云南省德宏州为例［J］．时代金融，2009(11)：99－101.

贸易税收占全自治州财政收入 1/4 左右。

边贸经济成为德宏经济社会发展的动力和源泉。对外贸易给德宏聚集了资金、技术、人才和先进的管理经验，推动了德宏的城镇化进程。边贸经济对城镇化的推动作用主要表现在：边贸经济依托“口岸”，借助“通道”地位或“过境”便利，以商品的进出口贸易为主体，通过货物的集散扩展产业链，带动当地产业的发展；边贸经济为当地农村剩余劳动力提供就业机会，增加他们的非农收入，为巩固边防、稳定边疆发挥其特有的作用；边贸经济是边疆民族地区小城镇发展的直接推动力，通过边贸经济的发展集聚了各种经济要素，推动了城镇道路、房屋、交通、水电、通讯等基础设施的建设，带动了商品仓储、装载、搬运、食宿、银行等过境通关的各种服务性行业的发展，这些都将直接助推了当地小城镇的建设①。在这些因素的作用下，德宏城镇化得到快速的发展，2005—2009 年的 5 年间，德宏城镇化以每年接近 1 个百分点的速度发展（表 7-1），这远高于其以前的发展速度。边贸经济较发达的瑞丽城镇化水平在 2006 年就已达 45.2%，畹町开发区更是高达 55.1%。

表 7-1　德宏州 2005—2009 城镇化发展情况

年份	2005	2006	2007	2008	2009
城镇化率（%）	28.48	29.46	30.52	32.01	33.05
地区生产总值（亿元）	58.84	70.35	84	99.7	115.2
进出口总额（亿美元）	3.90	4.26	4.35	7.60	7.63
外贸依存度（%）	53.51	47.30	39.20	52.94	45.21

资料来源：根据《德宏州统计年鉴 2006》及各年份统计公报整理而成。

由上述分析可知，推动德宏州城镇化进程的核心动力不是农

① 罗淳，等．边贸经济与口岸城镇：西南边疆民族地区小城镇建设的一个依托[J]．经济问题探索，2008(10)：59-63.

业发展、工业化、外资，而是改革开放的制度变迁和边贸经济。边贸经济在当地经济中占有重要的地位，2005—2009 年的 5 年间德宏州的外贸依存度都在 50%左右，所以拉动德宏州经济增长的主要因素为边贸经济，同时也是推动其城镇化发展的核心动力。

7.3 国内外城镇化动力机制成功经验对新疆的启示

7.3.1 推动城镇化的核心动力是经济发展

通过以上不同地区城镇化发展历程可知，不论是发达国家美国还是发展中国家巴西，不论是沿海地区珠三角还是西部地区宁夏，不论是汉族聚居区温州还是少数民族聚居区宁夏，不论是边境地区德宏州还是内陆地区苏南，城镇化的发展动力都来源于经济的发展。所不同的是不同地区在不同的发展阶段，其经济发展的方式和支撑经济发展的产业不同而已。如美国和巴西在经济发展的初期，虽然城镇的产生主要是政治的需要，但城镇的发展都依托于当地大宗商品的出口贸易或当地的商品交易中心；随后以工业为支柱的经济发展快速推动了美国的城镇化，最后是服务业成为经济发展的引擎提高了城镇化的质量。而巴西刚好提供了一个反面的案例，1950—1960 年工业化发展初期的城镇化不是经济发展驱动的，而是由于绝大多数农民没有土地，贫困农民为了生存涌入城镇，由此导致了一系列的问题。

从温州城镇化的发展历程来看，1990 年以前，温州的经济发展水平落后于新疆，城镇化水平也落后于新疆，但随着改革开放的深入非公有制经济的活跃，私人资本驱动的劳动密集型产业在温州迅速崛起，带动经济发展加速城镇化进程。珠三角和苏南地区也都有着类似的情况，可见推动城镇化的核心动力是经济发展。所以在推进新疆城镇化建设过程中，不能仅仅以城镇建设或城镇户籍人口作为城镇化发展的目标，而是要大力发展城镇经济，只有以发达的区域经济为支撑的城镇化才能带来更快的经济发展和稳定的社会政治环境。目前新疆城镇化发展的滞后，归根到底还是经济发展的滞后，虽然经济增长速度并不是很慢，但经济的结构存在很多的问题，如区域发展不平衡，城乡差距大，产业结构不协调，产业间关联度低，民族聚居区经济自我发展能力低等等这些问题制约着新疆的经济发展，只有解决这些问题才能为城镇化进程铺平道路。

7.3.2 产业聚集和产业结构优化是城镇化的内在推动力

城镇化的实质是由产业集聚所引致的人口、资本、技术、管理等生产要素向城镇的集中，因此产业集聚在城镇化过程中起着至关重要的作用。而在农业、工业和服务业这三大产业中，由于农业依靠土地的投入而不具有集聚性，工业生产因占用土地少、规模经济大，因而具有高度的聚集经济特征，服务业则具有低集聚性高城镇化的特征，因此通过改变国民经济中三大产业的结构关系，增大工业和服务业在三次产业中的比重，就可以更多地获取产业集聚带来的经济效益，提高城镇化水平。因此，产业聚集和产业结构优化是城镇化的内在推动力，上述城镇化发展的历程也证明了这一点，如美国 20 世纪初的快速城镇化主要得益于工业集聚经济的发展，1920 年虽然制造业带停止了地域扩张，但其经济聚集功能却变得十分强劲，制造业带业已成为美国经济的心脏，其中较大的城市发展为大都市区中心，而较小的城镇为高度专业化和极具赢利的制造行业提供居住地。

产业集聚通过产业的前向关联、后向关联、旁侧效应，共同促进了资本、人口流入地的城镇化发展，即极化效应的作用。另一方面，通过扩散效应带动周围边缘地区的经济增长，促进小城镇的发展。我国城镇化的发展也得益于这种产业集聚，如温州的“东方第一纽扣市场”桥头镇、“全国最大低压电器城”柳市镇

（年产值占全国的30%）等，城镇化的发展都是产业聚集和产业结构优化的结果。珠三角通过承接港澳台劳动密集型产业的转移，以钟表、玩具、塑胶、电子等为主的产业聚集大大优化了该地区的产业结构，推动了城镇化的发展。在新疆推进城镇化的进程中，由于自然、历史、社会方面的原因，产业集聚除在克拉玛依和库尔勒的石油石化产业、准东和哈密的煤炭煤化工产业、乌昌地区的制造业外，其他地区基本未成形。因此，新疆要根据各地区的资源禀赋大力培育优势产业，创造条件促进产业集聚，优化产业结构，强化城镇化的内在推动力。

7.3.3 外向型动力在城镇化进程中发挥越来越重要的作用

在经济全球化的背景下，发展中国家要在短短的30～50年内完成发达国家用100～150年完成的完全城镇化，外资和对外贸易等外向型经济在推进城镇化发展过程中发挥的作用远大于发达国家同期的水平。纵观我国温州地区、苏南地区、珠三角地区的城镇化发展路径，如果不是利用国内国际两种资源、两个市场，仅以国内资源和市场为依托，其经济增长和城镇化发展的速度肯定不会这么快。尤其是珠三角地区在发展初期巨额外资的涌入、外向型经济的发展激活了当地的经济和城镇化进程。工业的发展主要建立在与香港的密切联系上，工业企业的资金、原料、样品大多由港商提供，加工出来的产品又经由香港进入国际市场；工业化为人口稠密、耕地紧缺的本地和外省农村大量剩余劳动力提供了就业机会，推动了城镇化发展。后来，这种模式逐渐扩散至温州、苏南等沿海其他地区和全国，解决了我国经济发展初期资本不足、市场狭小的问题，整体上推动了我国的城镇化进程。

对于地处欧亚大陆中心地带的新疆来说，作为我国向西开放的门户，刚好处在“环新疆经济圈”中的“双哑铃结构的腰部”，东西担起欧洲和我国其他省区两个经济体，南北担起印度、巴基斯坦、俄罗斯和蒙古国四个经济体，其经济地理区位十分重要[①]，新疆发展外向型经济的潜力十分巨大。目前来看，新疆外向型经济的发展与东部沿海地区相比还非常滞后，外向型经济对城镇化的推动作用十分有限。因此，新疆应紧紧抓住建设喀什和霍尔果斯两个经济特区的机会，加大基础设施建设的投入力度，改善新疆的投资和外贸环境，大力发展外向型经济，承担起“双哑铃结构的腰部”交汇区的职能，促进新疆的经济发展和城镇化建设。

7.3.4 政府推动是城镇化不可或缺的力量

从国内外不同地区的城镇化历程来看，仅依靠市场机制来推动城镇化是不可取的，政府在城镇化进程中是不可或缺的力量。以美国城镇化为例，1785 年美国制定的宪法获得了政治上的独立，宪法阻止了各州设置各自的关税、铸造各自的货币和发行各自的信用券，促进了全国统一市场的形成，市场化的加深刺激了城镇的发展；第二次世界大战以后面对新兴工业化国家的崛起，政府调整经济结构的宏观政策再次发挥作用，将美国引领到以高新技术、通信技术和现代服务业为主的经济发展阶段，优化了城镇体系结构，在质的方面促进了城镇化的发展。巴西的情况更能说明政府在城镇化中的作用，由于大量无地农村人口的无序入城，造成城镇的盲目发展，大城市恶化膨胀，“城市病”问题难以解决等一系列社会问题。针对这些问题，巴西政府调整了农业政策，实施土地改革，给无地农民分配土地，鼓励开垦荒地等，鼓励参与农村养老金制度和参加农业保险，扩大农村就业机会和提高农民收入等综合性的政策，引导农民稳步进城，促进了城镇化的均衡发展。

---

① 于鸿君．环新疆经济圈视角下新疆主体功能区建设与跨国区域协调发展研究[R]，2010：24.

我国的情况表现得更为明显，由于计划经济时期所有的经济资源都掌握在政府的手中，城镇化建设只能是“自上而下”的政府推动。虽然随着改革开发的推进，市场在资源配置方面发挥越来越重要的作用，但政府依然掌握大量的资源，如政府投资、行政权力、宏观调控等。政府在温州、苏南、珠三角、宁夏和德宏州的城镇化进程中，都发挥着不可替代的作用。在温州、苏南、珠三角地区，政府的作用主要是进行城镇体系规划，克服市场失灵，提供公共品。在宁夏政府的推动还表现为，改革地区行政体制为地级市，实行“市管县”体制，调整市、县、乡镇区划，试点“扩权强县”和“省直管县”改革。这些改革大大促进了宁夏的城镇化进程，城镇化水平从西部大开发前的落后于新疆，迅速超过新疆达到全国平均水平，2000—2009 年的 9 年间，宁夏城镇化以年均 1.5 个百分点的速度发展，高于全国平均增长速度，2009 年城镇化水平达 46.1%。这说明在西部地区，尤其是民族集聚区，政府通过行政体制改革推动城镇化是十分有效的。

对于新疆来说，行政体制改革的滞后已经成为制约城镇化进程的重要因素。我国绝大部分省区实行的“市管县”改革，到目前为止新疆 7 个地区中没有一个地区实施，其他 5 个自治州更是受制于《民族区域自治法》中没有自治市的行政级别而无法进行改革，行政体制改革的滞后制约了经济的发展，最终也影响了城镇化的进程。因此，新疆要从国内外城镇化进程中政府作用中吸取经验，尤其是要从与新疆实际较为相似的宁夏学习，加大行政区划调整和行政管理改革的力度，加大基础设施建设的投入，高质量的提供公共管理、公共服务和社会保障，促进城镇化的发展。

7.3.5 市场化是城镇化的基础动力

通过美国和巴西的城镇化发展历程可以看出，市场机制对城镇化进程中的资源配置起到基础性的作用。美国的城镇化建设中市场是最主要的动力，政府对市场的干预很少，只是通过立法和产业政策来规范市场的运行。在巴西也是市场经济的发展推动了城镇化在短时间内迅速发生，当然产生的社会问题需要政府进行调节。自 20 世纪 80 年代以来，温州、苏南、珠三角等东部沿海地区，由于区位条件好、改革开放早、市场经济的文化基础浓，市场这一无形的手在城镇建设中一直发挥着重要的作用，温州释放民间资本的活力，创新城镇建设的载体和方式，使城镇在政府和市场两驾马车的驱动下得到了快速发展。温州市的龙港镇在 20 多年前还是个小渔村，后随着经济的发展，当地政府充分利用市场机制，将城镇公用基础设施建设领域向农民放开，引导先富裕起来的农民进城建镇，使龙港镇发展为中国的第一座“农民城”。苏南乡镇企业的迅速崛起，珠三角巨额外资的大量涌入，都是得益于市场化的改革，因此市场化是城镇化的基础动力。

新疆的市场发育程度还很低，市场化水平还不高，尤其是不同民族在面对市场竞争时的适应性存在很大的差别，极易产生利益分化影响社会稳定。因此在深化经济体制改革，加速市场化的同时，要高度重视政府在市场经济中的定位、任务和角色，在保证社会稳定和民族团结的前提下，进行市场化改革。从第五章的分析中可以看出，虽然推进城镇化发展的动力中市场动力不是最大的，但市场动力的绩效却是最高的，可见市场在城镇化进程中对资源的配置效率高于政府的计划机制。因此新疆应加快对内对外的开放与改革，培育市场动力，加速城镇化进程。

第八章　新疆特色城镇化动力机制的重构与完善

城镇化动力机制随着生产力的发展水平而不断变化，不同的地区、不同的发展阶段、不同的城镇化功能要求动力机制具有不同的动力结构和作用方式。本章将基于新疆城镇化发展的特殊背景及以上章节对新疆城镇化动力机制的分析，提出构建新疆特色城镇化动力机制的原则。根据新疆各经济区城镇化在保障边疆安全和促进经济发展中的不同功能，分别构建天山北坡经济带城镇化动力机制、东疆经济区城镇化动力机制、北疆西北部经济区城镇化动力机制、南疆东北部经济区城镇化动力机制、南疆西南部经济区城镇化动力机制和新疆生产建设兵团城镇化动力机制，并提出其有效运行的保障措施。

8.1　重构新疆特色城镇化动力机制的原则

8.1.1　以人为本原则

人本思想始终体现在古今中外经济社会发展的过程中，中国历史上主要是强调人贵于物，“天地万物，唯人为贵”。西方主张用人性反对神性，用人权反对神权，强调把人的价值放到首位。但是，当前新疆城镇化发展中存在一些突出问题，如发展就是经济的快速运行，就是国内生产总值（GDP）的高速增长，它忽视甚至损害人民群众的需要和利益。借鉴国际经验教训，本书认为经济发展与城镇发展都是手段、而非目的；一切发展的根本宗旨都是为了人，人是发展的主体。在重构新疆特色城镇化动力机制，推进新疆地区城镇化的过程中，坚持以人为本主要体现在以下几个方面：一是加快新疆环境、条件恶劣地区贫困人口的转移，使城镇应该成为接纳这些“生态”移民的主要载体；二是注重新疆农村剩余劳动力的转移，大量减少农民的数量，促进农业集约化，提高农民的收入；三是在各项城镇建设规划中应充分考虑到人的需要，提高城镇基础设施的建设质量，依据新疆的特色创造良好的人居环境，突出抓好城镇服务业，提升城镇整体功能，增加城镇人口容量。

8.1.2 可持续发展原则

“可持续发展”是指：既满足当代人的需要，又不对后代人满足其需要的能力构成危害的发展。它要求把经济发展与环境生态的协调统筹考虑、综合决策。“可持续发展”对于新疆这样一个以绿洲经济为载体的生态脆弱地区，多民族聚集、多文化共生、多语言共存的边疆地区，城镇化的发展要更多的关注生态效益和社会效益。新疆发展城镇化要注重生态和社会效益相结合的原则。新疆地区生态环境脆弱，城镇发展必须注重保护和治理生态环境，美化城镇生存环境，促进城镇生态环境与社会经济的可持续发展。社会效益主要体现在城镇发展的最终目标是为各族群众提供高质量的生活环境的社会服务，最大限度地满足各族群众自身不断增长的生存与发展需求，使各种社会公共服务设施和公共环境建设达到较高水准，并收到最大的社会效益。因此，在重构新疆特色城镇化动力机制的过程中，要充分考虑新疆的特殊性，使新疆城镇建设最大限度地兼顾生态效益、社会效益和经济效益。

8.1.3 城乡一体化原则

城镇和乡村从来都不是孤立发展的，城乡之间存在着相互促进、相辅相成的关系。改革开放前，我国为发展工业采取了农业支持工业、农村支持城市的发展战略。改革开放后，随着我国工业化进程的加快，工业和城市在国民经济中所占份额逐渐加大，工业反哺农业、城市支持农村的发展形势逐渐形成。可见，城市问题从来不是单纯的城市自身的问题，它同时也是农村问题和农民问题。城镇化是经济社会转变的大趋势，推进城镇化可以吸纳大量农村富余劳动力，带动农村发展。但从新疆实际出发，即使城镇化发展达到一定水平，依然有一大部分农牧民留在农村，可见，在推进城镇化进程中，必须同时建设好农村。同时，随着城镇化进程的加速，城乡之间的交叉、渗透越来越频繁与密切，城乡差距在逐步缩小、城镇形态在逐渐模糊，越是城镇化水平高的地区，越不再有传统意义上完整而单纯的城镇。因此，在重构新疆特色城镇化动力机制的过程中，一定要坚持城乡一体化的原则。

8.1.4　区域协调发展原则

新疆地域辽阔，各地区自然条件、经济发展阶段以及工业化水平和产业结构等条件差异较大，从而导致各地区城镇化发展水平相差悬殊，进而又导致各地区城镇居民收入和生活水平的差异，为社会稳定埋下隐患。另外新疆地区人口分布分散，少数民族人口比例大，各民族在生活习俗、文化传统上各有特点，由于各民族的价值观不同使其在适应市场经济体制方面存在差异，将会造成民族之间收入不均，产生民族间的隔阂。因此，在城镇化发展过程中要根据具体情况制定相应的措施，采取适合于各地区实际情况和特点的发展战略，建立充分体现地域特色的城镇体系，特别是加快民族聚集地区特别是南疆三地州（喀什地区、和田地区、克孜勒苏柯尔克孜自治州）以及牧区和边境地区加快发展城镇化发展步伐，推动形成南北协调互动、区域竞相互促、城乡统筹互进的发展新格局。因此，区域协调发展是重构新疆特色城镇化动力机制的过程中应坚持的原则。

8.1.5 维护边疆安全的原则

新疆独特的民族、宗教、人口、地理、资源状况使得新疆历来都是我国的一个敏感地区，宗教极端势力、民族分裂势力、国际恐怖势力对新疆觊觎已久。维护新疆稳定和边疆安全是压倒一切的长期任务。城镇化会显著推动人口高度聚集，如果人口结构、民族结构、宗教信仰结构不合理，则容易引发动乱。苏联解体后，中亚五国的独立使欧亚地缘政治格局发生了结构性变化。欧亚大陆桥开通后，中亚还发挥着连通东亚与西欧，沟通外高加索和南亚，衔接西亚和非洲大陆的交通走廊作用。同时，中亚地区丰富的资源优势和独特的文化景观，使其在国际政治格局中成为大国角力的重要场所。大国敌对势力处心积虑向中亚五国和我国新疆地区渗透，与“三股势力”内外勾结，遥相呼应，将新疆从我国分割出去的图谋从未停止。2010 年 5 月召开的中央新疆工作会议指出：“新疆地域辽阔、资源丰富，是我国西北的战略屏障和对外开放的重要门户，是我国西部大开发的重点地区和战略资源的重要基地。新疆的发展和稳定，事关全国改革发展稳定大局，事关国家统一和安全，事关中华民族伟大复兴。”所以，新疆的城镇化动力机制要考虑如何发挥保卫西北边疆的战略屏障、切实保障西北边疆长治久安。

8.1.6 城镇适度规模原则

新疆的人口密度小、城镇密度低，在空间上给人以“地广人稀、地大物博”的印象，而事实上适宜人居住的绿洲面积仅 7 万余公里^2，而在这些绿洲上聚集了新疆 95%以上的人口，绿洲的人口密度与东部沿海省份接近。绿洲的唯水性和生态环境脆弱性决定了新疆城镇规模不宜过大。具体来说，城镇规模过大，就容易产生环境污染、交通阻塞、犯罪率上升及城市管理等诸多问题。但城镇规模过小，也易导致土地使用效率较低，公共交通、污水处理、文化体育等公共设施无法发挥其规模效应。新疆城镇化既要推动经济发展和社会稳定，还要保障我国的边疆安全，更要确保祖国统一和领土完整，如果实施大城市战略，城市化布局难以覆盖1/6的国土面积，无法发挥战略屏障作用。因此地缘政治和绿洲经济的特征决定了新疆的城镇化道路的特殊性，新疆的城市规模不可能太大，新疆的城镇化动力机制推动的最优城市规模，是在统筹考虑经济成本和社会收益均衡下的适度规模。

8.2　新疆各经济区城镇化动力机制的构建

新疆特色城镇化动力机制所推动的城镇化必须具备保障边疆安全和促进经济发展的双重功能。因此新疆特色城镇化动力机制的构建要充分考虑以下问题：第一，城镇化的不断发展，使新疆社会经济结构发生深刻变化，城镇下岗失业人数迅速增加，少数民族大学生就业率低下，贫困问题已经成为影响新疆社会稳定的一大隐患，严重制约着新疆社会经济的发展。因此，新疆城镇化的动力机制必须通过加速城镇化进程的方式来解决农牧民贫困问题，提高城镇财政支出，加大城镇基础设施建设和最低程度安全保障机制建设，保证农村劳动力大规模向城镇迁移的过程中不产生新型城镇贫困。第二，解决边疆安全问题的核心是各民族对中华民族的认同和国家的认同感，而这又取决于民族的融合，城镇化的发展将可能改变新疆地区群族的布局。因此，新疆特色城镇化动力机制本身不应对任何民族的文化、意识造成冲击和破坏，不造成被冲击人群、族群的身体和心理的双重失落，从而避免发生社会冲突。第三，新疆具有发展外向型经济的独特优势，在构建新疆特色城镇化动力机制过程中，应着重考虑通过城镇化建设为新疆对外开放、发展外向型经济打下坚实基础，这不仅可以通过城镇带动以农牧民和少数民族为主的边境市县的发展，加快扶贫开发、脱贫致富、民族团结和社会进步的步伐；而且可以带动腹心城镇产业结构的升级，从根本上维护边疆社会稳定，巩固国防安全。第四，新疆特色城镇化的动力机制必须以产业为支撑，城镇经济通过产业升级和产业结构水平的提高，促进区域经济发展，为农村富余劳动力创造大量的就业机会。

由于新疆地域辽阔，不同经济区在新疆城镇化进程中扮演着不同的角色，根据新疆各地区地理区位同一性、流域开发统一性、城镇分布聚集性、经济类型相似性、经济联系紧密性、社会文化趋同性、区域城镇功能化，可将新疆城镇化发展大致划分为以下六个区域。分别为天山北坡经济带、东疆经济区、北疆西北部经济区、南疆东北部经济区、南疆西南部经济区和新疆生产建设兵团。由于不同区域的差异性导致其城镇化的功能不尽相同，因此城镇化发展的动力机制也存在差别，下面将根据各区的具体情况和城镇化功能构建出不同区域城镇化的动力机制。

8.2.1 市场动力主导的天山北坡经济带城镇化动力机制

天山北坡经济带主要包括乌鲁木齐市、克拉玛依市、昌吉州、石河子市、奎屯市、乌苏市、沙湾县。天山北坡经济带总面积约 9.54 万公里^2，只占新疆总面积的 5.7%，2009 年人口 501 万人，占新疆人口的 23.2%，其中少数民族仅占 8.8%。天山北坡经济带资源富集，煤的探明储量约 100 亿吨，石油储量约 86 亿吨，天然气约 2.1 万亿米^3；天山北麓平原是新疆最重要的农业区，盛产小麦、玉米、水稻、棉花、甜菜。区位优势明显，乌鲁木齐有发往国内外 114 条航线，北疆铁路、312 国道、区道纵横交织；科技力量雄厚，集中了新疆的主要科技力量，会聚了上百个高等学校和科研院所，在特色农牧业开发、矿业勘察、油田开采等方面的科技水平达到了国家先进水平。2009 年 GDP 占全疆的 53%，集中了全疆 66%的工业和 73%的重工业，以及 76%的高校。

8.2.1.1 充分发挥市场机制在资源配置中的基础性作用

天山北坡经济带是新疆市场化程度最高的地区，同时也是新疆经济最发达的地区。该区域现代工业、农业、交通信息、教育科技等最为发达，城镇、交通、能源等基础条件好，在全疆经济发展和城镇化建设方面有着举足轻重的影响，对全疆城镇化起着重要的带动、辐射和示范作用。因此，天山北坡经济带应充分发挥市场机制在城镇化进程中对资源的配置作用。首先，依据利益最大化原则合理布局区域内各城镇的产业，乌—昌地区打造为我国西部的商贸中心和制造业基地，克拉玛依—奎屯—乌苏主要依托石油石化产业及其下游产业带动当地城镇化，将石河子—玛纳斯—沙湾建设成为纺织服装、食品加工和氯碱化工基地；其次，通过市场机制使该区域城镇化发展成为吸纳全疆要素的承载区，这一区域的总人口占到全疆的近 1/4，而少数民族不足 1/10，因此应依托其交通、教育、产业、文化的优势聚集各类要素，为少数民族农牧民创造更多的就业机会，促进民族融散和全疆城镇化发展；最后，积极发挥市场机制在市政公用事业建设中的作用，在银政合作、社会融资、资产盘活、商业 BOT 运作等方面要有新的突破，尤其是加快基础设施建设融资方式的创新。使城镇化发展机制从政府主导逐步转向利用市场机制，市场配置资源的基础性作用得以充分发挥，运用市场机制推进天山北坡经济带城镇化。

8.2.1.2 打破市场壁垒培育乌鲁木齐都市圈市场建设

根据最优都市圈理论，规模经济的高低取决于中心城市与周边城镇间社会、经济联系的紧密程度。一般来说发达地区总人口 5 000 万左右，边远地区总人口 1 000 万左右，基础设施完善、产业体系完整，都市圈内部的需求基本上可以由都市圈自身的产出满足，物资与商品就很少运进运出，因而可节省运输费用。同时产业与城镇的规模经济可以通过扩大产出规模，使固定成本降低，产生报酬递增效应。随着本地市场需求的饱和，供给的扩大就会使外运量增加和运费增多，单位产品运费的增加量与固定费用下降量的均衡，决定了供给和需求的边界。当达到这种均衡状态时，都市圈经济效益达到最优，此时要素的产出效应最高，投资吸纳效应最佳，产业集聚效应最强，规模效应最优，对周围城镇的带动作用最大，在空间上就会形成以中心城市为核心，依托发达的联系通道，吸引辐射周边城镇与区域，并促进城镇间的联系与协作，带动整个区域经济社会发展。

因此必须构建乌鲁木齐经济圈带动天山北坡经济带城镇化高水平发展。乌昌地区作为乌鲁木齐都市圈的核心区，在 2004 年启动了乌昌经济一体化，在组织架构上正在逐步完善，统一市场、财政、规划的管理机制正在形成，外围圈、扩展圈与核心区的联系程度逐渐加深，整合乌鲁木齐都市圈的各类资源，实现优势互补、资源共享的格局正在形成。产业选择方面，应高水平整合都市圈资源，全力推进石油石化、机械制造、钢铁冶金、氯碱化工、纺织服装、食品制造等传统支柱产业的信息化改造，以转变经济发展方式为依托，高起点培植高新技术产业，现代服务业，旅游产业，才能支持新疆城镇化的高速发展。

8.2.1.3 加大市场机制与其他动力的协整作用

建立天山北坡经济带各城市联动发展协调机构，由于乌鲁木齐都市圈在行政区划上分别属于乌鲁木齐市、昌吉州、克拉玛依市、伊犁州，以及兵团农八师、农六师管辖。要促进都市圈的建设就要打破行政区划限制，建立区域协调机制，由中央政府和自治区政府在充分尊重市场规律的原则下，协调自治区政府、兵团和石油系统的发展规划，避免都市圈中经济结构趋同、重复建设、无序竞争，合理布局产业，形成联动格局；在基础设施和优势资源方面，都市圈内各城市应在市场机制的作用下优化区域资源配置，实现区域资源共享；同时，都市圈城镇化建设必须为更高层次的向西开放提供人才、技术、管理和服务，新疆具有向西开放的独特优势，但新疆外向型经济的发展并不理想，主要是因为边境地区虽有地缘优势，但人才、技术、资金和管理都较为匮乏，因此天山北坡经济带的城镇化建设应通过市场承担起为向西开放提供人才、技术、管理和服务的作用；使外向型经济的发展带动边境地区城镇化进程。加大市场机制对政府动力、内源动力和外向动力的统领作用；增强城镇对资本、劳动、科技等要素的聚集能力，激活城市群在区域经济发展中联动辐射与集聚功能，提高都市圈的综合竞争力，带动天山北坡经济带城镇化的发展。

8.2.1.4　各地州市产业支撑机制

乌—昌都市圈核心区积极建设综合进出口加工基地，依托乌鲁木齐高新技术产业、经济技术开发区与出口加工区、米东高新技术产业园区与化工工业园区、头屯河区与水磨沟区工业园区、昌吉国家农业科技园区、高新技术产业园区与阜康重化工业园区，建成面向中亚、西亚、南亚乃至欧洲国家和国内市场的进出口综合商品加工基地，建立特色农副产品加工业、化学工业、非金属矿物制品业（水泥和建材加工业）、塑料制品业、机械制造业、家具制造业、服装鞋帽、金属制品业、电气设备及家用电器装配制造业的外向型加工体系。二是新型工业化。将其作为第一推动力，把准东煤电煤化工产业带作为主战场，快节奏、高效率地推进新型工业化。要注意启动煤电项目；加快现代煤化工产业发展，主要是煤制气、煤制油和煤制烯烃；要依托煤电煤化工产业和现有工业基础，加快下游产品发展，延伸产业链，做大做强、做精做细下游产品，提高附加值。以上述产业为支撑，加快推进新型城镇化建设，继续推进乌昌一体化，通过区域合作和融合发展，构建以乌昌经济区为中心的天山北坡城市群。

克拉玛依（独山子）—奎屯—乌苏石油石化加工基地，依托独山子石油石化产业园区、奎屯经济技术开发区和天北新区，利用中哈石油管道丰富的石油资源及中亚国家与我国国内的化工技术，依托进口原油重点发展大型石油炼制、石油化工以及下游产品开发，如乙烯—聚酯及合成材料、塑料制品及塑料薄膜、精细化工产品等，并积极发展纺织、食品、皮革、生化制品、五金机电等新兴的轻型出口加工业。克拉玛依要发挥石油资源优势，在推进新疆新型工业化方面带好头。要积极调整产业结构，充分发挥创新优势，继续提高科技含量，努力培养工业化人才。要抓住“十二五”重大机遇，努力打造全国稠油生产加工基地。要发展相关装备制造业，延伸石油化工产品的产业链条，高起点招商引资；要在推进新型城镇化方面带好头，高度重视规划，让城市更具风格，让建筑更有品位；要成为现代文化引领的样板，进一步推进改革开放，不断创新、追求卓越，率先在新疆实现跨越式发展和长治久安。

石河子垦区—玛纳斯—沙湾，凭借其先进的农业科技和大农业优势，在现有体制下，以产业布局为突破口，辐射带动玛纳斯和沙湾县。积极建设轻工业加工基地，依托石河子经济技术开发区，建立以纺织、食品、酿造、造纸、印刷等为主的外向型轻加工产业。带动 18 个农牧团场及玛纳斯、沙湾的经济发展和城镇化进程。玛纳斯和沙湾要主动对接石河子，提升中心城市的辐射力，使这一区域在全疆形成较强的竞争能力；要从石玛一体化的角度进行产业布局规划；兵团和地方都要高度重视、高水平推进新型城镇化。

8.2.2 内源动力主导的东疆经济区城镇化动力机制

东疆经济区由哈密、吐鲁番两个地区构成，面积 22.3 万公里^2，占全疆面积的 13.39%，2009 年总人口 118.24 万，占全疆人口的 5.5%，东疆经济区 GDP 为 284.89 亿元，人均 GDP 为 24 094 元，远高于新疆平均 19 942 元的水平。东疆地区资源富集，石油、天然气、煤炭资源、风能、太阳能等资源十分丰富。国家“疆电东送”、“西煤东运”战略的实施，使地处新疆东大门及连接南北疆枢纽的东疆地区面临着重要的发展机遇，依托该地区优越的交通区位、优势资源和丰厚的文化，构建以内源动力为主导的城镇化动力机制是东疆城镇建设的必然选择。

8.2.2.1　东疆经济区内源动力优势

东疆经济区相对于新疆其他经济区具有明显的内源动力优势，主要表现为以下三个方面。交通区位方面，哈密是新疆东部的门户城市，是新疆通往内陆城市的重要交通节点，兰新铁路、G312 国道是联系内地与新疆的主要交通干道，哈密是内地进入新疆的第一个门户。未来随着临河铁路、哈密—南疆铁路、三北高速公路等重大交通设施的建设，这种门户城市和交通枢纽城市的空间区位将进一步凸现，门户城市的空间区位特征对哈密而言，其意义不仅仅是物流、交通运输业的发展，而是将促进哈密在东部地区整体地位的上升，成为新疆东部地区的综合服务中心。吐鲁番地区位于天山东部山间盆地，是内地连接新疆、中亚地区及南北疆的交通枢纽。交河机场建成通航，兰新铁路第二双线等开工建设，大大缩短了吐鲁番与内地和乌鲁木齐的距离，为推进吐鲁番地区旅游业、现代物流业大发展和资源大开发带来了新的机遇。

优势资源方面，哈密地区是新疆风能资源最为丰富的地区，除风能资源外，哈密煤炭资源、太阳能资源蕴藏量也居于新疆首位。其中煤炭、铁、铜、镍、花岗岩、芒硝、黄腐殖酸等优势资源储量均居新疆前列，煤炭预测资源量 5 708 亿吨，占新疆预测资源量的 31.7%。目前仅哈密地区就探明 76 种矿种，占全疆已探明矿种的 65%。吐鲁番地区石油总资源量为 15.75 亿吨，天然气总资源量为 3 650 亿米^3。预测煤炭资源储量为 5 651 亿吨，占全疆煤炭预测资源总储量的 25.8%。铁矿探明储量 3.5 亿吨，占全疆铁矿总储量的近 30%。依托丰富的矿产资源，东疆地区新型工业化建设方兴未艾。人文社会文化方面，哈密和吐鲁番是古“丝绸之路”的两个重镇，地处东西方文化、西域与中原文化交汇之地，曾经是西域政治、经济、文化的中心之一。东疆是东西方文化，中国、印度、伊斯兰、希腊罗马四大文明体系的交汇点。既有鲜明的中原文化脉络，又有少数民族古老传统的风情，也是汉族与少数民族融合较好的地区之一，社会文化将对城镇化建设产生重要的引领作用。

8.2.2.2 内源动力机制与其他动力机制的协整

东疆区的能源资源不仅十分丰富，而且与之相关的开采加工业非常发达。吐哈油田年原油生产能力300万吨，煤炭资源远景储量1 340.97亿吨，年开采量110万吨；哈密地区驻有吐哈石油勘探开发指挥部、中国石油吐哈油田公司，新疆哈密煤业集团公司、新钢集团雅满苏铁矿等21家中央、自治区单位，已初步形成了以化工、电力、冶金、煤炭为主体的工业体系，具备了良好的工业发展基础。但是，东疆区的能源开发特别是石油、天然气、煤炭、电力等优势资源的开发均由大型国有企业所垄断，开发的目的是为东部地区的经济发展服务，能源开发利益分配不均，新疆能源产地获益较少，本地能源并未做到为本地经济发展服务。东疆区能源工业的发展客观上带动了该区域工业化的发展，但是由于其用工制度方面的特殊性，如吐哈油田大量工程项目的建设都是通过调动石油工业系统内部其他地方的工作人员来完成，工程结束后，这些调任的工作人员便重新回到原来的工作地点和工作单位，为工程建设而建造的各种基础设施也仅仅是临时搭建。因而无论是在人口上还是在基础设施建设上，石油化工等能源产业对新疆本地的城镇化发展的推动作用都十分有限，因而出现了东疆区尽管能源富集，能源工业发达，但是依然未能带动城镇化的发展，以致城镇化滞后于工业化的发展。

因此，应该加强政府的调控作用使优势资源转换为当地的经济优势，在进行资源税改革的同时积极发展煤炭开发行业，东疆地区的煤炭资源优势明显，煤炭进入内地销售运输距离近，运输环节少，运输条件好，运输费用低，这必将有力地推动当地资源的大规模开发，继而促进基础设施的建设，带动当地相关产业的发展，吸纳更多农村劳动力进入城镇，进而带动东疆地区城镇化的发展。改革大型国有企业对当地经济发展和城镇化建设的拉动机制，同时积极发展非公有制经济，创造更多就业机会促进劳动力向城镇的转移，加速当地产业结构的优化升级，使市场竞争成为实现优势资源转换战略的核心机制。政府积极搭建劳动力转移平台，完善政府推进城镇化建设中的沟通、联系、协调的服务机制；加大对中小企业的支持力度，解决企业融资难的问题；积极争取国家、自治区对技改、产学研联合开发、农产品深加工、节能减排、资源综合利用、园区建设等工业项目的资金支持；不断提高中小企业发展基金财政预算额度，基金的列支随财政实力的增长逐年增加。重点加快城镇新区建设和社区服务功能建设，为引进大企业大集团而同时引进的管理人才、技术人才、产业工人及子女提供更加舒适的休闲、娱乐、生活和就学环境。加大行政管理体制改革，进一步转变政府职能，不断提高行政服务水平，营造良好的经济发展环境，促进城镇化的健康发展。

8.2.2.3　各地州市城镇化的产业支撑

吐鲁番地区应主要立足于本地丰富的矿产资源和旅游资源，依托石油天热气开采业，煤炭、黑色金属、有色金属的采选、加工业，通过争取石油石化下游产品供应，积极开发下游产品，延长产业链、增加附加值。以鄯善石化工业园区、鄯善石材工业园区、吐鲁番沈宏化工工业园区、大河沿建材轻工业园区、托克逊能源重化工工业园区为载体，积极培育石油天然气产业、能源和高载能产业、矿产开发加工产业、无机盐化工产业 4 个集群，加大招商引资力度，为农村劳动力转移提供就业岗位。另一方面，大力开发旅游资源，吐鲁番市是中国历史文化名城，有厚重的文化底蕴。利用现代服务业带动当地居民收入水平的提高，通过与旅游相关产业的发展，带动城镇化的发展。

哈密地区主要依托其煤炭资源和交通区位优势，紧紧抓住哈密被国家定位为煤炭基地、能源基地以及西电东输等工程的建设机遇，先期参与内地煤炭配置后期发展煤化工产业。注重和突出产业支撑，着眼于集约、集群发展和培育多元支柱产业体系，以产业发展带动新型城镇化建设，以新型城镇化建设促进产业发展。加快建设煤电冶、煤化工、风光电、煤炭生产外运“四大基地”和九大产业链，交通网、电力网、通信网、信息网建设以7大产业聚集区为结点联通城乡，建立以工促农，以城带乡的长效机制，促使有条件的农民工到城镇安居乐业，确保农民有尊严、有保障、有秩序地转为市民。把哈密建成新疆“东联西出、西来东去，疆煤东运、疆电东送、疆气东输”，东西双向开放的重要枢纽和现代化的商品物流基地。

8.2.3 外向动力主导的北疆西北部经济区城镇化动力机制

北疆西北部经济区包括伊犁州（不包括奎屯、沙湾县和乌苏市）、博尔塔拉蒙古自治州和阿勒泰地区。面积26.56万公里^2，占自治区的15.95%，2009年末人口417.78万，占自治区的19.35%，国内生产总值为607.08亿元，人均GDP为14 531元，低于新疆2009年的人均水平。这一经济区拥有长达2 700多公里的边境线，地理区位十分重要，是边境国防的重要地区和向西对外的重要门户。与哈萨克斯坦、俄罗斯、蒙古国等国接壤，具有毗邻中亚的区位优势和口岸优势，沿边设有霍尔果斯、阿拉山口、巴克图、吉木乃等9个国家一类口岸，并设有边境经济合作区。312国道和第二亚欧大陆桥贯穿该经济区，是连接我国与中亚及欧洲的重要通道。因此，北疆西北部经济区作为新疆和我国向西开放的桥头堡，要积极“拓展对外开放广度和深度，提高开放型经济水平”。在开放方式上“实施自由贸易区战略，加强双边多边经贸合作”。发展边境经济，建设自由贸易区是最佳选择。这一经济区背靠天山北坡城市群及其西部广阔的腹地，面向中亚、蒙古国和俄罗斯的自然资源和商品市场，发展前景宽阔。可利用独特的优势，与相邻国家广泛合作，建立国家重要的能源基地、进出口加工基地、特色农产品加工基地、有色金属、黑色金属基地，大力发展石油天然气化工产业、高耗能产业、现代物流产业、绿色食品产业、贸易及服务业，带动边境经济和城镇化的发展。

8.2.3.1　协调外向型经济与内源动力的整合机制

北疆西北部经济区应大力发展外向型经济带动城镇化发展，搭建新的开放平台，协调外向动力和内源动力的联动机制。伊犁州直属各县市要借助建立霍尔果斯经济特区的大好机会，在发挥区位优势的同时，在充分考虑资源环境承载力的情况下，加大对伊犁河谷水能、矿产资源，尤其是煤炭和铁矿的开发力度。统筹利用国内外“两种资源，两个市场”，使外向型经济和内源动力协同发挥作用推动城镇化进程。通过霍尔果斯特殊经济开发区的辐射带动作用，把伊犁建成中国开拓中亚、欧洲市场的前沿阵地，进出口产品加工基地、商品流通集散地和国家能源、资源陆上安全大通道。博州依托阿拉山口口岸、博乐边境经济合作区，深入发展加工贸易、转口贸易和服务贸易。塔城依托巴克图口岸大力发展设施农业和农副产品出口。阿勒泰利用吉木乃口岸、塔克什肯口岸积极发展同哈萨克斯坦和蒙古国的对外贸易。整合机制具体就是统筹国际、国内、区内三个市场，利用国际、国内、区内三种资源，使外向型经济带动自我发展能力的同时，进一步增强开放型经济战略的内外经济统筹协调能力。要增强优势资源转换战略和对外开放战略的统筹协调，使北疆西北部经济区的社会经济发展战略与新疆对外经济发展战略相协调。

8.2.3.2　强化政府对外向型经济的服务机能

构建适应全球化要求的政府管理体制，推进政府运作高效化、政务活动公开化。进一步改革行政审批制度，简化办事审批程序，提高工作效率，进一步改善投资软环境，吸引更多国内外投资。建立外向型经济工作联席会议制度，充分用好国家、自治区各有关部门的各项支持促进外向型经济发展政策，发挥好上级各有关部门和伊犁州的“上下联动”作用，营造社会各方通力协作的大环境。制定优惠政策鼓励和吸引跨国公司建设生产制造基地、配套基地、服务业外包基地、培训基地。引导和加强伊犁州企业利用本地优势资源与跨国公司的配套合作，促进自治州内企业逐步参与跨国公司全球生产、销售网络。同时，要充分认识承接服务业转移的重要性，积极承接服务业国际转移。最后，政府应抓紧编制伊犁河谷城镇发展规划、布局，对于在区域经济中影响较大的新源、霍城要积极进行县改市或扩权强县，提升和集中做好做大霍尔果斯特区。使腹地城镇和口岸城镇、工业园区和出口加工区形成联动发展态势，带动整个区域的城镇化建设。

8.2.3.3 发挥市场机制在转变外向型经济对城镇化的带动作用

加快转变外向型经济的增长方式，激活市场机制在优化进出口结构、提高利用外资质量和推动企业“走出去”战略中的作用。优化北疆西北部经济区进出口结构，鼓励高附加值产品、服务产品出口，结合本地的资源禀赋优势和产业基础，大力支持自主品牌和自主知识产权产品出口。鼓励能源、原材料、先进技术装备、关键零部件进口。大力发展加工贸易，推动加工贸易由代加工逐步向代设计、自主品牌转变，推动加工贸易梯度转移。继续积极有效利用外资，更加注重引进先进技术、管理经验和智力资源。优化外资结构，引导外资投向高新技术产业、基础设施领域和高端制造环节。鼓励各类有条件的企业开展对外投资与合作，在海外建立生产加工基地、营销网络和研发中心，在境外投资、海关通关、人员出入境、税收等方面予以支持。鼓励国内商业银行进一步扩展海外网点和业务，为企业境外并购融资。选择有条件的企业开展国际贸易人民币结算试点。理顺外向型经济推动城镇化建设的路径及作用机制，积极构建城镇发展的政府主导、市场引导的外向型经济带动机制。

8.2.3.4 各地州在城镇化进程中的产业选择

伊犁州直属有着很好的发展空间和潜力，随着精—伊—霍铁路、赛—霍高速公路的建成通车，以及霍尔果斯经济特区的建设，伊犁州经济将进入快速发展阶段。伊犁河谷将依托丰富的水资源、矿产资源和区位优势，积极发展特色农副产品加工业，大力发展现代煤化工产业，高起点、高水平、高效益地加快发展煤制气、煤制油和煤化工延伸产业，合理布局现代煤化工产业项目。使农牧业富余劳动力进行就地转移，促进城镇化建设，水电项目的开发利用应注重环境保护。加快培育新能源、生物制药、节能环保等战略性新兴产业，吸引、培养新型工业化人才，提升伊犁州新型工业化对城镇化的带动作用。打造以伊宁为中心，霍尔果斯、清水河为一体的区域城镇体系，建设天山北坡西部中心城市，打造向西开放桥头堡。建设成为我国西部地区和中亚、西亚一带极具活力、吸引力和投资潜力的标志性城市。

博州应依托交通区位优势和口岸优势，积极发展加工贸易、转口贸易和服务贸易，发挥连接亚欧开发陆桥经济的作用，吸引我国内地企业前来开拓中亚市场。依托阿拉山口口岸、博乐边境经济合作区，建立精河—阿拉山口进出口加工区，针对阿拉山口口岸及周边国家的产业分析，发展以石油、天然气、旧金属、铝锭、机械设备、聚乙烯、铜板、黄铜等东部地区紧缺的进口商品为原料的粗加工工业；瞄准中亚市场对我国物美、质优、价廉的轻工业产品和小机电产品的大量需求，依托内地强大的轻工业体系，发展以机电设备、机床等以及以相关出口产品为主的机械制造轻工业。以上述产业为支撑吸纳农牧民进城务工，在原有城镇的基础上，加速新型城镇化进程。

塔城地区依托大农业资源丰富、矿产资源开发潜力大、向西开放地缘优势突出三大比较优势，把优势资源转换作为加快地区城镇化建设的战略取向。积极利用石油、煤炭等优势矿产资源，加快发展建材、能源、盐化工、有色金属、塑料化工等产业，围绕农业五大产业培植工业体系。重点发展塔城市边境经济合作区、乌苏—沙湾石化工业区、额敏—铁厂沟工业区、和什托洛盖工业区四个经济区。要加快新型工业化步伐，依托中石油在当地发展下游产业链的优势，在较高起点上招商引资。要通过培训，尽快培养一批适应新型工业化的人才和劳动力，使农民在“进城”的同时能够“就业”，实现稳定持续的城镇化。

阿勒泰地区具有独特的资源禀赋和地缘优势，畜牧、矿产、旅游、水资源丰富，在自治区今后经济社会发展中具有特殊地位。探索建立符合地区实际的探矿开发转换机制，通过政府引导、市场运作，激活矿权市场，促进优势资源转换对城镇化建设的支撑作用。充分利用周边国家资源较丰富、人口较少的特点，对国外资源实施加工开发转换，控制性水利工程建设、农业产业化龙头企业培育、煤电煤化工和油气资源深加工、冬季旅游、对外贸易、技能培训等六个方面重点工作，努力建设煤制油、煤焦化、进口石油加工、特种钢、硅产业五个基地，加快优势资源转换步伐，培育壮大特色产业，着力改善民生，推进地区城镇化建设后发赶超。

8.2.4 内源与市场并重的南疆东北部经济区城镇化动力机制

南疆东北部经济区包括巴音郭楞蒙古自治州和阿克苏地区，面积 59.81 万公里^2，占全疆面积的 35.92%，2009 年总人口 359.83 万，占全疆人口的 16.67%，2009 年南疆东北部经济区 GDP 为 846 亿元，人均 GDP 达到 23 521 元，远高于新疆平均水平。其中，巴州人均 GDP 为 40 666 元，阿克苏地区为 13 902 元，相差极为悬殊。南疆东北经济区气候干燥，光热资源充足，有较丰富的水资源、油气资源和后备土地资源，是南疆重要的农副产品出口加工基地与石油加工转移基地，城镇多以资源型城镇为主。这一经济区地处南疆交通枢纽，自古商贸繁荣，为“丝绸之路”中道和南道的必经之路。作为重要的农副产品产销地，具有成为南疆地区农副产品商贸中心、物流中心的市场区位，在南疆地区市场经济发展的梯度场中处于较高梯度，有市场优势。因此该经济区适宜构建内源动力与市场动力并重的城镇化动力机制。

8.2.4.1　强化优势资源对内源动力的支撑机制

南疆东北部经济区资源十分丰富，有煤、铁、石棉等矿藏多种，塔里木盆地石油、天然气极为丰富，有充裕的光热资源、水资源和土地资源。其中巴州已探明石油资源量 112.9 亿吨，天然气资源量 9.3 万亿米^3，阿克苏地区已探明石油储量超过 10 亿吨，凝析油储量 7 169 万吨，天然气储量 9 741 亿米^3，溶解气储量 483.5 亿米^3，占塔里木盆地已探明石油储量的 80%、天然气储量的 90%。依托优势资源转化及其产业化拉动城镇化，将这一经济区石化产业带的构建和产业化发展作为突破口，从当地优势出发，以优势资源转换为途径，做大做强优势产业，下功夫培育产业集群，继续扩大对内对外开放，加大招商引资力度，形成工业发展合力，提升产业发展水平，以产业集聚和基地建设推动城镇扩展和综合实力提高，进而带动区域内城镇的整体发展。充分利用这一经济区油气资源丰富的优势，强化石油石化产业对城镇发展的带动作用。以这些县市为例：新疆三大油气田公司之一的塔里木油气分公司设在库尔勒市；库车县是中国西部经济百强县之一，塔里木盆地石油天然气的开发使库车县成为国家“西气东输”工程的主力气源地和自治区确定的能源化工基地；拜城县是国家重点百万吨产煤大县之一，同时也是国家“西气东输”工程的气源地等。这些能源资源优势使得当地工业快速发展，工业的发展带动了相关产业链的发展，对劳动力的需求、第三产业的兴起等作用日益明显，使得城镇化水平相应提高。

8.2.4.2　发挥区位条件对市场动力的支撑机制

巴州和阿克苏地区地处南北疆交通要冲，是南疆重镇和交通枢纽，南疆铁路横穿这一区域，国道 314 线贯通全境，217 线独库公路连接南北疆，县、乡公路已基本柏油化，形成国道、省道和县、乡公路纵横交错的公路交通网络。阿克苏地处南疆中部，是新疆南北要冲和东西贯通的关节点，区位、地缘优势十分突出。以阿克苏市为半径，向东距巴州 520 公里，向北距伊犁 460

公里，向西距喀什480公里，向南距和田450公里。从经济学的角度讲，阿克苏地处南疆中心的经济辐射效益是最佳的。优越的区位条件和深厚的商贸中心历史底蕴，使这一经济区成为重要的农副产品产销地，具有成为南疆地区农副产品商贸中心、物流中心的市场区位，在南疆地区市场经济发展的梯度场中处于较高梯度，有市场优势。如库尔勒的香梨，远销海内外，实现了出口东南亚零关税的优惠政策；阿克苏的苹果通过地理标志产品保护，品牌优势突出。依托优势矿产资源，贸易潜力巨大，其中石油和天然气在区域内经济区位优势明显，辐射市场广泛，在全国占有一席之地。得益于资源和区位优势已形成石油、石化及天然气产业，煤电煤化工产业、纺织和农副产品加工业，已形成库尔勒经济技术开发区、石化工业园、轮台石化工业园、库车化工园区、拜城重化工业园区和轻纺工业园区、焉耆工业园、和硕清水河工业园等生产基地等，依托园区，工业快速发展促进人口和产业向城镇集聚。

8.2.4.3 政府动力对各动力的协整机制

由于地处南疆塔克拉玛干沙漠边沿，生态环境十分脆弱，城镇化发展一定要考虑绿洲经济的可持续性，工业的发展要适度，尤其要发展循环经济。目前，大多数地方政府的环境保护还局限在“污染治理”上，在环境的治理上，还沿袭着“先污染、后治理”的方式，企业和工厂在发展过程中造成的环境污染问题大多数情况下还是由政府承担相应的后果。因此必须建立一定的法律体系支撑循环经济的发展，政府要建立硬性指标、有效的激励约束机制、相应的政策法规体系和技术要求等，促进城镇化的可持续发展。另一方面，由于石油石化产业为中央企业所垄断，地方在资源开发的过程中收益甚少，对当地城镇化的带动作用还是十分有限的，尤其是阿克苏地区。应通过政府协调，充分利用塔里木盆地油气资源丰富、就地深加工成本低的优势，结合库尔勒、轮台、库车、阿克苏等现有产业基础，以原油炼化为龙头，以天然气化工、轻烃和凝析油综合利用为重点，以石化各业园区为载体，以大化肥等大型项目为依托，统筹规划，合理布局，积极推动形成库尔勒—库车—阿克苏石油天然气化工带，带动相关下游产业的发展以及和农业、第三产业的关联度，促进劳动力向非农产业的转移，推动区域城镇化发展。

8.2.4.4　各地州城镇化发展的产业支撑机制

巴音郭楞蒙古自治州应积极推进轮台、焉耆的设市工作或者进行扩权强县，以库尔勒经济技术开发区、轮台石化工业园为载体，做大做强石油石化产业，注重精深加工，延伸产业链；要做好优势矿产资源的开发利用，支持高起点开发，特别注重环保，博斯腾湖绝不能被污染；要加强特色农产品加工，创品牌、重网络，提高科技含量；抓好工业园区建设。通过产业的带动加快新型城镇化建设步伐。继续探索城乡统筹的路子、产业支撑的路子和区域特色的路子；要重视规划，根据新形势，在现有基础上，高起点、高水平地重新加以规划；要找准区域特色、发挥优势，走一条新型城镇化、科学发展的道路；要特别重视产业支撑，城市不能盲目扩容，要提供充足的就业机会，公共服务设施要跟上；要重视以人为本、改善民生，建设宜业宜居、生态良好的现代化城市；城市发展要特别注意房价，不能片面追求 GDP 而推高房价。

阿克苏地区要利用石油、天然气、煤化工、纺织等优势资源发展重点产业；以库车石化工业园区、阿克苏市轻纺工业园区、拜城煤焦化工业园区和温宿县工业园区为载体，抓好重点园区、重点企业的发展，支持央企在当地扩大总量、延伸产业链，利用优势资源吸引全国知名企业，包括非公企业进入阿克苏地区，大力发展装备制造业；引进高端研究力量对纺织等部分行业进行产业结构调整的研究；以惠及百姓为原则，多方合力创造就业岗位，把新型工业化作为城镇化发展的第一推动力，加快以提高城镇人民生活品质为主的、适应新型工业化的新型城镇化步伐。以提高公共服务能力为基础，不断提升城市化率；着眼于二三代农民进城，搞好城市化服务；抓紧研究出台促进新型城镇化的相关政策。

8.2.5 政府动力主导的南疆西南部经济区城镇化动力机制

南疆西南部经济区包括喀什地区、克孜勒苏柯尔克孜自治州和和田地区。总面积 45.92 万公里²，占全疆面积的 27.58%，2009 年总人口 635.88 万，占全疆人口的 29.46%，其中少数民族占到 93.93%，是一个典型的少数民族高度聚居地区，同时是一个贫困面较大的连片贫困地区。2009 年南疆三地州经济区 GDP 为 405.28 亿元，占全疆的 9.48%，人均 GDP 为 6374 元，仅为新疆平均值的 31.96%。对南疆三地州城镇化发展面临着诸多制约因素：一是矿产等经济价值较高的自然资源总量少，难以通过规模化开发带动城镇经济的发展。二是土地资源少、土地沙漠化问题严重，现有的土地难以“富民”，沙漠却在年年向绿洲推进威胁人居环境。三是人力资源素质较低，地区人口中农业人口比重占 90%以上，人均受教育年限平均仅为五年。这些因素的存在使得南疆三地州城镇化进程缓慢，由于生态环境脆弱，基础设施落后，投资环境较差，维稳任务复杂，这一经济区只能通过政府推动进行城镇化建设。

8.2.5.1 理顺政府宏观调控机制

在城镇化进程中政府首先要做到以下两点，一是避免城镇化的负外部性，二是提高城镇化与市场对接能力。城镇化所产生的外部经济包括信息扩散、资源共享、外部规模经济、外部范围经济等，但城镇化进程也存在负的外部性，如工业过度发展导致的环境破坏，利益分化产生的社会动荡等。而政府通过制定相应的政策法规，规范各个主体的不正当行为，避免机会主义出现。区域资源要素的合理流动与配置是城镇化可持续发展的基础。因此，政府应该从专业化市场制度创新等方面，提高本地产业与大市场的对接度，制订人才引进措施，等等。具体到这一经济区，南疆三地州与周边毗邻国家经济资源互补性强，周边国家石油、天然气及有色金属资源丰富，也是优质长绒棉和畜牧业等优质农产品基地。周边各国与南疆三地州具有相同的社会人文渊源，血缘相亲，民族相连，宗教相同，语言相通，风俗相近，传统友谊源远流长，具有开展区域经济合作的独具优势。政府应制定多种政策，充分利用毗邻国家的资源，内引外联，发展有市场优势又有产品成本优势的产业，支撑城镇化的发展。

8.2.5.2　强化政府直接投资机制

基础设施建设方面，按照我国基础设施建设规定地方政府必须提供配套资金，中央或省级政府才会拨款才能进行建设，由于三地州经济发展缓慢地方政府财力有限，自身配套能力差，基础设施建设十分滞后，严重制约了城镇的聚集和扩散能力。因此，对于南疆三地州应减免或取消基础设施建设的地方配套资金，并增大中央政府和对口支援省市的投资力度。安排专项资金加大对南疆三地州水利、交通、农林等基础设施和教育、文化、卫生等惠及民生的项目建设。在有资源优势、有市场需求、有聚集效应的地方，实行特殊的优惠政策鼓励国有企业投资建设，对于内地产能过剩的部分行业，在做好统筹规划和综合协调的基础上放宽行业准入标准，为吸引疆内外资金投资制定宽松的发展环境。最后，要提高城镇建设维护费用中中央、自治区和对口支援省市的投资比重，提高城镇的基础设施及公共服务功能，加速城镇化发展。

8.2.5.3　加强政府在城镇化进程中的公共服务职能

政府通过制订城镇发展规划、执行公共政策等手段，对城镇化进程进行推动、引导和调控。政府在人口向城镇迁移、要素向城镇集聚、城市的内部结构调整和外部扩张、城市之间的竞争与协调，以及城乡关系调整等方面起着基础和主导作用。南疆三地州农民思想观念中传统农业社会相对封闭的小农思想占主流，而现代社会的市场发展观念、市场竞争意识较为淡薄。如何通过农村劳动力的培训增强其就业的能力，对于城镇化建设有着重要的影响。喀什具有“六口（岸）通八国、一路连欧亚”的得天独厚的区位优势，是我国进入中亚、南亚、西亚乃至欧洲的国际大通道。周边各国与我国经济互补性强，我国的工业制成品、农产品在周边国家有着广阔的市场和较大的利润空间，周边国家有着丰富且我国急需的能源和资源。如何通过政府调控将喀什建成全疆重要的特色林果产品生产加工基地、外向型农业基地，以及面向中亚、南亚的民族特色产品生产加工基地和物流中心。政府应努力在基础设施、扶贫开发、产业发展、社会事业和改善民生等方面取得重点突破，让各族人民群众得到实实在在的好处；实现城镇化的跨越式发展，缩小与疆内发达地区的差距。

8.2.5.4 各地州在城镇化进程中的产业支撑机制

喀什地区通过打造成为我国西部地区的明珠，为推进新疆跨越式发展和长治久安作出新的更大的贡献。要把喀什市建成明珠城市，以喀什市为中心，以“大喀什”城市经济圈为着眼点，以商贸物流为主动力，建立具有浓郁民族风情的现代化城市，高位推进旅游业发展。要高度重视规划，科学扎实推进老城区改造，大力加快商贸物流业发展，推进向西开放和对接内地市场，加强服务业，努力把喀什打造成面向中亚、南亚市场的商贸中心和物流集散地。喀什要大力推进特区建设，打造向西开放的桥头堡。喀什经济开发区建设总的指导思想，一是产业与城市结合的原则，二是一区多园的原则，三是政策引导的原则，四是统筹兼顾的原则。要重视大通道建设；继续发挥好喀交会外引内联的作用；对重点产业进行差别化扶持，制定相应的产业政策，特别重视工业化人才的培养，大力引进人才。

克州的产业发展要找准两个方向：一个方向是对接喀什，特别是工业园区和大企业的对接；另一方向是对接出境口岸，推动向西开放。二是优势优先。克州已形成了“戈壁产业”、矿产业等优势，要进一步发展戈壁设施农业，注意调整产业结构；加速天然气的开发和利用，延伸产业链，吸纳当地劳动力就业。要利用毗邻喀什机场的优势，建设好水电项目，解决好群众饮水问题。三是打好基础。重点是水利基础设施建设、交通基础设施建设和基础性工作。要重视基层，抓好基层组织阵地建设，让基层干部政治上有地位、生活上有保障。四是协调发展。做到民生优先，注重生态建设，推进社会和谐。特别是抓好维稳和民族团结工作，以现代文化为引领，抓好社会主义核心价值体系教育，加强党的领导，发挥党员的先锋模范作用。还要从做好就业和低保工作入手，解决好城乡贫困人口生活问题，实现克州跨越式发展和长治久安。

和田应紧密结合“富民安居”工程和“富民兴牧”工程，解决广大农牧民生产生活最紧迫、最现实的问题。针对城镇规划、建设管理人才短缺、制度不健全的问题，积极争取自治区、中央政策倾斜和各援疆省市的大力支持，高起点编制市、县、镇三级城镇发展规划。加大中央政府和自治区政府对和田地区城镇建设资金的投入，增强基础设施对城镇化发展的支撑力度。通过探索适合本地区的产业和发展方式增强自身经济、文化科技等方面的实力和活力，强化中心城镇的集聚和扩散能力。对于和田这样生态较脆弱的地区可以考虑引导劳动力向内地和新疆承载力较好的地区流动，实现城镇化与生态环境的和谐发展。

8.2.6　政府动力主导的兵团城镇化动力机制

新疆生产建设兵团是新疆的重要组成部分，是“党政军企”合一的特殊体制，体制的制约、繁重的税费和社会负担，造成兵团团场小城镇建设资金严重匮乏，小城镇建设步履维艰，发展缓慢。在半个多世纪的军垦戍边过程中，兵团对新疆的资源开发与经济发展、社会进步与稳定、国家安全与边防巩固等方面都做出了重大贡献，起到举足轻重的作用。进一步巩固和发挥兵团屯垦戍边的历史使命，推进屯垦戍边与区域进步的和谐发展。与国家和自治区城镇化战略步伐保持一致，围绕“发展壮大兵团、致富职工群众”的目标，选择更加适合兵团实际的城镇化发展动力，确保兵团城镇建设健康、有序、快速发展，促进兵团经济社会和各项事业全面发展，在新时期更好地发挥出兵团开发新疆、建设新疆、稳定新疆和巩固祖国边防的作用。

8.2.6.1 完善兵团行政管理体制

首先通过改革制约兵团城镇化发展的体制和管理机制，兵团不是完全意义上的政府、军队和企业，师部和团场既要向地方纳税又要支出庞大的城镇化建设经费。因此应根据兵团实际，按照自治区总体布局，发挥各垦区比较优势，在支持现有城镇发展的基础上，加快师部设立县级市，中心团场设镇的进程。首先选择一批战略地位重要、经济基础较好、发展潜力较大的师部和垦区中心团场，设立城镇、给予财政税收的权利，增强其对产业和人口的聚集能力，进而带动整个垦区城镇化的发展。对于农业师师部与地方城镇在同一地点的，兵团将加强与地方沟通协调，按照共建、共享、共赢的原则，发展兵地共建城区。

8.2.6.2 加大中央对兵团的综合财力补助力度

支持兵团发展壮大是中央一贯的方针政策，但由于兵团绝大多数团场处在绿洲的最外围、沙漠的最前沿、水源的最末端，基础设施建设滞后，水电路气等生活设施水平低，城镇化建设发展缓慢。在基础设施建设方面应提高中央对兵团公益性基础设施建设的投资补助标准，相应减免兵团自筹配套资金。加大中央财政对兵团综合财力补助力度，建立符合兵团发展需要的中央投入稳定增长机制。提高中央财政对兵团公共事业发展的保障水平，加大基本养老、基本医疗保险补助力度。要加强兵团干部人才队伍建设，解决一线农牧团场职工紧缺问题，加强兵团公安机关和武警部队力量建设，加强应急处置、重点地区基层力量建设，重点加强民兵应急营连建设，全面提升民兵动员能力和维护社会稳定能力，支持兵团切实履行好屯垦戍边的重要职责。

8.2.6.3　强化产业对兵团城镇化的支撑机制

产业方面要立足农业特色优势资源的转化，发挥兵团集约化生产优势，培育龙头企业，完善农业产业化体系，促进工业化，带动城镇化；通过完善基础设施建设，建立健全社会化服务体系，不断拓宽产业领域，开发拳头产品，培育发展主导产业，鼓励新办企业向城镇集中，走“产业立镇”之路。集中力量发展食品及医药工业、纺织工业、农用装备制造业、化工及矿业、建材工业、能源工业等六大支柱行业，积极发展高新技术产业，实现工业经济总量、工业经济质量效益、工业科技含量、职工收入水平和就业能力显著提高。农业的产业化、农村的工业化和城镇化是紧密联系的，农业的产业化是起点，工业化是保障，城镇化是依托。如果不能推动农业产业化，那么在传统农业的基础上要实现工业化、城镇化是不现实的。因此，要注重发挥市场机制的作用，引导各种市场要素的有效聚集，拓展二、三产业的发展空间。

经济发展是城镇持续发展的基础。要加快城镇建设步伐，必须以发展城镇经济为先决条件，以经济大发展促进城镇的快速发展。以城市和工业园区为载体，重大项目建设为突破口，加快结构优化升级和优势资源转换，着力构建农产品加工和优势矿产资源转换两大基地，集中力量发展食品及医药工业、纺织工业、农用装备制造业、化工及矿业、建材工业、能源工业等六大支柱行业，加快道路客运、货运网络建设，提高垦区、团场和连队班车通达程度，发展多式联运、配载、配送和汽车维修服务。创新和发展为团场服务的新型金融服务机构，完善以中小企业为服务对象的信贷担保机构体系。积极发展信息服务业，加快汇集、法律、咨询、商务组织等中介服务业发展。充分利用新疆独特的旅游资源优势，完善旅游景区基础设施建设，打造一批具有兵团特色的旅游景区。以产业发展为基础，以就业岗位增加为前提，支撑城镇化发展，由单纯注重城镇建设规模和人口数量，转变为注重发展经济，发挥城镇的经济集聚和辐射功能。

8.3 新疆特色城镇化动力机制有效运行的保障措施

8.3.1 做好城镇体系规划，协调区域城镇发展

根据新疆新一轮跨越式发展和长治久安的实际需要，从推进新型城镇化发展的战略高度，进一步研究确定城镇布局和城镇化发展的战略目标、途径与措施，重新定位部分城市（县城）的职能、发展规模；协调国家及各省市援疆规划，明确城镇化的分期发展目标和城镇发展重点，为各地城乡规划编制和援疆项目实施提供科学指导；对区域基础设施建设时序进行调整，并根据发展需要完善区域基础设施项目，统筹协调区域发展；对兵团城镇、团场的职能、发展规模进行定位，统筹安排兵团城镇、团场的区域基础设施和公共服务设施，促进兵团、地方协调发展；强化自治区层面空间资源的管治要求，从政策层面来研究规划实施中的管理制度、标准、政策等问题，并补充自治区风景名胜区、沿边境城镇发展带、南疆石油石化产业带、各类开发区（工业园区）及公路、铁路、石油、天然气、电力等管线廊道规划的内容；为新疆城镇化稳妥快速发展提供依据。

同时统筹协调南北疆、腹心地区与边境地区、少数民族聚集区与汉族聚集区、资源富集区与生态环境脆弱区城镇化发展。首先是城镇与区域的协调，城镇体系规划的主要任务就是以区域的眼光，区域的角度，区域的层次来理解这些问题。因为，城市是区域的增长极，是区域的核心，而区域是城市的载体、支撑和扩散的腹地，两者不能分割。其次是要统筹大中小城市协调发展。为应对经济全球化，新疆要有一系列不同等级、不同数量的城镇形成金字塔形的城镇体系，为新疆社会经济的发展提供空间支撑。没有这样一个结构，就不可能有城乡一体化的协调发展。第

三是向城镇转移农村劳动力的民族结构协调。最后是城镇不同族别居民居住空间的协调。

8.3.2　加大财政投资力度，促进基础设施建设

新疆是一个少数民族集居的边远地区，交通不便，气候复杂，干旱、半干旱等地区，地形复杂，有高山、草原、荒漠、戈壁滩、河谷和高原等地区。由于自然条件、历史等因素的影响，这些地区大都人口稀少，生产力低下，经济基础薄弱，再加上开发较晚，同国内其他地区的发展差距悬殊。因此，只有加大财政投入推动新疆的城镇化建设，鉴于新疆少数民族地区的这些实际情况，仅靠民族地区自身的积累来实现城镇化，是很难行通的，因此，要加快少数民族地区的城镇化建设，必须依靠国家的大力支持，加大对民族地区的财政投入，为少数民族地区的城镇化提供各种优惠政策。国家要加大财政投入，帮助民族地区搞好基础设施建设；要疏通各种融资渠道，通过各种各样的产业政策倾斜，培育民族地区产业体系，来帮助民族地区实现产业结构调整①。

重点改善少数民族地区的基础设施，少数民族地区地处山区，生物、矿产、旅游、人力资源丰富，发展采掘、农产品深加工潜力巨大，但不利的交通使得所有投资成本陡然上升而失去了比较优势，为了加快改善少数民族地区的落后面貌，政府必须加大少数民族地区基础设施投资力度，增加财政支援，优化投资环境。在旅游资源、矿产资源丰富的地区，政府应积极引资，采取多种形式搞好资源开发，同时注意生态环境的保护，促进农村经济社会的全面发展②。紧紧抓住国家进一步加大对新疆支持力度

① 麻三山，余玲．对我国少数民族地区城镇化建设的再思考［J］．兰州石化职业技术学院学报，2005(12)：57－61.

② 邓玲玲．民族地区城市化动力约束与机制完善——以贵州为例［J］．贵州民族研究，2006(4)：49－56.

的有利时机，抓紧做好重大项目的申报和资金落实工作，努力争取国家增加补助投资规模。尝试采用项目融资，新疆城镇建设可以借鉴国际上通用的 BOT、ABS 等融资方式，按“谁投资、谁经营、谁受益”的原则，大力吸引国内外商业投资。

8.3.3 深化经济体制改革，培育自我发展能力

要稳妥推进新疆城镇化建设，必须通过深化经济体制改革，培育新疆经济的自我发展能力。第一，要围绕统筹城乡发展，深入推进农村经济体制改革。分别从农村土地经营制度、农村金融体制、“新农保”等方面进行体制改革，继续推进农村综合改革。第二，围绕优化所有制结构，促进中小企业和非公有制经济发展。加快国有经济布局和结构的战略性调整，深化国有企业改革，完善国有资产监管体制和监管方式；同时加快发展中小企业和非公有制经济，增强经济的活力。第三，推进要素市场建设，培育和完善现代市场体系，大力发展资本市场，规范发展土地、矿业权市场。第四，促进金融服务创新，建设现代金融体系。全面推进金融改革和服务创新，完善金融监管体制。第五，围绕可持续发展，促进资源节约和环境保护机制建设。继续完善资源环境价格形成机制，建立健全节能减排体制机制。第六，围绕扩大对外开放，深化涉外经济体制改革，深化外贸管理体制改革，完善外商投资管理体制，完善“走出去”管理体制。对于兵团要理顺兵、师、团三级分配关系。调动农牧团场发展二、三产业的积极性，加大团场招商引资的力度，提高招商引资的效果，加快农业产业化和新型工业化进程，发展团场经济。

借助国家给予新疆的“差别化”产业政策和“对口支援”机制，提升新疆自我发展能力。新疆应发展特色优势产业，在承接产业转移的同时统筹社会和经济发展。针对新疆交通等基础设施薄弱，采掘和原料工业所占比重大，产业链条短，发展层次低，产业配套不完善；资源消耗高，三废排放量大等问题。新疆应大

力培育战略新兴产业，如高新技术产业、生物医药、现代农业和服务业等高端产业，建立一个比较完整的产业链群，发展生态旅游、林业、畜牧业等，采取集群式发展以形成新疆产业的竞争力。尤其是要培育县域经济的自我发展能力。如在南疆三地州的贫困地区设立无税区，鼓励投资创业；在生态脆弱的自然保护区，采用生态移民的办法建一些无人区，改变其生产和生活条件；在边境条件比较好的地方建立边境自由贸易区或经济特区，扩大沿边开放和边境贸易，这有利于边疆稳定和民族团结。

8.3.4　实施行政体制改革，提升公共服务水平

《民族区域自治法》为新疆经济发展和社会稳定做出了巨大贡献，但随着经济的发展，社会的进步，这种管理体制改革的滞后阻碍了新疆经济的发展。新疆 14 个地级行政单位中有 12 个属于地区行署和州政府建制，这种建制存在职权超限行使、上下左右关系不顺、机构臃肿、人员膨胀问题，直接导致了过高的行政成本和低下的行政管理效率。因此新疆应加快行政管理体制改革，全面实施“市管县”改革，取消地级行署，探索改革州政府体制。科学配置区、市、县级政府事权和财权问题。依法探索“扩权强县”和“区直管县”体制改革，促进县域经济跨越式发展。加大政策扶持力度，扩大县级经济社会管理权限。赋予县（市）更大的自主权和决策权，提高县（市）自我发展能力。选择区位优势明显、辐射带动能力强、产业发展和基础建设条件较好、具有建设中等城市潜力的重点县，进行区管县扩权改革试点。

兵团及农牧团场集政府职能、社会职能、军队职能和企业职能于一体，其权利和义务存在着明显的不对等，从另外一个角度来讲，是对兵团农牧企业的不公平：政府要交税、企业办社会、农民入工会、军队没经费。因此要加快兵团城镇化发展必须全方位的改革。首先，要确立兵团法律主体地位，确保兵团行政有法

可依，加大兵团参与新疆优势资源开发的权力。其次，推进行政体制改革，科学规范各部门职能和行政行为。转变政府职能，减少对市场配置资源的干预，加大对社会和公共品的提供职能。第三，加快兵团“屯城戍边”的城镇管理体制改革。以新建市和小城镇（中心团场）发展为契机，在获得必要政府管理职能的同时，加快市政建设，完善城市管理体制。

8.3.5 构筑对外开放平台，提高对外开放水平

新疆具有向西开放的地缘优势，但新疆外向型经济发展相对滞后，特别是外资和对外贸易对本地城镇化建设的带动作用十分有限。因此，新疆要加大“外引内联、东联西出、西来东去”，实行“引进来、走出去”的全方位对外开放战略。充分利用国家给予新疆的进出口优惠政策，按照“非禁即入”的原则，制定并实施《新疆外商投资产业目录》，鼓励外商投资纺织、食品、化工及其他优势资源产业。进一步加强国外贷款项目的策划、审查和上报工作，开工建设亚行贷款城市交通和环境改善项目、世行贷款坎儿井保护及节水灌溉工程。加强对境外投资的协调和指导，配合国家有关部门尽快出台并贯彻落实好《新疆对外投资合作总体规划》，鼓励新疆企业到境外从事能源资源开发、农林业合作等项目①。特别要重视外资和对外贸易的结构优化问题，调整结构的同时理顺外向型经济对当地城镇化建设的带动作用。

构筑对外开放的新平台，一是紧紧抓住乌鲁木齐对外经济贸易洽谈会升格为“中国—亚欧经贸博览会”的大好机遇，加大对外宣传力度，积极落实签约项目资金。二是充分利用亚欧大陆桥交通枢纽的独特区位优势，借助中央批准在喀什和霍尔果斯设立

---

① 自治区发改委 .2010 年上半年自治区国民经济和社会发展计划执行情况[EB/OL]. http://www.xjdrc.gov.cn/1＄001/1＄001＄042/1＄001＄042＄004/317.jsp? articleid=2010-8-26-0011.

经济特区，实行特殊经济政策，将其建设成为我国向西开放窗口和新疆经济新的增长点。三是继续做大做强乌鲁木齐经济技术开发区和高新技术产业园区，支持石河子等现有各类国家级园区强化产业集聚；在有条件的园区设立海关特殊监管区域，将有条件的省级园区升格为国家级园区。四是加快中哈霍尔果斯国际边境合作中心建设，中央安排投资予以支持，尽快研究便利合作中心出入人员往来的措施[①]。这些平台建设将为新疆对外开放提供坚实的基础，必将拓宽新疆优势资源转换战略的实施空间，不仅是推进新疆新型城镇化的需要，而且对构建我国能源和资源安全体系具有重大的战略意义。

8.3.6　加强公民社会建设，促进民族文化融合

文化对经济社会的发展产生重要的影响，要实现新疆跨越式发展和长治久安，必须加强公民社会建设，促进各民族文化的融合。具体来说就是实施民主治理，构建和谐社会，提高执政能力，改善公共服务，推进以社会主义核心价值观为中心的公民社会建设，形成全区各族人民团结奋斗和共同发展的文化基础，增强民族凝聚力，加强民族团结。公民社会建设一方面在促进政府走向合作、善治，推动民主建设的发展，转变传统的以政府为中心的命令式管理中起着重要的作用。另一方面，在淡化民族意识，强化公民意识方面起到关键作用；没有公民意识，就没有国家意识，没有国家意识，也就不可能有爱国主义。维护国家的核心利益及国家统一是每个公民最基本的义务之一。因此，公民社会建设和民族文化融合相辅相成，是新疆实现长治久安的必然选择。

---

① 扩大新疆对外开放转变对外经济发展方式［EB/OL］. http：//www. tianshannet. com. cn/special/jinrixinjiang/201009a/2010 - 09/08/content _ 5223121 _ 2. htm.

公民社会意味着人们对社会共同体内部秩序和谐的一种设想，是人类社会结构的一种应然设计，体现了人类所期望的社会行为模式。从一定意义上说，在解构“强政府，弱社会”的权力格局中，公民社会是实现人们愿望的政治空间，是建设人类政治文明的坚实基础。在新疆各民族文化的差异、宗教信仰的差异、生活方式及生活习惯的差异交织在一起；随着不同民族间的交往的增多，利益冲突不可避免。如果各民族文化不能统一于公民社会文化，融合于中华民族的文化，那么这种利益冲突再加上文化隔阂，定会为“三股势力”提供了可乘之机，影响民族团结和边疆安全。加强公民社会的基层民主政治建设重心在基层。在农村，充分发挥村级自治组织的作用，引导各族群众规范有序地参与村务的决策与管理。在城镇，健全并引导社区群众自治组织，吸纳不同民族成员自治与管理，建立和完善居民参与机制，并把居民参与推向规范化、制度化。

参 考 文 献

阿布都外力·依米提，胡宏伟 . 2010. 维吾尔族流动人口特点、存在问题及对策［J］. 中南民族大学学报（人文社会科学版）(1)：40－44.

保罗·诺克斯，琳达·迈克卡西 . 2009. 城市化［M］. 顾朝林，汤培源，杨兴柱，译 . 北京：科学出版社 .

蔡建明 . 1997. 中国城市化发展动力及发展战略研究［J］. 地理科学进展，16(2)：9－14.

蔡孝箴 . 1988. 社会主义城市经济学［M］. 天津：南开大学出版社.

蔡孝箴 . 1998. 城市经济学［M］. 天津：南开大学出版社：50.

曹培慎，袁海 . 2007. 城市化动力机制——一个包含制度因素的分析框架及其应用［J］. 生态经济（学术版）(1)：75－79.

常春华，熊黑钢，温江 . 2007. 新疆各城市城市化水平比较研究［J］. 干旱区资源与环境，21(2)：27－31.

陈阿江 . 1997. 中国城镇化道路的检讨与战略选择［J］. 南京师范大学学报（3）.

陈宝敏 . 2000. "农村城市化与乡镇企业的改革和发展"理论研讨会综述［J］. 经济研究（12)：72－75.

陈才 . 2001. 区域经济地理学［M］. 北京：科学出版社 .

陈超凡，马惠兰 . 2008. 改革开放以来新疆城市化与区域经济协调发展分析［J］. 河南工业大学学报（社会科学版）(6)：13－15.

陈鸿彬，等 . 2005. 农村城镇化建设及管理研究［M］. 北京：中国环境科学出版社（2)：174－177.

陈柳钦 . 2005. 产业发展：城市化的动力［J］. 重庆工商大学学报（西部论坛）(2)：61－65.

陈柳钦 . 2005. 基于产业发展的城市化动力机理分析［J］. 重庆社会科学(5)：9－15.

陈汝国 . 1986. 新疆城镇发展的战略问题［J］. 城市问题（1)：27－31.

陈易，王兴平，刘荣增 . 2002. 苏南地区城市化进程回顾与展望［J］. 现代经济探讨（6）:63 - 65.

成德宁 . 2005. 城市化与经济发展—理论、模式与政策［M］. 北京：科学出版社:45.

程春满，等 . 1998. 城市化取向:从产业理念转向生态思维［J］. 城市发展研究（5）:13.

程俊杰，唐德才 . 2008. "苏南"城市化历史进程及其动力机制研究［J］. 经济与管理（11）:45 - 50.

池元吉 . 2001. 论市场与政府［J］. 经济评论（6）:3 - 6.

仇保兴 . 2003. 集群结构与我国城镇化的协调发展［J］. 城市规划，27(6):10.

崔功豪，马润潮 . 1999. 中国自下而上城市化的发展及其机制［J］. 地理学报（2）:106 - 115.

戴均良 . 2002. 城镇化发展战略与城市体制创新［J］. 城市发展研究（1）:11.

邓玲玲 . 2006. 民族地区城市化动力约束与机制完善——以贵州为例［J］. 贵州民族研究（4）:49 - 56.

丁建伟 . 2004. 地缘政治中的西北边疆安全［M］. 北京：民族出版社：41 -46.

丁健 . 2003. 现代城市经济学［M］. 上海：同济大学出版社:22 - 23.

杜宏茹，张小雷 . 2005. 近年来新疆城镇空间集聚变化研究［J］. 地理科学（3）:268 - 273.

杜剑勇 . 2009. 中缅边贸与边境地区经济发展研究［J］. 时代金融（11）：99 -101.

段汉明 . 2000. 西部大开发中新疆城镇发展的对策［J］. 城市发展研究（5）:11 - 17.

段汉明 . 2000. 新疆城镇分布结构的特征［J］. 城市规划（6）:21 - 25.

范存举 . 2003. 中国城市化进程中若干问题思考［J］. 城市发展研究（22）.

范今朝 . 2004. 1979 年以来浙江省行政区划调整变更的过程及作用——兼论中国未来行政区划改革走向［J］. 经济地理，18(4):449 - 453.

傅小峰 . 2008. 绿洲经济可持续发展研究［M］. 北京：科学出版社:2 - 3.

傅仲保 . 2004. 兵团城镇化发展的思考［J］. 新疆农垦经济（6）:37 - 38.

高峰 . 2004. 具有苏南特色的城市化之路 [J] . 城市发展研究 (5):47 - 50.

高华君 . 1987. 我国绿洲的分布与类型 [J] . 干旱区地理 (4):20 - 25.

高佩义 . 1991. 中外城市化比较研究 [M] . 天津:南开大学出版社:36.

高珮义 . 2009. 城市化发展学原理 [M] . 北京: 中国财政经济出版社 .

高永久 . 2004. 城市化与民族地区的区域经济发展 [J] . 兰州大学学报:社会科学版 (4):127 - 131.

辜胜阻 . 1991. 非农化与城镇化研究 [M] . 杭州: 浙江人民出版社 .

古丽米拉·阿林别克 . 2008. 略论城市化进程中的新疆城市民族关系 [J] . 新疆社科论坛 (3):47 - 49.

谷荣 . 2006. 中国城市化的政府主导因素分析 [J] . 现代城市研究 (3): 51 -55.

郭捷, 等 . 2010. 民族地区基础设施建设实施现状与效果分析 [J] . 技术经济与管理研究 (1):144 - 147.

国务院发展研究中心课题组 . 2010. 中国城镇化:前景、战略与政策 [M] . 北京: 中国发展出版社:40.

韩德林 . 2001. 新疆人工绿洲 [M] . 北京: 中国环境科学出版社 .

赫希曼 (Hisrehmna) . 1992. 经济发展战略 [M] . 北京: 经济科学出版社:125.

侯蕊玲 . 1999. 城市化的历史回顾与未来发展 [J] . 云南社会科学 (2): 78 -84.

胡际权 . 2005. 中国新型城镇化发展研究 [D] . 重庆:西南农业大学 (6):28.

胡顺延, 等 . 2002. 中国城市化发展战略 [M] . 北京: 中共中央党校出版社:2.

黄达远, 戢广南 . 2008. 试论兵团屯垦城镇的特征 [J] . 新疆社科论坛 (2):21 - 23.

黄金川, 方创琳 . 2003. 城市化与生态环境交互耦合机制与规律性分析 [J] . 地理研究 (2):211 - 220.

黄震方, 等 . 2000. 关于旅游城市化问题的初步探讨——以长江三角洲都市连绵区为例 [J] . 长江流域资源与环境 (2):160 - 165.

季小立, 等 . 2004. "苏南模式" 城市化及其演进 [J] . 理论与现代化 (6):10 - 15.

简新华．2003．走好中国特色的城镇化道路——中国特色的城镇化道路研究之二［J］．学习与实践（11）：45－51．

蒋彬．2004．西部民族地区城镇化与全面小康社会建设［J］．广西民族学院学报（2）：47－53．

阚耀平．2001．近代新疆城镇形态与布局模式［J］．干旱区地理（4）：321－324．

柯武刚，史漫飞．2004．制度经济学——社会秩序与公共政策［M］．北京：商务印书馆．

科斯．1960．社会成本问题［J］．法律与经济学杂志（10）．

雷军，鲁奇，张敬东，杜红茹．2004．新疆小城镇发展与农村城镇化研究［J］．中国人口·资源与环境（14）：85－90．

李春华，张小雷，王薇．2003．新疆城市化过程特征与评价［J］．干旱区地理，26(4)．

李春华．2006．新疆绿洲城镇空间结构的系统研究［D］．南京：南京师范大学．

李广舜．2008．对新疆城镇化发展问题的思考［J］．新疆大学学报（哲学·人文社会科学版）（3）：18－22．

李红锦．2005．珠江三角洲城市化过程中的制度创新研究［J］．兰州学刊（6）：111－118．

李郇．2005．农村集体所有制与分散式农村城市化空间［J］．城市规划，29(7)：39－42．

李俊杰．2008．民族自治地方经济差距的实证分析及对策研究［J］．中央民族大学学报（哲学社会科学版）（1）：14－24．

李全胜．2001．新疆城市化问题探析［J］．新疆师范大学学报（哲学社会科学版），22(2)：1－5．

李瑞林，李正升．2006．巴西城市化模式的分析及启示［J］．城市问题（4）：93－98．

李胜兰．2004．外向型城市化发展模式研究——珠江三角洲个案研究［J］．中山大学学报（社会科学版）（5）：11－15．

李树琮．2002．中国城市化与小城镇发展［M］．北京：中国财政经济出版社：3．

李万明．2009．新疆边境地区反贫困与边疆安全协调研究［M］．北京：线装书局:2.

李学春．2009. 中国西北民族地区农村城市化道路问题研究［M］．北京：民族出版社:53 - 55.

李永乐．2006. 城市化与产业发展的关系［J］．安徽农业科学，34(6)：1228 -1230.

林柏，林青．2005. 我国经济市场化发育程度分析［J］．理论探索（4)：79 -81.

林国蛟．2004. 中国城市化的动力机制研究［D］．杭州：浙江大学．

林毅夫．1994. 关于制度变迁的经济学理论:诱致性变迁与强制性变迁［M］．上海人民出版社:384.

刘传江．1999. 中国城市化的制度安排与创新论［M］．武汉:武汉大学出版社:47.

刘迪生．加快产业结构优化升级实现新疆跨越式发展［EB/OL］．http://www. xjdrc. gov. cn/1 $001/1 $001 $042/1 $001 $042 $004/317. jsp?articleid=2010 - 8 - 26 - 0011.

刘国光．1991. 中外城市知识辞典［M］．北京：中国城市出版社:2.

刘甲金．1986. 论绿洲经济［J］．南开经济研究（2):30 - 32.

刘林，龚新蜀．2009. 基于主成分分析的新疆城镇化动力机制研究［J］．福建论坛（2):34 - 35.

刘文静，郭宁，李美荣．2009. 我国内地城镇化模式对新疆城镇化的启示［J］．改革与战略（7):113 - 116.

刘晓鹰，杨建翠．2005. 欠发达地区旅游推进型城镇化对增长极理论的贡献——民族地区候鸟型“飞地”性旅游推进型城镇化模式探索［J］．西南民族大学学报·人文社科版（4):114 - 117.

刘新月，朱新川．2005. 兵团城镇化建设与经济发展的思路［J］．兵团教育学院学报（3):3 - 4.

刘耀彬，李仁东．2003. 转型时期中国城市化水平变动及动力分析［J］．长江流域资源与环境（1):8 - 12.

刘耀彬，宋学锋. 2005. 中国区域城市化与生态环境耦合的关联分析[J]．地理科学（8):408 - 414.

刘振中，刘俊浩．2009. 新疆地区制度变迁对经济增长的影响研究［J］．天津农业科学，15(5):44 - 48.

刘志雄 . 2008. 市场发育与市场化:一种认识误区辨析 [J] . 求索 (5): 32 -33.

柳建文 . 2009. 经济转型时期的新疆民族关系与政府调控——基于伊宁的实证研究 [J] . 北方民族大学学报 (哲学社会科学版) (2):46 - 52.

陆大道 . 2003. 中国区域发展的新因素与新格局 [J] . 地理研究 22(3): 261 -271.

陆易农 . 1996. 新疆城市发展战略的思考 [J] . 新城市规划汇刊 (1): 49 -55.

逯新华 . 2008. 新疆语言文字工作现状和发展目标 [J] . 语言与翻译 (汉文) (4):3 - 6.

罗淳, 等 . 2008. 边贸经济与口岸城镇:西南边疆民族地区小城镇建设的一个依托 [J] . 经济问题探索 (10):59 - 63.

罗桥顺 . 改革 30 年新疆农村土地流转的检讨与对策建议 [EB/OL] . http://www. 06681. com/bbs/thre ad - 42229 - 1 - 1. html.

罗若愚, 许涛, 周勇 . 2001. 新疆城镇体系发展框架初探 [J] . 新疆师范大学学报 (自然科学版) (3):65 - 69.

罗震东 . 2005. 中国当前的行政区划改革及其机制 [J] . 城市规划, 29(8): 29 - 35.

马大正 . 1994. 1978 年以来中国近代边疆问题研究述评 (上) [J] . 中国边疆史地研究 (3):98 - 110.

马冬梅, 咸宝林 . 2009. 宁夏城市化进程及动力机制研究 [J] . 安徽农业科学 (23):11253 - 11255.

马世骏. 1984. 社会—经济—自然复合生态系统 [J] . 生态学报 (1):1 -9.

马彦梅 . 2002. 试论兵团城镇化与农业产业化联动发展 [J] . 兵团党校学报 (1):33 - 35.

马玉香, 等 . 2008. 新疆第三产业发展与人口城市化协调发展研究 [J] . 资源与产业 (4):35 - 40.

宁夏计委课题组 . 2000. "十五" 时期推进宁夏城市化研究 [J] . 市场经济研究 (4):42 - 45.

欧向军, 等 . 2008. 区域城市化水平综合测度及其理想动力分析——以江苏省为例 [J] . 地理研究 (5):993 - 1001.

欧阳南江 . 2003. 快速乡村城市转型地区的空间转换研究——以东莞为例

[D]. 广州：中山大学:88－92.

潘孝军. 2006. 城市化理论研究综述 [J]. 广西经济管理干部学院学报 (1):36－40.

钱颖一. 2003. 政府与法治 [J]. 比较 (3).

钱振为，王小琴. 2008. 我国西部“绿洲经济”初探 [J]. 清华大学学报（哲学社会科学版）(1):47－53.

邱云志. 2005. 少数民族区域旅游城镇化研究 [J]. 西南民族大学学报（人文社科版）(10):26－28.

权晓燕，王晓峰，李静. 2005. 对新疆城市体系的几点认识 [J]. 新疆师范大学学报（自然科学版）(3):209－212.

饶会林. 1999. 城市经济学 [M]. 沈阳：东北财经大学出版社:9.

塞缪尔·亨廷顿. 2002. 文明的冲突与世界秩序的重建 [M]. 周琪，等，译. 北京：新华出版社.

沈满洪. 2003. 全国生态经济建设理论与实践研讨会综述 [J]. 经济学动态 (4):45－46.

盛洪. 2003. 现代制度经济学（上卷）[M]. 北京：北京大学出版社：13.

盛岚. 2007. 民国时期新疆城镇发展研究 [D]. 乌鲁木齐：新疆大学.

司正家，等. 2001. 实施点轴开发战略加快新疆城镇化发展 [J]. 新疆师范大学学报（哲学社会科学版）(2):6－10.

司正家，武玉娥. 2006. 新疆城市化发展的理性思考 [J]. 实事求是 (1): 30－33.

宋才发. 2008. 民族地区城市化建设中社会保障问题的法律探讨 [J]. 贵州民族研究 (6):1－7.

宋俊岭，等. 2001. 中国城镇化知识 15 讲 [M]. 北京：中国城市出版社:35.

宋岭，张西坤. 1999. 新疆城镇体系经济差异的实证分析 [J]. 新疆大学学报（哲学社会科学）(2):1－5.

宋永昌，由文辉，王祥荣. 2000. 城市生态学 [M]. 上海：华东师范大学出版社:38－39.

孙辉. 2005. 论贫富差距对我国社会和谐稳定的影响 [J]. 四川行政学院学报 (5):54－56.

孙建丽. 2000. 中国西部城市化基本特征分析——以新疆为例 [J]. 中国

人口·资源与环境（4）:54－57.
孙中和．2001. 中国城市化基本内涵与动力机制研究［J］．财经问题研究（11）:38－43.
汤奇成，曲耀光．1992. 中国干旱区水文及水资源利用［J］．北京：科学出版社．
田澍，等．2007. 西北开发史研究［M］．北京：中国社会科学出版社:280，284－285.
田澍，等．2007. 西北开发史研究［M］．北京：中国社会科学出版社:306.
汪冬梅，等．2003. 产业转移与发展：农村城市化的中观动力［J］．农业现代化研究，（1）:15－20.
汪冬梅．2003. 中国城市化问题研究［D］．济南：山东农业大学:7.
王放．2000. 中国城市化与可持续发展［M］．北京：科学出版社．
王缉慈．2001. 创新的空间：企业集群与区域发展［M］．北京：北京大学出版社:260－265.
王俊敏．1997. 呼和浩特市区民族关系研究［J］．北京大学学报（哲学社会科学版）（2）:13－23.
王洛林，魏后凯．2002. 中国西部大开发战略［M］．北京：北京出版社．
王秋菊．2005. 我国当前的贫富差距与社会稳定［J］．辽宁大学学报（哲学社会科学版）（5）:47－51.
王小平．2004. 21 世纪治理新疆的策略研究［M］．乌鲁木齐:新疆人民出版社.
王燕，等．2009. 新疆旅游产业经济贡献综合影响分析［J］．干旱区资源与环境（4）:165－169.
王燕，等．2009. 新疆旅游产业经济贡献综合影响分析［J］．干旱区资源与环境（4）:165－170.
王英姿．2006. 新疆少数民族大学生就业问题调查与分析［J］．中国大学生就业（16）:35－37.
韦亚平．2007. 新疆区域经济与城市化协调发展探讨［J］．经济地理，27(4):553－557.
沃纳·赫希．1990. 城市经济学［M］．北京：中国社会科学出版社:26.
吴靖．2006. 中国城市化制度障碍与创新［D］．西安：西北大学 4:5－6.
吴莉娅，顾朝林．2005. 全球化、外资与发展中国家城市化：江苏个案研究

[J]. 城市规划, 29(7):28-33.

吴莉娅. 2008. 全球化视角下城市化动力机制研究进展初探 [J]. 苏州大学学报 (哲学社会科学版) (3):6-10.

吴琼. 2007. 流动人口及城镇化对新疆民族关系的影响 [J]. 新疆大学学报 (哲社版) (7):79-81.

吴章济. 1995. 新疆利用外资的现状与对策 [J]. 新疆社会经济 (1): 47-51.

西北师范大学西北资源环境研究所. 1993. 干旱区地理研究 [M]. 兰州: 兰州大学出版社.

肖凤英. 2006. 新疆外贸对新疆经济增长贡献的实证分析 [J]. 新疆财经 (2):30-35.

肖俊. 2002. 论城市散居少数民族权益的法律保障 [J]. 西南民族学院学报 (7):202-205.

肖特. 2003. 社会制度的经济理论 [M]. 陆铭, 陈钊, 译. 上海: 上海财经大学出版社.

谢文惠, 邓卫. 1996. 城市经济学 [M]. 北京: 清华大学出版社.

谢文蕙, 等. 2001. 城市经济学 [M]. 北京: 清华大学出版社.

谢文蕙, 邓卫. 2002. 城市经济学 [M]. 北京: 清华大学出版社:28.

谢永琴. 2002. 西部大开发中新疆城镇发展的对策研究 [J]. 新疆大学学报 (社会科学版) (1):11-17.

新疆的发展与进步 [EB/OL]. http://www.xinjiang.gov.cn/10013/10031/10015/2009/58644_1.htm.

新疆发改委经济研究所 [EB/OL]. http://www.xjdrc.gov.cn/1$001/1$001$042/1$001$042$004/317.jsp? articleid=2008-9-11-0005.

新疆扩大新农保试点范围覆盖至 56 个县市 [EB/OL]. http://www.tianshannet.com.cn/news/content/2010-06/19/content_5047769.htm.

新疆维吾尔自治区地方志编纂委员会. 1995. 新疆通志第 52 卷城乡建设志 [M]. 乌鲁木齐: 新疆人民出版社:9.

徐和平. 2000. 城市化与贵州少数民族社会现代化 [J]. 贵州民族研究 (3):39-43.

徐杰舜. 1989. 中国民族史新编 [M]. 南宁:广西教育出版社.

许经勇. 2009. 温州城镇化道路的成功经验:以内源性经济为基础的市场化、

专业化［J］. 调研世界（33）:27－31.
许学强，李郇. 2009. 改革开放30年珠江三角洲城镇化的回顾与展望［J］. 经济地理（1）:13－18.
许学强，周一星，等. 2003. 城市地理学［M］. 北京：高等教育出版社.
薛凤旋，杨春. 1999. 珠江三角洲的"外向型城市化"［C］//许学强. 中国乡村——城市转型的动力和类型研究. 北京：科学出版社.
薛凤旋等. 1997. 外资：发展中国家城市化的新动力——珠江三角洲个案研究［J］. 地理学报，52(3):193－206.
闫中林. 2005. 中东、中亚与中国能源、边疆安全关系探析［J］. 太原理工大学学报（社会科学版）（1）.
杨德刚，李秀萍，韩剑萍，张小雷. 2003. 新疆城市化过程及机制分析［J］. 干旱区地理，26(1):50－56.
杨发仁. 2004. 新疆城市化与工业化关系研究［J］. 新疆社会科学（2）:17－22.
杨建平. 2006. 边疆的和谐稳定与国家最高利益［J］. 理论导刊（9）.
杨健吾. 2002. 城市少数民族流动人口问题研究［J］. 西南民族学院学报（7）:245－277.
杨瑞龙. 1993. 论制度供给［J］. 经济研究（8）.
杨小凯. 2003. 经济学——新兴古典与新古典框架［M］. 北京：社会科学文献出版社:180.
杨重光，刘维新. 1986. 社会主义城市经济学［M］. 北京：中国财政经济出版社.
叶静怡. 2003. 发展经济学［M］. 北京：北京大学出版社.
叶孝理. 1990. 现代城市管理手册［M］. 北京：经济科学出版社.
叶裕民. 2001. 中国城镇化之路——经济支持与制度创新［M］. 北京：商务印书馆:104－109.
易千枫，徐强，项志远. 2009. 改革开放30年温州城镇化发展回顾与思考［J］. 城市规划（33）:19－21.
阴法鲁，许树安. 1989. 中国古代文化史［M］. 北京：北京大学出版社.
于鸿君. 2010. 环新疆经济圈视角下新疆主体功能区建设与跨国区域协调发展研究［R］:24.
于溶春. 1999. 关于新疆城镇城市化问题的探讨［J］. 新疆社会科学（5）:

32 - 38.

余潇枫，徐黎丽.2009.“边安学”刍议［J］.浙江大学学报（人文社会科学版）（5）：5 - 20.

袁仲由.2003.关于加快实施民族地区城镇化战略的思考［J］.中南民族大学学报（1）：24 - 28.

翟雪玲，赵长保.2007.巴西工业化、城市化与农业现代化的关系［J］.世界农业（5）：23 - 26.

张安福，等.2009.新疆城镇化道路的新视角——国家安全与地区发展并重［J］.临沂师范学院学报（4）：71 - 75.

张宝宇.1989.巴西城市化进程及其特点［J］.拉丁美洲研究（3）：40 - 46.

张高丽，赵军.2007.新疆引进外资面临的困境及发展道路的选择［J］.新疆社会科学（6）：35 - 37.

张澜涛.2008.论社会公平与社会经济安全——美国经济发展史的借鉴［J］.国际关系学院学报（6）：22 - 28.

张敏，顾朝林.2002.农村城市化：“苏南模式”与“珠江模式”比较研究［J］.经济地理（7）：482 - 486.

张沛，等.2009.中国城镇化的理论与实践［M］.南京：东南对象出版社：70.

张平，等.2002.推进新疆城镇化进程的思路、途径及措施建议［J］.新疆职亚大学学报（3）：1 - 7.

张永亮，刘峰.2005.论政府在城市化中的职能转变［J］.湖南社会科学（1）：116 - 118.

章辉，吴柏均，杨上广.2006.长三角城市化发展的影响因素及动力机制［J］.工业技术经济（10）：45 - 49.

赵红军.2005.交易效率、城市化与经济发展［M］.上海：上海人民出版社：74.

赵建新.1987.浅论新疆城镇经济功能的强化［J］.干旱区地理（2）：44 -49.

赵梅，等.2005.新疆城市化动力机制研究［J］.新疆师范大学学报（自然科学版），24(3)：149 - 152.

赵锡平.2007.新疆城市化特征及其原因分析［J］.新疆社科论坛（1）：85 -88.

赵新平，周一星．2002. 改革以来中国城市化道路及城市化理论研究述评［J］．中国社会科学（2）:137.

赵勇．2007. 经济全球化下中国城市化动力机制［J］．中南财经政法大学学报（4）:34－38.

郑功成，黄黎若莲．2007. 中国农民工问题与社会保护［M］．北京：人民出版社:11－12.

钟逢干．1995. 强外向型经济区域珠江三角洲人口城镇化分析［J］．人口与经济（2）:3－9.

周光大，周劲松．2004. 城市社区建设中的民族问题［J］．广西民族研究（1）:10－14.

周立三．1990. 周立三论文选集［M］．合肥：中国科技大学出版社．

周平．2008. 我国的边疆与边疆治理［J］．政治学研究（2）:67－72.

周铁训．2007. 均衡城市化理论与中外城市化比较研究［M］．天津:南开大学出版社（1）:36.

周艺怡，等．2002. 苏南城镇化模式的回顾与前瞻——以苏州为例［J］．城市问题（6）:25－29.

朱磊．2006. 基于主体意识的城市化动力机制的研究［J］．开发导报，8(4):78－81.

朱良，张文新．2004. 北京城市郊区化对郊区生态环境的影响与对策［J］．环境保护（1）:30－32.

左理．2009. 民族地区社会主义新农村建设中的城镇化问题研究［M］．北京：中国经济出版社:10－11.

《新疆城镇发展与布局研究》课题组．1991. 新疆城镇发展与布局研究[J]．新疆社会经济（2）．

［美］西蒙·库兹涅茨．1991. 现代经济增长［M］．北京经济学院出版社:1.

Acemoglu，D，S. Johnson，and J. A. Robinson. 2001. The Colonial Origins of Comparative Development：An Empirical investigation[J]．American Economic Review(12):1369－1401.

Aguayo，M. I. etc. 2007. Revealing the Driving Forces of Mid－cities Urban Growth Patterns Using Spatial Modeling：a Case Study of Los Ángeles，Chile[J]．Ecology and Society 12(1):13.

Ahmad N. Abdel - Rahman, Mohammad R. Safarzadeh, and Michael Bruce Bottomley. 2006. Economic Growh and Urbanization: A Cross - Section and Time - Series Analysis of Thirty - Five Developing Countries[J] . RISEC, Volume 53, No. 3, 334 - 348.

Alm, James. 2010. Municipal Finance of Urban Infrastructure: Knowns and-Unknowns [R] . Wolfensohn Center for Development Working Paper No. 18. Washington, D. C. : The Brookings Institution.

Annez, Patricia Clarke, Gwenaelle Huet, George E. Peterson. 2008. Lessons for the Urban Century: Decentralized Infrastructure Finance in the World Bank [R] . Washington, D. C. : World Bank.

Au C. C. and J. V. Henderson. 2006. Are Chinese Cities Too Small[J] . Review of Economic Studies.

Au C. C. and J. V. Henderson. 2006. How Migration Restrictions Limit Agglomeration and Productivity in China [J] . Journal of Development Economics.

Baldwin, R. E. , Forslid, R. 2000. The Core - periphery Model and Endogenous Growth: Stabilizing and De - stabilizing Integration[J] . Economica (67): 307 - 342.

Bertaud, Alain. 2010. Land Markets, Government Interventions, and Housing Affordability[R] . Wolfensohn Center for Development Working Paper No. 17. Washington, D. C. : The Brookings Institution.

Black, D. and J. V. Henderson. 2003. Urban Evolution in the USA[J] . Journal of Economic Geography(3): 343 - 372.

Buckley, Robert M. , Jerry Kalarickal. 2006. Thirty Years of World Bank Shelter Lending: What Have We Learned[R]? Directions in Development Series. Washington, D. C. : World Bank.

Buckley, Robert M. and Ashna Mathema. 2007. Is Accra a Superstar City [R]? World Bank Policy Research Working Paper, No. 4453.

CARE. 2006. Cities On The Brink: Urban Poverty in the 21st Century [R] . London, CARE International UK.

Cattaneo, Matias D. , Sebastian Galiani, Paul J. 2009. Gertler Sebastian Martinez, and RocioTitunik. Housing, Health, and Happiness [J] . American Economic Journal:Economic Policys(1):75 - 105.

Commission on Growth and Development. 2008. Growth Report [R]. International Bank for Reconstruction and Development. Washington, D. C.

Davis, J. and J. V. Henderson. 2003. Evidence on the Political Economy of the Urbanization Process[J]. Journal of Urban Economics(53):98 - 125.

Desai, Raj M. 2010. The Political Economy of Urban Poverty in Developing Countries: Theories, Issues, and an Agenda for Research [R]. Wolfensohn Center for Development Working Paper No. 19. Washington, D. C.: The Brookings Institution.

Dirk Bezemer and Derek Headey. 2008. Agriculture, Development, and Urban Bias[J]. World Development Vol. 36, No. 8, 1342 - 1364.

Dongsoo Kim. 2007. Urbanization and Economic Growth: The Effects of Urban Structure[D]. Columbian college of Arts and Sciences.

Douglass, M. 2000. Mega - urban Regions and World City Formation: Globalisation, the Economic Crisis and Urban Policy Issues in Pacific Asia [J]. Urban Studies, 37(12).

Duglass North. 1981. A Framework for Analyzing Economic Organization in History[M]. W. W, Norton & Company, Inc., New York.

Duranton, G. and D. Puga. 2001. Nursery Cities [J]. American Economic Review(91):1454 - 1463.

Friedmann. 1973. Urbanization, Planning and National Development [M]. London, sage Publications.

Fujita, M. and D. Hu. 2001. Regional Disparities in China: The Effects of Globalization and Economic Liberalization[J]. Annals of Regional Science (35):3 - 37.

Glaeser, E, R. La Porta, F. Lopez - de - Silanes and A. Schleifer. 2004. Do Institutions Cause Growth[J]. Journal of Economic Growth(9):271 -303.

Graham, Carol. 2008. Measuring Quality of Life in Latin America: What Happiness Research Can (and Cannot) Contribute [R]. Inter American Development Bank Research Department Working Paper, No. 652.

Gregory F. 2001. Treverton, Intelligence Crisis [J]. National Security, No. 1, pp. 18 - 20.

Gundogan, Naci and Bicerli, Mustafa Kemal. 2009. Urbanization and Labor Market Informality in Developing Countries[N] . MPRA Paper No. 18247, posted 30. October.

Henderson J. V. , T. Lee and Y - J Lee. 2001. Scale Externalities in a Developing Country[J] . Journal of Urban Economics(49): 479 - 504.

Henderson, J. V. 2003. The Urbanization Process and Economic Growth: The So - What Question[J] . Journal of Economic Growth(8): 47 - 71.

Henry G. 2010. Overman and Anthony J. Venables. Evolving City Systems [J] . UNU - WIDER, Working Paper No. 26.

Hudson J C. 1969. Diffusion in a Central Place System[M] . Geographical Analysis, Vol. 1.

H. 钱纳里，M. 赛尔昆 . 1989. 发展的格局：1950—1970[M] . 中国财政经济出版社:56.

J Morgan Grove, WilliaM R Bruch. 1997. A Social Ecology Approach and Application of Urban Ecosystem and Landscape Analyses: A Case Study of BaltiMore[J]. Urban Ecosystems(1).

Jed Kolko. 2008. Urbanization, Agglomeration, and Coagglomeration of Service Industries[M] . Edward L. Glaeser, 151 - 180.

J. Vernon Henderson, Hyoung Gun Wang. 2007. Urbanization and City Growth: The Role of Institutions[J] . Regional Science and Urban Economics (37): 283 - 313.

J. Vernon Henderson. 2010. Cites and Development[J] . Journal of Regional Science, Vol. 50, No. 1, 515 - 540.

J. Vernon Henderson. Urbanization in China: Policy Issues and Options[EB/OL]. http://www.econ.brown.edu/faculty/henderson/Final%20Report20format1109summary.doc.

Keil, R. 1998. Los Angeles: Globalization, Urbanization and Social Struggle [R] . John Wiley&Sons.

Kelley, A. C. , Williamson, J. G. 1984. What Drives Third World City Growth? A Dynamic General Equilibrium Approach[M] . Princeton, NJ: Princeton University Press.

Kharas, Homi, Laurence Chandy and Joshua Hermias. 2010. External Assistance for Urban Development: A Scoping Study for Further Research[R] . Wolfensohn Center for Development Working Paper No. 14. Washington, D. C. The Brookings Institution.

Levy, Santiago. 2007. Progress Against Poverty: Sustaining Mexico's Progresa Oportunidades Program[M] . Washington, D. C. : Brookings Institution Press.

Levy, Santiago. 2008. Good Intentions, Bad Outcomes: Social Policy, Informality, and Economic Growth in Mexico [M] . Washington, D. C. : Brookings Institution Press.

Lewis E A. 1954. Economic Development with Unlimited Supply of Labor [M] . The Manchester School. May.

Linn, Johannes F. 2010. Urban Poverty in Developing Countries: A Scoping Study for Future Research [R] . Wolfensohn Center for Development Working Paper No. 20. Washington, D. C. : The Brookings Institution.

Lucas, R. E. 2002. Life earnings and urban - rural migration[D] . Mimeo, University of Chicago.

Lucas, R. E. 2002. Life Earnings and Urban - rural Migration[D] . Mimeo, University of Chicago.

Margherita Comola and Luiz de Mello. 2010. Fiscal Decentralization and Urbanization in Indonesia[J] . UNU - WIDER 2010, Working Paper No. 58.

McArthur, J. and J. Sachs. 2000. Institutions and Geography: Comment on Acemoglu, Johnson, and Robinson 2000[J] . NBER Working Paper, No. 8114.

Michael Spence, Patricia Clarke Annez, and Robert M. Buckley. 2009. Urbanization and Growth[M] . The International Bank for Reconstruction and Development /The World Bank.

Min Zhao, Ying Zhang. 2009. Development and Urbanization: a Revisit of Chenery - Syrquin's Patterns of Development[J] . Ann Reg Sci 43: 907 -924.

Mullins P. 1991. Tourism Urbanization[J] . International Journal of Urban and Regional Research, 15(3): 326 - 342.

Panupong Panudulkitti. 2008. Urbanization and Poverty Reduction Outcomes [D] . Georgia State University.

Pearce D, et al. 1990. EconoMics of Natural Resources and the Environ-Ment[M]. New York: Harvester Wreathes, 215 - 289.

Pederson P O. 1970. Innovation Diffusion within and between National Urban System[J] . Geographical Analysis, Vol. 2.

Population Reference Bureau. 2010. Urban Population to Become the New Majority Worldwide[EB/OL] . PRB Website. http://www. prb. org/Articles/2007/UrbanPopTo BecomeMajority. aspx.

Ranjith Dayaratne. 2010. Moderating Urbanization and Managing Growth [R] . UNU - WIDER, Working Paper No. 64.

Ravallion, Martin, Shaohua Chen and Prem Sangraula. 2007. New Evidence on the Urbanization of Global Poverty[R] . World Bank Policy Research Working Paper, No. 4199.

Ray M Northam. 1979. Urban Geography [M] . John Wiley&Sons, New york, P. 66.

Sassen, S. 1991. The Global City: New York, London, Tokyo[M] . Princeton, NJ: Princeton University Press.

Short, J. R. 2004. Black Holes and Loose Connections in a Global Urban Network. [J] The Professional Geographer, 56(2) .

Sit. 2001. Globalization, Foreign Direct Investment, and Urbanization in Developing Countries[R] . World Bank: 11 - 45.

Song Shunfeng, Zhang K. H. 2002. Urbanization and City Size Distribution in China[J] . Urban Studies(12) .

Struyk, Raymond J. , Stephen W. Giddings. 2009. The Challenge of an Urban World: An Opportunity for Foreign Assistance[R] . A White Paper by the International Housing Coalition. Washington, D. C.

Takatoshi Tabuchi, Jacques - Francois Thisse and Dao - Zhi Zeng. 2005. On the Number and Size of Cities[J] . Journal of Economic Geography: 1 - 26.

Terry Terriff. 1999. Security Studies Today[M] . Cambridge: Polity Press.

T. L. Saaty. 1977. A Scaling Method for Priorities in Hierarchical Structures [J] . Journal of Mathematical Psychology, 15: 234 - 281.

United Nations. 2008. World Urbanization Prospects the 2007 Revision [R] . Department of Economic and Social Affairs, Population Division. New

York.

U. N. 2001. High - Level Panel on Financing for Development[R] . Report of the High - Level Panel on Financing for Development (The Zedillo Report) . New York.

Wei - Bin Zhang. 2008. A Two - Sector Growth Model with Endogenous Human Capital and Amenities[J] . Interdisciplinary Description of Complex Systems 6(2), 95 - 116.

Williamson J G. 1988. Migration and Urbanization[C] //Handbook of Development Economics, Volume I. Edited by H. chenery and I. N. Srimvasan, Elsevier Science Publisher B. V.

Williamson, J. 1965. Regional Inequality and the Process of National Development[J] . Economic Development and Cultural Change, June, 3 - 45.

wn. edu/faculty/henderson/Final%20Report20format1109summary. doc

World Bank. 2009. Systems of Cities: Harnessing the Potential of Urbanization for Growth & Poverty Alleviation[R] . The World Bank Urban & Local Government Strategy. Washington, D. C.

World Bank. 2009. World Development Report 2009: Reshaping Economic Geography[R] . Washington, DC.

Wu, W. 2004. Sources of Migrant Housing Disadvantage in Urban China [J] . Environment and Planning A, (36):1285 - 1304.

W·阿瑟·刘易斯 . 1994. 经济增长理论[M] . 上海：上海三联书店:12.

Xavier Sala - I - Martin, Gernot Doppelhofer, Ronald I. Miller. 2004. Determinants of Long - Term Growth [J] . The American Economic Review (4): 813 -835.

Xiangchun Lu, Komei Sasaki. 2008. Urbanization Process and Land Use Policy[J] . Ann Reg Sci(42):769 - 786.

Zhu, J. 2005. Transitional Institution for the Emerging Land Market in China [J] . Urban Studies(42):1369 - 1390.

后　记

新疆地域辽阔、资源丰富，是我国西北的战略屏障和对外开放的重要门户，是我国西部大开发的重点地区和战略资源的重要基地。同时新疆生态环境脆弱，多民族聚集，地缘政治复杂。独特的历史地理文化环境，决定着新疆城镇化道路不同于内地任何一个省区，新疆的城镇化承载着促进经济社会发展和维护边疆安全的双重使命。该书是在我博士论文的基础上加工修改而成。受研究时间、资料可获得性和作者本人研究水平的限制，本书还存在一些局限和不足之处，有待进一步探索和完善：

第一，边境少数民族聚集区城镇化动力机制研究。本书研究新疆特色城镇化动力机制，是在中观层面剖析影响新疆城镇化发展的因素及其作用机理。但通过分析发现新疆城镇化水平最低，发展动力严重不足的地区是边境地区和少数民族聚集地区。只有培育这些地区城镇化的新动力，提高这些地区城镇化发展的质和量，才能促进新疆城镇化均衡发展，保证社会稳定、民族团结。因此边境少数民族聚集区城镇化动力机制值得深入研究。

第二，由于新疆地处我国西北边陲战略地位十分重要，出于边疆安全的考虑很多城镇和居民点的设置和建设并不符合聚集经济规律，如兵团团场的设置和布局更多的是考虑“屯垦戍边”的使命，大部分师部、团部布局分散，位置偏远，经济集聚能力十分薄弱。探索研究这些地区城镇化发展的支撑动力，创新政府对这些地区城镇化发展的支持途径，对“稳边、固边”有着重要的现实意义，值得深入研究。

第三，新疆的行政管理体制较为特殊，自治区政府、兵团和中央大企业都对新疆城镇化发展有着重要的影响。上述管理体制都曾为新疆的发展做出了巨大的贡献，但也都存在体制机制改革滞后，制约市场机制发挥作用的缺点。如何改革阻碍经济发展的旧体制，创新新疆的行政管理体制，整合三种行政管理体制的力量促进新疆城镇化发展，需要进一步的研究。

博士毕业后我留校任教，一直致力于新疆城镇化问题的研究，2012年我分别获得国家社科基金项目《生态环境约束下新疆新型城镇化支撑产业研究》（项目编号:12CJY039）和教育部人文社会科学研究新疆项目《边疆安全视角下新疆新型城镇化动力机制研究》（项目编号:12XJJC790006）的资助，我一定会更深入地将上述不足融入课题研究之中，以期研究成果能为新疆新型城镇化建设提供一定的理论支撑。

张　杰

2013年4月于石河子大学

图书在版编目（CIP）数据

新疆特色城镇化动力机制研究 / 张杰著．—北京：中国农业出版社，2013.7

ISBN 978-7-109-18061-1

Ⅰ.①新… Ⅱ.①张… Ⅲ.①城市化-研究-新疆 Ⅳ.①F299.274.5

中国版本图书馆 CIP 数据核字（2013）第 147863 号

中国农业出版社出版

（北京市朝阳区农展馆北路 2 号）

（邮政编码 100125）

责任编辑　闫保荣

中国农业出版社印刷厂印刷　　新华书店北京发行所发行

2013 年 7 月第 1 版　　2013 年 7 月北京第 1 次印刷

开本：850mm×1168mm 1/32　　印张：10.125

字数：270 千字

定价：30.00 元